14
米级

15
米级

16 …
米级

"南湖号"
（宽14.82m×高9.446m）
矩形盾构机

"东湖号"
（φ15.09m）
泥水平衡盾构机

超大直径"春风号"
（φ15.8m）
泥水平衡盾构机

0.406 米级
3 米级
4 米级
5 米级
6 米级

曲线管幕机
（φ0.406m）

黎巴嫩水利项目
（φ3.53m）
硬岩隧道掘进机

北京光缆隧道项目
（φ4.15m）
土压平衡盾构机

"贵能一号"
（φ4.33m）
硬岩隧道掘进机

"草原平安号"
（φ5.2m）
硬岩隧道掘进机

兰州水源地项目
（φ5.48m）
硬岩隧道掘进机

新加坡地
（φ

11 米级

12 米级

13 米级

"蒙华号"
（宽15m×高11.9m）
锚形盾构机

阿联酋迪拜项目
（φ11.06m）
土压平衡盾构机

"麒麟号"
（φ12.14m）
土压平衡盾构机

"江城先锋号"
（φ12.56m）
泥水平衡盾构机

杭州天目山项目
（φ13.46m）
泥水平衡盾构机

7

米级

8

米级

9

米级

10

米级

以色列轻轨项目
（φ7.53m）
土压平衡盾构机

"永吉号"
（φ8.03m）
硬岩隧道掘进机

"彩云号"
（φ9.03m）
硬岩隧道掘进机

京沈客专项目
（φ10.09m）
泥水平衡盾构机

"雪域先锋号"
（φ10.33m）
硬岩隧道掘进机

（宽10.
马

大国重器

中国盾构机创新发展之路

王祥伍　赵　湜　韩军超　王警卫　等　著

人民交通出版社

北京

内 容 提 要

　　本书以我国隧道工程需求为脉络，以装备制造业崛起为背景，系统梳理国产盾构机从技术引进到自主创新、走向全球的跨越式发展历程。首先回溯了我国隧道建设者克服重重困难，将盾构机引入中国，实现了从无到有的突破；然后以"863计划"课题为起点，开启突破"洋盾构"垄断的艰难探索，实现了国产盾构从0到1的突破；最后，通过消化吸收核心技术到自主创新研发，实现从"跟跑"到"领跑"的质变飞跃。

　　书中引用了大量亲历者的一手资料，彰显了我国建设者的奋斗历程与开拓进取的精神，可供建设者收藏；同时本书分享的企业创新的管理理念和实践经验，对企业管理者具有较高的参考价值。

图书在版编目（CIP）数据

　　大国重器：中国盾构机创新发展之路 / 王祥伍等著.
北京：人民交通出版社股份有限公司, 2025. 7.
ISBN 978-7-114-20356-5

　　Ⅰ. U455.43

　　中国国家版本馆 CIP 数据核字第 2025UV7809 号

Daguo Zhongqi——Zhongguo Dungouji Chuangxin Fazhan zhi Lu

书　　　名：	大国重器——中国盾构机创新发展之路
著 作 者：	王祥伍　赵　湜　韩军超　王警卫　等
责任编辑：	谢海龙　贾　萱
责任校对：	赵媛媛　魏佳宇
责任印制：	张　凯
出版发行：	人民交通出版社
地　　址：	（100011）北京市朝阳区安定门外外馆斜街 3 号
网　　址：	http://www.ccpcl.com.cn
销售电话：	（010）85285857
总 经 销：	人民交通出版社发行部
经　　销：	各地新华书店
印　　刷：	北京博海升彩色印刷有限公司
开　　本：	720×960　1/16
印　　张：	19.5
插　　页：	1
字　　数：	242 千
版　　次：	2025 年 7 月　第 1 版
印　　次：	2025 年 7 月　第 1 次印刷
书　　号：	ISBN 978-7-114-20356-5
定　　价：	108.00 元

（有印刷、装订质量问题的图书，由本社负责调换）

创新已成为时代共识。从党的十八大作出实施创新驱动发展战略的重大部署，到十九大确立 2035 年中国跻身创新型国家前列的战略目标，十九届五中全会提出坚持创新在我国现代化建设全局中的核心地位，再到二十大强调创新是第一动力，创新已成为新时代发展的强劲引擎。企业直面市场，能否真正确立技术创新主体地位，决定着企业的生死存亡，也决定着国家创新驱动发展战略的成败。

在这个创新时代，敢于创新的企业不断涌现，成功者却只有少数。怎么"变"才能在激烈的市场竞争中获胜？这个问题一直困扰着企业管理者。重走技术创新成功企业的来时路，无疑有助于寻找这一问题的答案。

中铁工程装备集团有限公司（简称"中铁装备"）是中国中铁股份有限公司（简称"中国中铁"）旗下子公司，专注于全断面隧道掘进机（盾构机和 TBM）的研发制造和技术服务。通过在隧道掘进机领域的技术创新，中铁装备从最初十几人的研发团队发展成为引领全球掘进机研发制造行业的龙头企业，成功打造彰显国家实力的"大国重器"，为中国乃至世界的隧道工程建设作出了重大贡献。

今天，我们通过本书重现中铁装备创新成功之路，不仅是为了彰显它的功绩，更多的是为了探寻其成功背后的管理逻辑。中铁装备实践了一切从需求出发，为客户提供更优服务的思路，力争为客户"省人、省钱、省时间"。中铁装备勇于担当，在隧道掘进机制造经验几乎为零的情况下扛起了"做中国人自己的盾构机"的大旗，历经 8 年，研发出中国第一台盾构机，摆脱了技术依赖，之后以惊人的速度塑造了中国盾构品牌，发展了中国盾构产业，创造了中国工程机械的奇迹。

探寻中铁装备的成功之路，展现其中多位亲历者的故事，相信能够为众多处于创新时代，即将展翅腾飞的企业提供借鉴，早日找寻以"变"制胜的创新发展之路。

中国人民大学教授
北京华夏基石企业管理咨询集团董事长
2025 年 3 月 20 日

2001 年，中国中铁股份有限公司在国家"863 计划"的支持下，启动了盾构机自主研发。历经 8 年攻坚，2009 年，首台具有自主知识产权的复合式土压平衡盾构机成功下线。为此，中国中铁股份有限公司成立中铁工程装备集团有限公司（简称"中铁装备"），肩负起推动中国盾构产业化发展的重任。本书回顾了中铁装备从研制首台盾构机的艰辛探索，到实现量产、打造千台级产能的跨越式发展历程，并深入剖析了其引领中国盾构产业崛起的成功之道。

第一，敢于创新。面对德国海瑞克公司、日本小松公司、美国罗宾斯公司等全球领先企业，中铁装备在技术、人才、市场全面落后的环境下主动求变，硬生生闯出一条生存发展之路。面对开局即处劣势的境况，创新即是求生，敢于创新、突破，以奇制胜。中铁装备在成立之初，技术没有优势，就用服务配合产品创造优势，看到国外产品"水土不服"，就从产品本土化创新寻找出路，敢于在逆势中寻找机会，在绝境中发现生机。

第二，善于学习、反向创新，先学习消化，再改进超越。把优势企业的产品和技术拆开了、揉碎了进行分部研究，弄清原理，再从局部到整体，整合集成，进而实现从 0 到 1 的突破。中铁装备研制首台盾构机的过程，就是一个逐步消化吸收的过程，先抓住核心关键原理逐一攻关。对于一些暂时无法理解的细节问题，先原样仿制，集成进来，再试验改进。

第三，善于借助国家的政策与资源实施产业和企业的突围，尤其是在研发方面。我国的科研院所和高校聚集了大量的高端科技人才和资源，中铁装备正是借助国家"863计划"，与浙江大学、华中科技大学、清华大学、中南大学等多家国内知名高校、科研院所建立产学研合作，联手国内顶尖研究团队，实现了多项关键技术的快速突破，在很大程度上缩短了研发周期，提升了企业的研发能力和效率。

第四，与客户深度合作打造产品。优秀的产品一定源于客户，企业就是要深入一线才能发现痛点，打造出有特色的产品。中铁装备正是在长期帮助施工单位维修盾构机的过程中，发现了国外盾构机存在一系列"水土不服"的问题，然后结合自身对国内地质情况了如指掌的优势，对产品进行针对性创新改造，从而建立了独特的适应性产品优势。例如，"中铁3号""中铁4号"盾构机为应对北京地铁10号线公主坟站至西钓鱼台站区间地层卵石大而密集的地质特点，采用了自主研发的变频驱动和无轴螺旋输送机，大幅度提升了掘进效率；为解决成都泥土地层黏性过大造成的盾构堵仓问题，中铁装备团队深入现场、追根寻源，创造性地在刀盘中心增加高压喷水枪，该项创新最终成为适用于成都地质环境盾构施工的标准配置。

第五，开放式快速构筑产业链。当今全球商业的竞争不是一两家企业之间的竞争，而是产业链的竞争。单独一家企业的资源往往是十分有限的，不可能把整条价值链的各个环节都做到最优。只有站在构筑产业生态的角度，开放式地与社会优势资源展开合作，才能快速实现产业化，打造产业链整体竞争力。中铁装备就是将自身的优势资源聚焦于技术研发，在市场和生产方面则秉持开放的态度实施外包合作，不论是生产商、投资商、施工单位还是承包商，谁有市场、有需求、有资金、有产能就跟谁合作。并且在合作过程中，中铁装备都会以最大的诚意，充分尊重对方的意愿，尽量满足不同合作伙伴的不同合作方式。从企业长远发展来看，"与其与合作者在利益分配上斤斤计较，不如双方携起手来，共同创造更多价值。"也正是在这一理念的指导下，中铁装备与众多合作伙伴建立了坚不可摧的战略合作关系,成功实现了轻资产发展,在大幅度提升中国盾构产业化效率的同时,也间接促进了国有资产的高效率增值。

第六,"借船出海",扎根海外属地化经营。在进军海外市场的过程中,中铁装备借助母公司强大的海外施工优势,与项目承包商绑定,成为迈向国际化的第一步,进而从国内承包商逐步拓展至韩国、日本、意大利等发达国家客户,实现了"借道拓展",最终成功进军欧洲市场。这种借助项目承包商开拓海外市场的思路,为中铁装备节省了大量的市场开发成本和时间,也有效规避了很多风险和障碍。对于海外市场的经营,中铁装备采用扎根的属地化经营模式,进入一个市场就扎根一个市场,建立区域化海外公司,步步为营,实现对区域市场的深度挖掘和对周边市场的辐射渗透,为中铁装备在海外的可持续发展打下了坚实的基础。

第七,收购海外品牌,实现快速超越。2013 年中铁装备成功收购了在世界硬岩隧道掘进机(TBM)领域处于先进地位的德国维尔特公司TBM 知识产权及品牌使用权,这一次大胆的收购不仅为中铁装备补充了技术资源,更为其带来了巨大的品牌价值。通过统筹使用"中铁装备 + 维尔特"双品牌,中铁装备在国际市场打造了"CREG"品牌,使品牌的国际影响力、知名度、美誉度和关注度获得显著提升,为其快速成为全球领先企业开辟了道路。

创新一直在路上。今天的中铁装备仍然会遇到各种各样的问题,仍在以敢于创新、善于创新的精神照亮前行之路,不断刷新隧道掘进机技术新高度!

作　者

2025 年 1 月

目 录
CONTENTS

第一章 | 盾构机走进中国

　　瓦特改良了蒸汽机，世界就此进入了工业时代；爱迪生研制了电灯，人类就此远离了黑暗。技术促进社会经济发展，时代召唤创新。在隧道施工领域，自从盾构机问世以来，人类便摆脱了"钢钎加大锤，打眼再放炮"的施工方法，重新定义了地下空间拓展的"深度"和"广度"。

第一节　中国近现代铁路隧道建设历程

　　1874 年，中国修建第一条铁路——上海至吴淞的窄轨铁路，自此铁路技术传入中国。从那时起，人们便思考如何让铁路穿越高山、跨越大河。一代代工程人员手握大锤、肩扛钢钎，在建设隧道工程的道路上不断前行。

　　孙中山先生立志于中华振兴，疾呼铁路强国之倡议，愿铁路"使中国全境四通八达，此诚发展中国财源第一要策"，更在其后《建国方略》之《实业计划》中大谈"铁道立国"的理想信念，要使铁路通遍全国，要使铁道成为立国之基础。但如何打通高山险阻，如何越过大河大江，如何在不同的地质环境下修建安全可靠的隧道，就成了中国铁路建设者们需要解决的问题。

　　自 1949 年新中国成立后，社会主义革命与建设事业如火如荼，国内工业尤其是重工业的发展为我国交通建设提供良好基础，进而推动我国的隧道事业不断向前发展，并取得了一定的成就。但是，限于当时的技术水平，许多重点、难点工程也面临较大的挑战，制约了交通建设的快速发展。

党的十一届三中全会后，我国拉开了地下空间大开发的序幕。公路、铁路、城市轨道交通、输水隧洞等一系列基础设施工程开工建设，推动了隧道及地下空间技术的快速发展。2024 年 9 月 14 日，随着龙龙高铁梅州西至龙川西段开通运营，中国铁路营业里程突破 16 万 km，其中高铁超 4.6 万 km。❶2020 年到 2024 年的 5 年间，中国年均建成隧道里程超 4000km，为铁路、公路、地铁、水利、能源、国防等事业发展提供了有力支撑。❷

第二节　中国隧道施工的机械化之路

中国隧道施工技术经历了由人工挖掘的原始方法到半机械施工方法，再到现代机械化施工技术的两次飞跃。在这个由技术创新引领的历程中，洋溢着中国人民艰苦奋斗、自强不息的民族精神，彰显着中国科研与工程人员不畏艰难、锐意进取的创新精神，凝聚着中国企业家们开拓进取、勇于担当的企业家精神，同时也凝结着中国人民智慧的、宝贵的管理经验和经营理念。

一、钻爆法：与我国隧道一同成长的施工方法

在早期的隧道施工实践中，由于技术条件有限且缺乏现代化设备，施工人员主要依赖人力进行作业。随着炸药的应用，人们开始使

---

❶ 来源：《经济日报》，"铁路里程突破 16 万公里"，发表于 2024 年 9 月 14 日。
❷ 来源：《中国盾构/TBM 隧道智能建造蓝皮书》，发布于 2024 年 11 月。

用炸药爆破来破碎岩体，开出洞室，这种方法被称为钻爆法。钻爆法历史悠久，应用广泛，有比较好的适应性。钻爆法经历了从完全依靠人工施工到依靠机械和人工进行半机械式施工的转变。近代以来，钻爆法在我国隧道建设过程中起到了巨大的作用。

二、矿山法：源自矿山开采技术的施工方法

矿山法是近代及新中国初期隧道建设使用的主要方法，对当时的隧道建设起到了重要的作用。矿山法是以木或钢构件作为临时支撑，待隧道开挖成型后，逐步将临时支撑件撤换下来，而代之以整体式厚衬砌作为永久性支护的施工方法。矿山法的基本原理是松弛荷载，即隧道开挖后受爆破影响，造成围岩体破裂形成松弛状态，随时都有可能坍落。基于这种松弛荷载理论，其施工方法是将工作面划分为不同的区域，按分区一块一块地开挖，并要求边挖边撑以求安全。所以支撑复杂，材料消耗多。这种施工方法，因其工作面小，不能使用大型的凿岩钻孔设备和装卸运输工具，故施工进度慢，建设周期长，机械化程度低，耗用劳力多。

直到 20 世纪 60 年代，我国仍然主要采用矿山法作业，"钢钎加大锤，打眼再放炮"是对这种施工方法的生动描述。由于完全依赖人工，在基本不通风的艰苦环境中凭借落后的技术进行作业，人员伤亡事故时有发生。在长期的工程实践中，隧道建设成本过高与安全难以保证等问题常使建设管理者苦恼，在建设过程中甚至出现因地质情况过于复杂难以施工而导致工程停滞的现象。为了攻克难关，隧道人对机械化施工的尝试从未停止，通过引入新的施工设施，并根据丰富的施工经验构建了适合我国地质环境和施工条件的技术体系，使矿山法作业渐渐发展为半机械化的作业方法。

20 世纪 70 年代以后，较先进的隧道施工设备开始应用于矿山法施工。例如，在施工中开始采用风钻打眼，再使用轨道翻斗车运输，

机械化程度有所提升。同时，逐步学习国外的先进经验，引进国外的先进机具。在这一时期，我国形成了一整套的隧道施工技术，如针对不同的地质条件采用不同的施工方法，对于长隧道则充分利用辅助坑道等有效措施，并形成了一套对付自然灾害的方法和措施。

随着技术水平的提高，传统的"矿山法"逐渐转变为较为先进的"新奥法"。

三、新奥法：软弱破碎围岩地段修筑隧道的施工方法

改革开放之初，新奥法（NATM）开始在我国得到迅速发展。几乎所有的重点、难点地下工程都有它的身影，新奥法几乎成为在软弱破碎围岩地段修筑隧道的一种基本方法。新奥法与矿山法相比，其施工原理有很大不同，可以认为是矿山法的改进版。

我国第一座采用新奥法建设的隧道是1980年11月开工建设的衡广复线大瑶山隧道，该隧道也是我国第一座特长（14.295km）铁路双线隧道。该隧道设置3座斜井和1座竖井，推行当时国内外最先进的大型机械，实现了钻爆、支护、装运等主要作业线的机械化施工。大瑶山隧道的成功修建开辟了我国隧道事业的新纪元，其技术成果先后获得了铁道部科技进步特等奖和国家科学技术进步特等奖。大瑶山隧道是"新奥法"原理在我国铁路隧道建设应用中的典范，也是我国铁路隧道建设新旧方法的转折点，是铁路隧道修建技术的一次大飞跃。

大瑶山隧道及后续一些隧道工程的建设，使我国积累了较为丰富的使用新奥法修建隧道的经验，大大促进了我国隧道工程事业的发展。新奥法施工技术在铁路隧道施工中的应用非常广泛，成为半机械隧道施工的主流方法。但随着隧道和地下工程开发不断朝着"深、大、长"方向发展，地质环境也趋于复杂，现有的施工技术仍然存在不足和薄弱环节。

以新奥法为主流的施工方法在各种施工机械的配合下极大地推

动了我国隧道施工的机械化和智能化，然而在钻爆作业环节仍大量使用人工手持风钻凿眼和手工装药填塞炮孔，这种情况和钻爆施工的隧道环境有关：当隧道开挖遇到的地质条件较差时，凿岩台车难以靠近掌子面，只得采用人工钻孔爆破；而在通过地质条件较差段到达地质条件较好段后，考虑到控制成本、不中断施工等因素，凿岩台车仍然难以使用。这就造成在越来越复杂的隧道作业中产生内生性问题：使用凿岩台车难。由于职业危险性和重体力劳动特点造成招聘钻爆工难，"人海"战术施工难，光面爆破质量差，超挖控制难等问题出现。这些内生性问题对隧道施工的安全性产生巨大威胁，也造成了施工成本、质量等一系列派生问题的产生。另外，在新环境下，其他问题也困扰着钻爆法施工人员，如隧道信息化设计与施工方面还有待深入研究，新材料、新工艺、新设备的研发与应用推广力度不够，施工对周边环境影响的评估标准缺乏合理性，辅助施工技术与环境保护技术研究比较薄弱，等等。

要解决这些复杂问题，首先需要一种在全地质环境下能够稳定安全进行作业的隧道施工方法。同时，还需要具备开挖、出渣、支护、通风除尘、导向等多种功能，在从开挖到建成的多道工序中，实现从半机械化向完全机械化、智能化模式的转变。而实现这一伟大转变的路径之一，就是向全机械化、工厂化隧道施工方法——盾构法转变。

第三节　盾构机的起源

一、船蛆与盾构❶

18世纪末，英国在伦敦开始修建一座横穿泰晤士河的隧道，工程

---

❶ 陈馈，王江卡，谭顺辉，等. 盾构设计与施工[M]. 北京：人民交通出版社股份有限公司，2019.

遇到巨大困难而停滞不前。一直关注隧道施工进程的法国工程师布鲁内尔偶然间发现一种现象，推动了盾构机雏形的诞生。

布鲁内尔的灵感来源于依附船体的海洋生物——船蛆，也称为"凿船贝"。凿船贝是一种软体动物，因其穴居木制船舶而得名，是木制船舶的大敌。凿船贝以木材为食，用一个"阀门"状的器官进食，它从体内分泌一种液体涂在孔壁上形成保护壳，以抵抗木板潮湿后发生的膨胀。

布鲁内尔通过对凿船贝在船体中钻洞行为的观察和思考，提出了盾构掘进隧道的原理。1818年，布鲁内尔完善了盾构机的机械结构系统，设计出了全断面螺旋式开挖的封闭式盾壳。他所设计的盾构机为一种金属圆柱体，内有复杂的机械和辅助设备。由千斤顶推动金属筒框水平前进，并由金属筒框支撑土（岩）体防止坍塌，同时还在金属筒框后进行衬砌结构的施工。

英国当局对布鲁内尔的设计大为赞赏，任命他为泰晤士河隧道工程的工程师。1823年，布鲁内尔成功研制了世界上第一台盾构机。

1825年，布鲁内尔发明的矩形盾构机首次应用于伦敦泰晤士河隧道施工。该矩形盾构机断面高6.8m、宽11.4m，其构架分成36个小单元，每个单元内都有多名矿工，每个矿工把面前的黏土挖开，黏土挖掉一定数量后构架就可以向前移动，同时在挖空的地方砌上砖块。

泰晤士河隧道是世界上第一条水底隧道，修建过程中河水进入了隧道，沼气被照明灯点燃，造成了人员伤亡。当时布鲁内尔一边总结失败原因，一边对盾构机进行改进。1835年，经过改良的盾构机再次投入使用。1843年，泰晤士河水底隧道终于建成。长约396m的泰晤士河隧道是世界上第一条采用盾构技术挖掘的隧道，也是隧道工程史上的一座里程碑。自此，使用盾构机修建隧道的技术正式登上历史舞台。

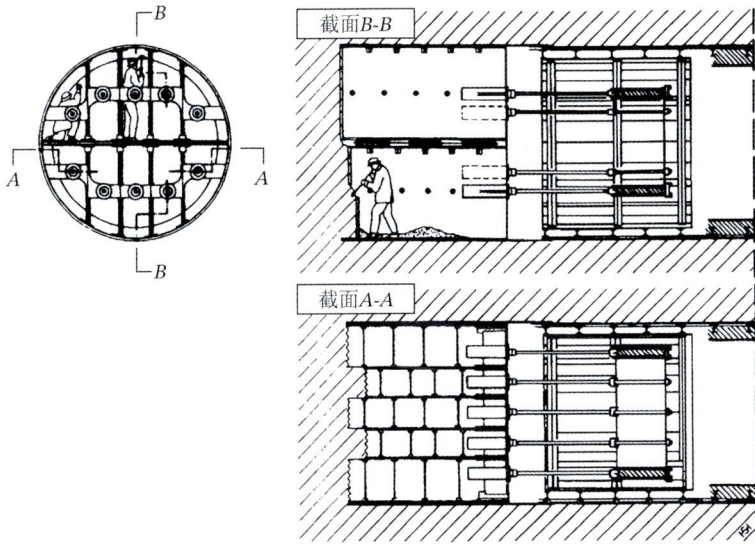

布鲁内尔专利盾构机（1806 年）

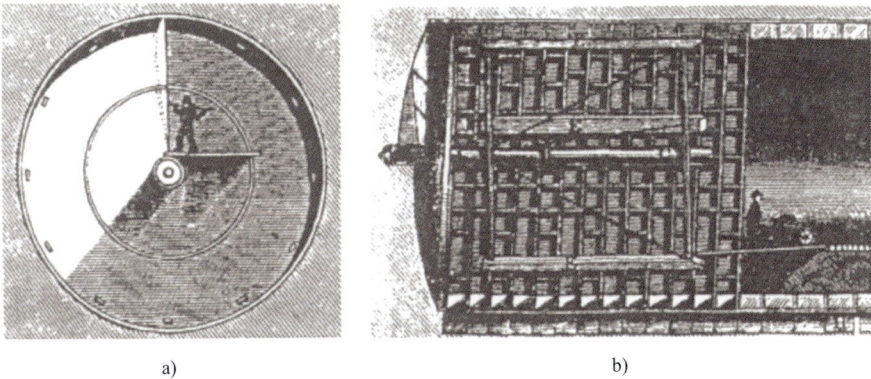

a)　　　　　　　　　　　　　b)

布鲁内尔螺旋盾构机（1818 年）

二、从手掘式到机械化

尽管早期的盾构机存在诸多缺点，但它具备应对隧道工程中多种复杂地质条件的潜质，而将盾构机的潜在能力转变成现实功能则是长久以来工程技术人员不断创新的结果。

盾构机诞生伊始，仍然不能摆脱人力施工。从 1825 年开始，手掘式盾构机在半个世纪的隧道建设历史中一直是盾构施工法的唯一形式。虽然这个时期的盾构机还比较原始，运作低效且耗时，但并不代表这个时期没有重大的技术创新。可以说，布鲁内尔对初代盾构机的构建本身就是一个伟大的创新。其后，英国人詹尼斯·亨·格瑞海德围绕盾构机进行的一系列改进，并与其他技术结合应用拓宽了盾构机的适用范围，于 1869 年在泰晤士河底黏土层中采用有铸铁管片的圆形盾构机修建了一条直径 2.18m、长 402m 的隧道，确定了日后大多数盾构机的基本模式。

新兴技术被世人接纳的过程总是艰难的，特别是在高难作业领域出现的复杂技术，因为使用方往往倾向于使用已经成熟的技术，并且对风险存在着强烈的回避心理。这一阶段的盾构设计工程师在巨大的压力下坚持向人们展示盾构机在应用领域的巨大优势，使盾构施工技术在世界范围内的认可度逐步提升。

在发现盾构机强大的隧道建设能力并经过长期的机械化试验之后，英国人约翰·狄克英森·布伦顿和姬奥基·布伦顿于 1876 年申请了世界上第一项机械化盾构机专利。他们设计的这台盾构机采用了半球形旋转刀盘，开挖土渣落入径向装在刀盘上的料斗中，料斗将土渣转运到皮带式输送机上。此后，盾构机在世界各国的不同工程中均发挥了重要作用，并受到各国工程人员的重视。1896 年，德国人哈姬在柏林为第一台德国盾构机申请了专利。这是一台用液体支撑隧道工作面，把开挖仓密封作为压力仓的盾构机。

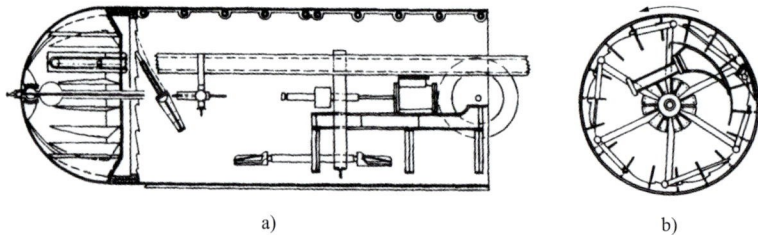

a)　　　　　　　　　　　　　　　b)

布伦敦机械化盾构机（1876 年专利）

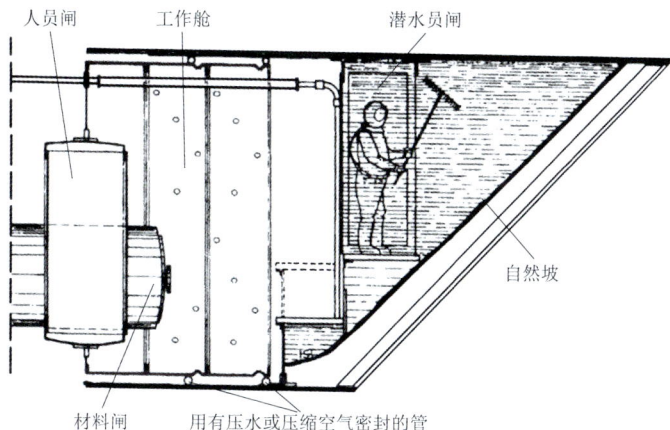

哈姬泥浆盾构机（1896 年专利）

进入 20 世纪，盾构机从传统手掘式机械进化为集机械、电气、液压、传感、信息等多项现代技术于一体的高科技隧道施工装备，能够适应多种地质条件，其应用日渐广泛。为应对富水地层出现了泥水平衡盾构机，在泥土地层可使用土压平衡盾构机，在以岩石为主的地层则应使用硬岩掘进机。为应对要穿越多种地质条件的隧道，德国于 1985 年研制成功了复合式盾构机，在掘进过程中能够根据地质情况进行功能或工作模式的切换。

在欧洲及美国、日本等国家和地区，各种类型的盾构机有一个统一的名字——全断面隧道掘进机，英文简称为 TBM（Tunnel Boring Mechine）。全断面隧道掘进机进入中国后，我国工程师将硬岩掘进机称为 TBM，将除硬岩掘进机之外的其他类型全断面隧道掘进机统称为盾构机。

第四节　秦岭的震撼

1964 年，国家领导人高度重视盾构施工技术研究工作。经周恩来总理批准，在国家科学技术委员会领导下成立了全断面岩石隧道掘进机攻关小组。当时我国国力有限，无法引进先进的全断面硬岩隧道掘进机设备及技术资料，只能自力更生，封闭式研究探索。当年，上海勘测设计研究院机械设计室和其他机械研究单位联合研究设计了我国第一台 TBM，其后数年又设计制造了多台 TBM，最终因破岩能力弱、掘进速度慢、故障率高、可靠性差、实用性差，多数未能投入使用。

20 世纪 70 年代中期，针对盾构机研制过程中存在的关键问题，国家多部门集中技术力量组织联合攻关，在总结经验和教训的基础上又研制出一批盾构机，并在多个隧道工程中投入试用。20 世纪 80 年代，我国在盾构机的关键零部件的攻关研究方面取得一定进展，并在山西、云南、贵州、北京等地区的隧道工程中进行了试验性应用。由于盾构技术过于复杂，当时我国尚不能完全掌握，导致上述应用基本以失败告终。

巍巍秦岭山脉，挺拔峻秀，高入云端，千万年来，它横亘在我国中部，一山分神州南北，号称天下大阻、九州之险。这座气势磅礴的大山，阻断了交通，也阻碍了我国大西北、大西南经济腾飞的步伐。我国勤劳的人民曾用"钢钎铁锤、肩挑背扛"的方式，建成了盘山而上、百步九折、线路层叠、蔚为壮观的宝成铁路。

在西康铁路秦岭隧道建设中，从德国引进的 TBM 展现出了它的神奇力量，更加坚定了中国自主制造盾构机的决心。西康铁路是当时桥隧比最高的一条铁路，其控制性工程为位于陕西省西安市与商洛市柞水县交界处的秦岭隧道。秦岭隧道两线并行，I 线隧道全长 18460m，使用两台直径 8.8m 敞开式 TBM 由隧道两端相向施工，II 线隧道全长 18456m，采用新奥法施工，初期支护为锚喷，二次支护为马蹄形带仰拱的模筑混凝土复合衬砌。秦岭隧道地处北秦岭中低山区，地质构造复杂，地质灾害严重，断层、涌水、岩爆等难题频出。

为了保障安全、缩短工期，铁道部花费 7 亿多元人民币，从德国维尔特公司采购了两台 TBM，这是我国第一次在隧道施工中使用大型 TBM。采用 TBM 施工的 I 线隧道实现了无爆破、无振动、无粉尘快速掘进，创造了月掘进 531m 和日掘进 40.5m 两项全国铁路隧道施工速度的纪录，工作效率提高了 3～5 倍，比采用传统人工钻爆法施工的II线隧道提前 10 个月贯通。

　　进口掘进机的出现，让我国隧道人开阔了视野，获得了启发，也引起了中国科技界的关注。从那时起，我国进入了盾构机和 TBM 穿山跨海的新时代，开始谱写一部自主研发、设计、建造隧道掘进机的壮丽史诗。

1997 年 10 月，秦岭隧道 TBM 步进仪式

1997 年 11 月 9 日，我国首次引进的 TBM 在西康铁路秦岭I线特长隧道开始步进

1997 年，老一代专家与德国专家
在秦岭隧道施工现场交流

第五节 "洋盾构"之伤

西康铁路秦岭隧道的成功建设，让我国隧道人看到了掘进机的高效能、高适应性和高安全性，但其装备价格昂贵、技术受限、设备问题频出等问题也让我国隧道行业深感窘迫与不甘。

一、受制于人的困境

盾构机制造工艺复杂，技术附加值高，一直被德、法、日等少数国家所垄断，我国不得不依赖进口盾构机进行工程建设，"洋盾构"在我国的市场占有率一度超过 80%。

一方面，我们不掌握盾构机制造技术，必须从国外进口盾构机来支撑国内的隧道建设，这严重影响了我国的隧道工程建设。当我们没有足够的资源引进先进的盾构机，或外国公司不愿意出售盾构机，或进口的盾构机无法承担我国特殊地质环境的掘进工作时，我们就无法采用盾构施工法进行工程建设，导致工程进度缓慢，安全风险骤增，甚至不得不放弃隧道工程建设。

另一方面，在隧道施工过程中，国外厂商为了保持技术垄断，要求我国进口方签署严苛的买卖合同，对方往往要求在盾构机进行维护保养时我方人员不得在场，防止我方人员掌握盾构机的运维方法，进而导致我国能够自主维护保养盾构机的人员少之又少，遇到问题时只能求助于外国技术人员，这也阻碍了我国隧道盾构技术的提升。此外，售后所需的配件采用预售制，即需要先下单配件，再由外方生产配制，导致一个配件更换时间可能长达一两年之久，严重影响了施工进度。与此同时，外方派来的维修人员工资以其从国外出发时间开始，按美元进行计算，一个外方工程师 1h 的费用就高达 600～800 美元，大大增加了掘进机的使用成本。

施工过程中，需要先由外方人员操作设备掘进 400m，之后由我方人员操作，外方人员在旁边指导。在操作设备过程中，外方人员丝毫不让我方人员接触核心技术。国外盾构机制造商也不重视我国施工方的需求与反馈，我方人员使用的盾构机出现故障时，外方人员响应速度慢，维修耗时长，我方施工人员常常是万分焦急却又不得不忍耐。由于我方不掌握核心技术，每当盾构机出现问题时，只能停工，等待外方人员来维修。外方人员维修设备时，总会找各种理由将我方人员支开。我方人员离开几分钟时间，外方人员就将问题解决了。这对我方人员来说，是一个极大的"刺激"。按照约定，掘进 100m 之内盾构机出现问题，由外方人员免费维修，掘进 100m 之后盾构机出现问题，外方人员就要收取高昂的维修费。而且，外方人员对办公环境、工作时间以及食宿条件都有严格的要求，隧道施工极其被动。

面对现代化高端装备的"诱惑"和核心技术受制于人的"尴尬"，一颗种子在他们心中悄悄生根发芽——制造中国人自己的盾构机！

二、"天价"装备

20 世纪 90 年代，放眼国际市场，盾构机制造技术只被少数国家的少数企业掌握，行业的集中程度和垄断程度极高。而且当时在各种复杂因素的影响下，国外盾构制造企业在面对我国采购方时，受限于我方的议价能力，有意提高报价。即使我方采用最为苛刻的投标式定价也无法让价格有所降低，而盾构机的定制化要求高，当仅有一种盾构机能满足国内特殊工程需求时，议价就无从谈起。当时我国隧道建设仍然处于初期开发状态，要进一步加大加深地下空间开发，就必须依赖国外盾构机。当时一台普通的盾构机的价格都要数亿元人民币，如西康铁路秦岭隧道建设使用的 TBM 单台价格高达 3 亿元人民币。而在国产盾构机普及的今天，一台同型号盾构机的均价在 1 亿元人民币左右，是当年进口设备的三分之一。如果考虑通货膨胀的影响，国产盾构机的价格会更低。

三、出钱的不一定是"上帝"

在市场经济的大潮中，"顾客就是上帝"是商业运行的基本原则。公司的任务就是为顾客提供具有性价比的产品和服务，"高价格"意味着"高品质"和"高服务"。但是，在西康铁路秦岭隧道施工过程中发生的诸多事件，让我们觉得自己花钱购买的不是产品和服务，而是诸多限制。

经过艰苦的施工，秦岭隧道最终圆满建成，也基本落实了"高起点、高标准、高速度、高效益，决策标准化、施工标准化、作业标准化、管理标准化"的指导方针。尽管如此，我国隧道人心中的委屈和不甘却一直萦绕心头。

秦岭隧道建设过程中遇到的问题，在同时期建设的其他工程中也同样存在。20 世纪 90 年代，由于我国基础设施建设飞速发展，从海外进口了大量盾构机，其中约 90%的盾构机来自德国。进口盾构机确实提升了工程的整体进度，但我方技术人员也面临着类似的问题：进口设备价格昂贵，维修保养高度依赖外方人员，我方人员处处受到限制。因为不掌握核心技术，我方始终处于劣势，虽然花了巨额的费用，但也没有换来对等的服务。一个有志气的大国，一群有志气的隧道人绝对不能容忍这种情况长期存在下去。

第二章 | 国家使命

从"先天下之忧而忧，后天下之乐而乐"，到"国家兴亡，匹夫有责"，再到"苟利国家生死以，岂因祸福避趋之"，一代人有一代人的担当，一代人有一代人的征程。国家使命高于一切。18位"盾构梦之队"成员以"功成不必在我，功成必定有我"的信念与担当，将个人小我融入国家大我的发展之中，凝聚智慧和力量，磨砥刻厉，百折不挠，只为"做中国人自己的盾构机"！

第一节　破局——造自己的盾构机

一、梦想与远见

盾构机，对于隧道施工究竟有多重要，恐怕没有什么人能比身处一线的隧道施工人员更清楚。当时担任内昆铁路青山隧道工程项目经理的李建斌每每看到事故发生，都会陷入深深的自责，但放眼看去，却也寻不见更好的解决办法。相比工程建设的艰辛，巨大的工程安全压力和低下的施工效率让他深感无力和无助。那时，不仅是李建斌，还有很多隧道人都面临同样的窘境，他们在思考，有没有更好的设备能保证施工安全和高效呢？

在秦岭隧道的建设过程中，引进了国外的掘进机，施工安全性得到提高，工程进度得到加快。但是，我国隧道人面对的是高昂的费用（包括设备采购费和维护费），外国技术人员的歧视和限制。可以说，我国隧道工程建设的进度和质量在一定程度上掌握在外国技术人员的手里。我们自己的事，却不能完全由自己做主，谁能甘心！

"做中国人自己的盾构机！"这发自心里的积压已久的呐喊，回响在隧道人的耳畔。经历数十年的建设，我国正在繁荣富强的大道上飞速前进，又岂能容忍在关键技术上被"卡脖子"呢！核心技术是讨不来的，隧道人内心高度的责任感和使命感，让他们毅然决然走上艰难的创新之路。

"我们选择了那条路，并不是因为它简单，而是因为它困难，是因为它能提高我们的能力，因为它能够让我们不再受制于人。"这是中铁隧道人向科技高地发起冲锋的豪迈宣言。

二、两次会议定决心

从树立梦想到下定决心，从下定决心到达成共识，从达成共识到形成决策，中铁隧道人踏上盾构机自主创新之路，不是一蹴而就，而是经过了激烈的讨论和长久的准备。

要自主研发设计如此复杂的设备，追赶西方国家上百年的盾构机技术积累，在当时看来有点异想天开。正因如此，当这一想法真正作为提案进入会议议程时，激烈的争论便就从未停止。毕竟要做的选择需要相当大的投入且具有极大风险，人们在这件事情上产生分歧也是理所应当。

1999年9月，隧道工程局与铁道部脱钩，更名为"中铁隧道局集团有限公司"，归属中国中铁股份有限公司（简称"中国中铁"）。2001年5月，实行公司制改造，组建了集勘测设计、建筑施工、科研开发、机械制造四大功能于一体的中铁隧道局集团有限公司（简称"中铁隧道局"）。

2001 年 1 月 29 日，中铁隧道局在南京召开首次盾构会议。时任中铁隧道局董事长郭陕云主持会议，林万里、崔原、刘建媛、刘招伟、黄永康、郑大榕、李建斌、陈建、何振国、张先锋等参加会议。会议决定，由李建斌所在的第一工程处负责提出盾构科研人员和设计人员的需求。

2 月 1 日，第二次盾构会议在洛阳召开。郭陕云、王福柱、万姜林、黄永康、蔡里昂、蒋肃、张双亚、张新泉、韩忠存、何於琏、唐忠、周振国、李建斌等参加会议。会议决定成立盾构机开发项目部和生产工厂，项目部下设总体组、机电液压组、电气控制组、外联组、采购组、主体组、后配套组，生产工厂下设开发设计部、采购部、制造加工部、财务部、办公室。项目部和工厂的任务是自主研发生产土压平衡盾构机，中铁隧道局先行投入 200 万元项目启动经费。

中铁隧道局领导层仰山河高远，为振兴民族工业，向着盾构自主创新的靶心奋力一掷。

三、"盾构梦之队"的组建

2001 年 2 月 16 日，作为自主研发盾构机的主力军，由李建斌带领 18 人组成的盾构开发项目组正式成立，这 18 人也被称为第一支

"盾构梦之队"。长久以来的梦想寄托在这18人身上：

何於琏、张宁川、张新泉、唐　健、白桂云、张　敏、

王柏松、刘永建、黄斌武、蒋忠全、郑志敏、黄平华、

刘二召、饶海东、贾要伟、邓　棕、程永亮、张云智。

2月20日，在河南新乡，李建斌主持召开项目组第一次会议，会议对项目组研发人员进行了分工，何於琏担任组长，张宁川、张新泉担任副组长。会议进一步明确了总体组、机电液压组、电气控制组、主体组、后配套组组长及人员配置。不久后的第三次盾构会议给"盾构梦之队"打了一剂强心针，这次会议由中铁隧道局董事长郭陕云主持召开，会议认为，自主研发盾构机的方向完全正确，要坚定不移地搞下去。希望各单位通力合作，抓紧新乡新工厂的建设。"盾构梦之队"一行人在集团公司的大力支持下，身负重托，将心血投注在研发岗位上。

四、长路漫漫，关山重重

定下计划，做好部署，建设厂房，仅仅是起步，漫道雄关从头越，真正要开始自主研发盾构机，还有数不尽的艰难困苦。其时，改革开放也才仅仅二十几年，还有大量的市场和工程等待开拓建设，要在高新大型设备上铆足劲做自主创新，必须要面对三大难题。

首先，是人才匮乏。西方国家超过百年的盾构机技术积累，是我们追逐的目标。在当时的工程人员中，真正见过盾构机的人不多，更遑论能够有效掌握盾构机操作运维技术的人员了。在修建秦岭隧道时因缺少运维人员而必须依靠德方技术人员进行设备维护的窘境，现在以另一种方式困扰着自主研发团队。

那时，项目组成员主要以年轻人为主，基本上是液压、电气、机械制造这三个专业毕业的大学生。其中，最年轻的仅仅21岁，他们大学毕业之后就直接扎根于盾构机的研发工作中。他们所要做的是先

进设备的研发与设计，却没有任何指导。当时的技术基础只有过去的施工经验，虽然也与浙江大学等高等院校进行合作，但关于盾构机的理论储备仍然相当匮乏。一切研发都要从零开始，一切就好像回到了一百多年前泰晤士河底施工受阻的隧道中。

其次，是技术复杂。当时，已经具备智能化的盾构机，其技术涉及机械、力学、液压、电气等数十个领域，且各个领域之间相互作用性强，各种技术的结合也相当微妙，要想自主研发如此复杂的技术结合体，谈何容易。而且，复杂技术的结合往往需要精密零件的承载，一台盾构机精密零部件多达几万个，单单是控制系统就有 2000 多个零部件。设计时稍有疏忽，所造成的结果轻则掘进停滞，重则隧道坍塌。由于盾构机集成了多种高新技术和精密零部件，具有高度复杂性和精密性，因此在盾构机技术领域形成了极高的进入壁垒和显著的垄断特点。

全世界能够生产和运维盾构机的国家只有德国、法国、美国、日本等国家，其中以德国、美国的技术最强。其他国家虽然做过尝试，但都没能生产出自己的盾构机。一个世纪以来，盾构机市场一直被少数几个国家垄断，那些掌握了盾构机技术的国家因此自觉高人一等。我们要做的，就是掌握他们"傲慢的源头"。

面对如此复杂的工程，项目组首先要做的就是掌握盾构机设计制造的原理。而在当时，为搞清楚盾构机的基本原理，项目组人员只能依靠自有的施工现场资源——跟班作业。项目组的研究人员几乎都有长期跟班作业的经历。他们无法从现有资料里研究盾构理论，也没有前人提供盾构机设计经验，只能在高温与黑暗的地下施工现场，逐渐熟悉和了解盾构机的工作状态、工作原理。有时为了验证研发数据，他们在艰苦的工作环境下一待就是数天时间。

当时项目组遇到的最大困难就是刀盘设计，他们不清楚刀盘设计、刀具布置到底与地质是什么关系。为找到明确的解决方案，李建斌带领项目组，一方面潜心研究，另一方面采取"走出去、请进来"的方式，派人出去学习，请老师上门讲课，解决了一个又一个基础理论问题，攻克了一个又一个技术难关。

"使用盾构机和设计制造盾构机是两个概念，当时所有的技术和理念都是盲区。"提起第一台盾构机的研发过程，李建斌深有感触地说。

盾构机属于定制产品，每台盾构机都需要根据地质情况进行有针对性地研发，尤其是刀盘和刀具，有时花费一两个月时间，也找不到合理方案。但研发人员从不放弃，经常为了一个设计指标，吵得脸红脖子粗，因为大家有一个共同目标：一定要生产出最安全、最可靠的盾构机！

最后，是投入成本巨大。无论是采购盾构机设备、派人出国留学、国内培养人才，还是研究过程中采购零部件与样机，都要投入巨大的成本。在研究伊始，我国陆续从国外采购了4台盾构机，并派员工亲自前往技术先进的德国以施工需要为名接受与盾构相关的培训。仅仅采购一台盾构都就需要近亿元的资金，同时还要考虑组织培训和聘请外国技术人员的费用。

随着研究的深入，成本也不断升高，但是何时才能有成果，尚不可知。这些无法回避的难题摆在工程师们面前，所有人都为"盾构梦之队"的未来捏一把汗。他们能够创造奇迹，实现中国隧道人的梦想吗？他们会成为中国历次研发失败经历中的一次，最终抱憾而终吗？当时没有人能够回答。

第二节　"863计划"吹响盾构国产化的号角

邓小平同志提出"科学技术是第一生产力"。一个国家有无正确的科技政策，是该国经济、社会发展的关键。我国从新中国成立初期就重视装备制造业，并始终将其列入各个"五年计划"中。"三五"期间，装备制造业已被提升到了国家安全的层面。盾构机作为新时代工程建设所需的重要装备，其地位不言而喻。

我国盾构机研发起步晚，早期主要依赖进口，在采购和使用盾构机的过程中常常受到各种限制。我们必须自力更生，突破技术垄断，研制具有自主知识产权的盾构机。

1986 年 3 月，出台的"国家高技术研究发展计划"（简称"863 计划"）是以政府为主导、以一些有限的领域为研究目标的基础研究的国家性计划，始终定位于解决事关国家长远发展和国家安全的战略性、前沿性和前瞻性的高技术问题。随着"863 计划"的启动，我国要把盾构机打造为大国重器的目标也日益坚定。

2001 年，《"十五"期间国家高技术研究发展计划（863 计划）纲要》颁布。纲要明确指出要实现四项战略目标基本含义：一是在选定的研究领域，显著增强我国高技术创新能力，提高重点产业的国际竞争力；二是重点掌握一批能在数年后形成产业、有自主知识产权的重大高技术；三是培育一批高技术产业生长点，带动我国产业结构的优化升级，形成高新技术产业的群体优势和局部强势；四是造就一批从事高技术研究开发及产业化的创新和创业人才。

"十五"时期，"863 计划"的总体思路与中铁隧道局要自主研发盾构的想法不谋而合。当时科学技术部（简称"科技部"）已开始关注盾构机发展，对国内外的相关情况也做了许多调研，有意支持盾构机国产化和产业化。为国家立业者，国家定会鼎力相助。就在中国中铁自主研发盾构机项目承受着资金、技术、人才匮乏的巨大压力时，"863 计划"犹如雪中送炭。

在 2001 年 7 月，中铁隧道局郭陕云、王福柱、李建斌和浙江大学杨华勇老师（2013 年当选为中国工程院院士）等人专程赴京，向科技部汇报了自主研发盾构机的一些设想和工作进展情况。在得知国产盾构机研发已经小有进展后，科技部领导非常支持，希望中铁隧道局加大研发力度，早日生产出拥有自主知识产权的盾构机。而对于研发过程中的种种困难，科技部将给予全力支持，并希望中铁隧道局先从关键部件和系统研发开始，再进行整机研制。2001年底，盾构机研发被列入国家"863计划"。对于中铁隧道局来说，是个绝好消息，大大提振了他们自主研发盾构机的信心和决心。"我们赶上了一个好时代！"李建斌非常感慨。

2002年，科技部决定给上海隧道工程股份有限公司（简称"上海隧道股份"）、中铁隧道局、广州广重企业集团有限公司（简称"广州广重"）各拨100万元启动资金。后因广州广重与外商合作，成为外资企业，按照规定，科技部就不再给予启动资金。在科技部的支持下，中铁隧道局和上海隧道股份成为第一批参与国家"863计划"盾构项目研究的单位。

在承担国家"863计划"过程中，浙江大学杨华勇、魏建华、陈大军、龚国芳等老师自始至终参与。杨华勇教授带领的浙大团队主要负责电液驱动、推进和控制系统的研发。这是盾构的核心，也是国外技术封锁最严的部分。正是有了人才支持、关键领域的突破，才使得盾构机研发顺利进行，实现产学研的成功结合。

中铁隧道局前期开展的课题是"（直径）6.3m全断面隧道掘进机研究设计"。2002年，由李建斌担任课题负责人的"盾构掘进机刀盘-刀具与液压驱动系统关键技术研究及其应用"项目列入国家"863计划"，获得750万元经费支持，实现了样机整体水平接近国际先进水平。李建斌带领18名技术人员组成的研发团队，在盾构刀盘驱动方式及控制、盾构液压推动及姿态控制、新型刀盘结构、刀具材料及工艺等方面取得实质性突破。2004年，该刀盘在大连制造，是中铁隧道局盾构开发项目组设计的第一件产品。

2005 年 3 月 21 日，具有自主知识产权的盾构刀盘制造出厂

　　2005 年 3 月 27 日，科技部在上海召开国产盾构机现场会，时任科技部副部长马颂德参加了会议。在场的专家一致认为，中铁隧道局项目完成了预期指标，马颂德副部长对中铁隧道局和上海隧道股份开创性的研究工作也给予了充分肯定。他说，通过产学研结合，成功研制出两台国产盾构机并进行了工业示范应用，中铁隧道局完成了 2600m 的地铁隧道掘进，上海隧道股份也完成了 1000m 的隧道掘进，这个盾构项目很有显示度，是我国科研领域的一件大事。他希望北京、上海等大城市都用上国产盾构机，希望国产盾构机能为我国的城市化建设、我国的经济发展、世界经济发展贡献力量。项目研发成果获得各方高度认可，也得到科技部新一轮滚动计划支持。2005 年，中铁隧道局又有"大直径泥水盾构消化吸收与设计""砂砾复合地层盾构切削与测控系统关键技术研究及应用"两个课题同时列入国家"863计划"。

　　由中铁隧道局韩亚丽担任课题负责人的"大直径泥水盾构消化吸收与设计"课题，重点解决了泥水平衡盾构机主要工作参数的计算和确定、大直径泥水＋气垫平衡机理研究、泥水平衡盾构机刀盘结构设计与刀具切削排渣能力及工作寿命的保证，以及刀盘驱动系统的密封油脂、工作压力、污染指数等可检测技术、自主开发大直径盾构电气监控系统应用软件等关键问题，为下一步开发具有我国自主知识产权的大直径泥水平衡盾构机奠定了基础。并自主开发了泥水平衡盾构机控制系统应用软件，避免了控制系统在开发过程中与盾构机联机调试带来的安全问题，提高了盾构控制系统设计的有效性和可靠性。

2007 年 10 月，国家"863 计划"成果验收

在"砂砾复合地层盾构切削与测控系统关键技术研究及应用"课题中，中铁隧道局研发出宽泛地质适应能力的盾构机切削系统，在上海以淤泥质黏土为主的地层以及在北京砂砾复合地层进行工业性试验，均取得成功。课题组在盾构刀盘等关键技术的研发上取得了突破，为下一步面向全国各具特色的隧道工程实现盾构掘进机的整机开发与产业化，进行了技术储备，对隧道掘进机学科的发展以及具有自主知识产权的创新工作起到了推动作用。

2006 年 4 月 13 日，科技部副部长马颂德在"863 计划"总结汇报会上的讲话中特别提到，"十五"期间，"863 计划"围绕关键技术、创新技术和核心技术，获得了一大批自主知识产权高技术成果，造就了一大批创业人才和创新团队，推动了我国高技术及其产业的迅速发展。我国研制的两台直径 6.3m 的土压平衡盾构机，已先后在上海地铁工程投入使用，其性能和主要技术指标均达到国际先进水平，且价格只有德国盾构机的二分之一、日本盾构机的三分之二，具有较强的国际竞争力。

2008 年 4 月 25 日，国家"863 计划"重点项目之一——我国首台自主研发的复合式土压平衡盾构机"中铁 1 号"在位于河南新乡的中国中铁隧道局盾构产业化基地下线。这台盾构机直径 6.3m，最大掘进速度为 8cm/min。它"软硬通吃"，具有较强的地质适用性，在弯道施工、矿用振动筛转向纠偏、滚动纠偏等方面取得了明显进步。该盾构机是国家"863 计划"盾构产业化课题的标志性科研成果，技术达到国际领先水平，填补了我国在该领域的一项空白，实现了从盾构机关键技术到整机制造的跨越。

2008 年 4 月 25 日，由中铁装备依托国家"863 计划"研制的国内首台复合式土压平衡盾构机在河南新乡下线，并用于天津地铁 3 号线施工，先后下穿瓷房子、张学良故居等多座建筑

"中铁 1 号"是一台凝聚着中铁人光荣与梦想、汗水与欢笑的呕心沥血之作，是实现从无到有的"定鼎"之作，是梦想照进现实的跨越之作，是起点，更是丰碑。"中铁 1 号"填补了我国在复合盾构机

领域的空白，实现了从关键技术向整机制造的跨越，打破了国外企业长期以来在盾构机制造方面的技术垄断，是我国盾构机研发取得的阶段性创新成果，标志着我国盾构产业化取得了重要进展，是我国盾构机发展史上的重要里程碑。

2002—2008 年，中铁隧道局相继参与和承担了"（直径）6.3m 全断面隧道掘进机研究设计""盾构掘进机刀盘刀具与液压驱动系统关键技术研究及其应用""砂砾复合地层盾构切削与测控系统关键技术研究及应用""大直径泥水盾构消化吸收与设计""复合盾构样机研制"5 项国家"863 计划"课题。主要在复合盾构机的设计与集成技术研究、六自由度管片安装机技术研究、螺旋输送机结构优化设计技术研究、带压进舱安全系统技术研究、导向系统与盾构姿态控制技术研究、样机制造工艺技术研究等 6 个方面开展了科研攻关；围绕盾构掘进失稳、失效和失准三大难题，攻克了盾构机自主设计制造关键技术，研发出土压、泥水和复合三大类盾构系列产品，形成了自主设计制造能力，实现了盾构机的"中国设计、中国制造"。

从 2002 年入选"863 计划"，到 2008 年第一台自主研发的复合式土压平衡盾构机成功下线，其研发历程和结果一样令人瞩目。国家"863 计划"为研发项目提供了资金、技术、人才支持，同时为跨组织协作提供了一个高效的平台，而很多巨大难题正是因为"863 计划"的支持才迎刃而解。正如李建斌所感慨的那样，"中国隧道人迎来了一个好时代"。

第三节　反向创新的启示

一、反向创新的由来与兴起

反向创新（Reverse Innovation）的概念最早由美国学者 Govindarajan

和通用电气总裁 Jeffery Immelt 在《哈佛商业评论》发表的《通用电气的自我颠覆》一文中提出。所谓"反向创新"是指跨国公司于新兴市场开发低端产品，并通过产品升级改造，反之推向全球市场的过程，创新模式沿着低端市场推广至高端市场。❶在该定义的背后实际隐含着反向创新的三大内涵：第一，反向创新起源于低端市场引入高端产品，也可以说是一种高端产品的低端化移植；第二，反向创新的本质实际是高端产品在低端市场中的一种适应性创新，高端产品引入低端市场势必存在价格过高、性能不符合需求等市场定位不准问题，要想实现低端市场的顺利推广应用，就必须对产品进行精简和本土化，并对生产工艺过程进行改良，以有效控制产品成本，提高本土的适应性和性价比；第三，反向创新的最终结果是实现低端产品经改良升级后向全球输出，当然，也包含了对高端市场的反向输出。

通用电气总裁 Jeffery Immelt 提出反向创新的概念，是基于其在通用电气公司近十年创新实践活动的总结。这里简要介绍通用电气公司的一个典型的反向创新案例。20 世纪 90 年代，通用电气公司的一款主要在美国和日本市场销售的超声仪器被引入我国，当时该产品主要被用于测量心血管断面大小和血流量，以及检测评估前列腺健康和产妇胎儿健康状况等，其售价在 10 万美元以上。在随后的几年中，该产品因其高昂的价格和笨重的体型在我国市场一度遇冷。2002 年，我国某团队在通用电气公司的支持下，开始对这种产品进行改良和创新，该团队在消化吸收通用电气公司产品核心技术的基础上，通过在手提电脑上安装复杂软件和探头，开发出一款价格低廉的手提式超声仪器，成功将产品成本降至 3 万～4 万美元。同时，还增加了产品的应用场景，将其成功应用于肝脏肥大、胆管结石和宫外孕检测。2007

---

❶ IMMELT JEFFREY R, VIJAY GOVINDARAJAN, CHRIS TRIMBLE. How GE is Disrupting Itself[J]. Harvard Business Review, 2009, 87(10): 56-65.

年，该团队再次优化其生产工艺流程，成功将产品价格降至 1.5 万美元。自此，该产品开始在我国市场快速推广。同时，由于其便于携带的特性，也成功反向进入美国市场，被广泛用于救护队和急诊室进行紧急心脏血流量检测。❶

从通用电气公司反向创新的成功案例，我们不难看出，反向创新一般都是伴随着高端市场产品在新兴市场的本土化过程而产生的，其主要创新动力源于对新兴市场本土需求的个性化满足，而其过程则是在对高端市场产品和技术进行引进、消化、吸收的基础上，进行再创新。

我国作为典型的新兴市场，自 20 世纪末至今的近 30 年发展过程中，反向创新一直是实施技术创新、推动科技进步的主要模式之一。大型产品如高速列车、汽车等，小型产品如超声仪、燃料电池、手机等，都是反向创新的佐证。

事实上，反向创新的热潮在我国兴起，有其必然的原因和不可忽视的价值。自改革开放以来，我国逐步融入全球经济产业链，产品贫乏、技术落后等问题也随之凸显。在一段较长的时间内，我国作为"世界工厂"一直处于价值链的低端。如何解决技术落后问题从而推动社会经济发展，如何满足国内日益增加的消费需求从而为人民创造美好的生活，成为当时亟待解决的核心命题。于是，用市场换技术，先引进、再学习创新的方法被提出并快速推广。在引进国外先进产品以满足国内消费需求的同时，我国企业通过联合生产、合作研发等多种方式学习消化国外技术，培育专业技术人才，逐步发展技术实力、实现国产化生产、实施自主创新、开发自主知识产权，最终形成了一批具有自主知识产权的国产化产品。可以说，引进、消化、吸收、再创新的反向创新过程，是我国快速提高技术创新能力、掌握

---

❶ 刘宇，马卫. 通用电气的反向创新[J]. 企业管理，2011 (10): 38-39.

先进科技、推动社会经济发展的一条必由之路。此外，对国外产品实施反向创新，其实也具有市场的必然性。在我国反向创新实践过程中，我们可以发现，国外高端市场产品在我国市场中经常会"水土不服"。究其原因：一方面是由于国内消费能力限制，昂贵的国外产品往往难以在市场中大面积推广；另一方面是由于国内外市场需求存在一定差异，欧美国家市场往往更注重产品安全性和技术先进性，而我国市场则更注重产品的性能、功能和适用性。因此，对国外引进产品进行本土化改良和创新也是国外产品在我国市场获得商业成功的必由之路。

二、反向创新的基本类型与流程

从反向创新的市场必要性方面可以看出，反向创新存在着两条创新路径：一条是对生产工艺过程进行创新，一方面降低生产成本，另一方面适应国内的生产制造水平（常将这一过程称为"国产化生产"）；另一条则是对产品本身进行改进和创新，既包括低层面的应用性设计创新，也包括高层面的功能原理性创新。

依照创新路径和创新程度的不同，可以将反向创新大致分为三类。第一类，是模仿型创新。这一类反向创新主要基于产品的仿造，对于产品本身不做改变，主要进行设备和工艺重组。模仿型创新经常是依赖全球化采购，在国内实施集成化组装，零部件使用及生产工艺过程与原产品不同，但基本原理、功能和结构不变。模仿型创新属于反向创新的初级阶段，很多企业在反向创新的初期，基本都属于该类型。第二类，是创造型模仿。该类型反向创新主要是基于工艺流程的改造，通过采用国产化的工艺流程，提高国内生产适应性，同时，提高生产效率、降低生产成本。第三类，是改进型模仿。该类型反向创新不但对工艺流程进行改造，也会对产品本身进行创新和改进，一般都是从应用设计创新逐步向功能原理创新发展。改进型模仿属于反向创新的高级阶段，一般都发生在企业实施反向创新的后期，也是企业成功消化原产品技术，并初步形成技术核心竞争力的重要标志。通过以上分析，可以看出企业实施反向创新的基本流程：先引进产品，对其技术进行学习消化，通过设备和工艺重组，快速实现本土化生产，进而经过长期的技术吸收过程，逐步打造技术核心竞争力，形成研发能力，然后开展工艺流程和产品自主创新，形成自主知识产权，最终实现产品的国产化和量产化。基于该流程，我们不难总结出反向创新的基本范式。

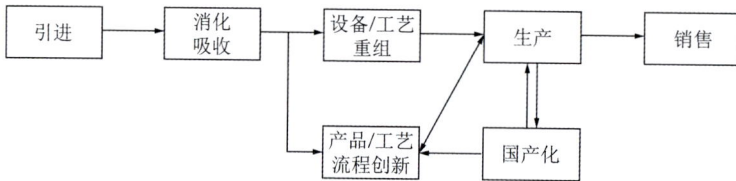

反向创新的基本范式[1]

在反向创新的基本范式中，企业进行产品和工艺流程创新的基础是对国外产品的学习消化吸收，而创意产生的源泉则是本土市场需求痛点和国产生产工艺要求。可以说，反向创新就是在对原产品技术充分吸收内化的支撑下，以及国内市场需求、生产工艺技术发展的牵引下产生的，这也是成功实施反向创新的关键之所在。实施反向创新的企业必须具备极强的学习意识和能力，这种学习不仅停留在对产品基本构成和生产过程的了解，更需要深入到对产品基本原理的探索和掌握，并将其发展成为技术创新能力。同时，企业还必须做到紧贴市场和供应链，全面了解市场需求痛点和生产工艺发展水平，并将其转化为创意，引导创新方向。只有当强大的技术创新能力和精准的技术创新方向有机结合之时，才是成功实现反向创新、将自主创新产品推向全球市场之日。

---

[1] 刘宇, 马卫. 通用电气的反向创新[J]. 企业管理, 2011 (10): 38-39.

第四节　用反向创新思维"消化"盾构机

我国盾构技术的发展过程是一个典型的反向创新过程，从盾构机的引进、消化、研发、制造，再到之后对盾构机技术的吸收和再创新，中国中铁成功实现了在盾构机制造领域从技术空白到技术引领的转变，也成功将国产化盾构机反向输出全球市场，让中国盾构机产品在海外多个主要市场成功起飞，让"中铁号"品牌在强手林立的海外市场杀出重围，并成功占领优势地位。

盾构机的引进和消化过程，是我国实施盾构机反向创新的起点，也是最为艰难的第一步。对于盾构机这样的大型复杂装备，相比之下，其学习消化过程也更为复杂，同时，受国外技术封锁影响，获取技术信息的难度也大幅提升。而国内盾构技术的发展起步晚，且前期发展缓慢，多次尝试均以失败告终，技术积淀有限，尚未形成完备的知识体系，相关技术人才也十分匮乏，可以说技术研发基础十分薄弱。面对如此现状，中铁隧道局是如何完成盾构技术的引进消化，实现研发首台复合盾构机的目标，承担起我国盾构国产化历史使命的呢？

一、盾构机研究走出关键第一步

2001 年，中铁隧道局向海外订购了两台盾构机，依照大型工程设备交易的商业惯例，外国公司在交付盾构机的同时也提供了相应产品基本构成的 CAD 图纸，以便于客户正确使用和维护设备。而就是这些简单的 CAD 图纸成为中铁装备学习了解盾构机构成的第一份珍贵资料。

首先，这些图纸是中铁技术人员掌握的唯一与盾构机直接相关的资料，而且图纸作为盾构的产品说明书，研究人员可以从中清楚地看到盾构机的内部组成，对于中铁技术人员接下来的研究起着奠基性的作用。其次，研究图纸对技术人员的研究活动有各种益处，如对照图纸、观察机器这种方式是对通过阅读国外与盾构机相关书籍和相关文献的实践与应用，使得研究人员更深刻地理解盾构机的构成与基本原理。再者，图纸研究在当时也取得了相当的成果，通过专业工程师对于设备图纸认真研究，不仅使中铁铁隧道局盾构研究人员收获了翔实的技术资料，而且还从中学习到了盾构机的工作原理。

CAD 图纸被用于针对盾构机内部构成的理论研究，专业技术人员在电脑上根据图纸研究盾构机的内部组成和零件间的相互关系。但是看图纸还存在一系列的问题，且不论所给图纸文字标注只有外语，技术人员学习图纸需要经过相当复杂的翻译过程，更重要的是，盾构机组成零件众多，单靠看图纸无法弄清各零件间的组成关系和运作机理，因此仅靠单看图纸对于盾构机内部构成问题的解决作用有限。

要想在盾构内部构成问题上进一步取得突破，研究人员只能拿着图纸到施工现场对照设备观察学习盾构机内部实际构成和运作原理。项目组人员跟班作业，逐渐熟悉和了解盾构机的工作状态、工作原理。有时为了印证研发数据，不断前往施工现场求证。

除此之外，到达一线现场观察学习的研究人员还会和施工人员或项目专家进行交流，询问项目施工期间存在的问题，再根据收集到的问题，寻求盾构机改进的方向。

通过学习图纸、观察机器、出国学习等方式，中铁隧道局盾构机研究人员了解了盾构机的机体组成与设计，但是仍没有彻底掌握盾构机的核心原理。那盾构机的整体工作原理是什么呢？每个部分又是怎么工作的呢？

二、分部研究，探究核心原理

决定盾构机性能的关键就是盾构机的刀盘刀具、主控系统和液压驱动系统。而要想实现盾构机的自主研发和生产，就必须弄清楚这三个核心部分的基本原理。经过之前的研究，中铁隧道局的盾构机研究人员已经基本掌握了盾构机的零部件构成和组装方法，但对于其关键部分的原理很难通过图纸和现场观察进行学习。同时，对于运作原理的研究，需要更多专业基础理论知识的支撑，也需要更为专业的实验设备，仅仅依靠企业的力量，在短期内难以实现。依托"863 计划"，中铁隧道局快速对一些难以解决的技术难题实施分部立项攻关，通过产学研合作，获取高校和科研院所科研资源的支持，以开展针对性的技术攻关。

（一）盾构关键部分"利齿"——刀盘刀具。刀盘刀具是盾构机的关键部件，直接影响盾构机使用的效率和寿命。而且地质不同对刀具布置的要求都有所不同，研发难度可想而知。当时的研发团队对于刀盘刀具几乎完全不了解。为寻找合理的设计方案，李建斌带领项目组，一方面潜心研究，看文献与相关书籍；另一方面采取"走出去、请进来"的方式，派人出去学习，请老师上门讲课，解决了一个又一个基础理论问题，攻克了一个又一个技术难关。在理论研究的基础上，研发团队针对不同地质利用理论研究结论，进行了不计其数的试验。

（二）盾构机关键部分"大脑"——主控系统。主控系统是盾构机运作的关键，为研究一台适合中国地层的盾构机，需要详细研究主控系统的相关原理。在"大直径泥水盾构消化吸收与设计"和"砂砾复合地层盾构切削与测控系统关键技术研究及应用"两个"863 计划"研究课题中，均针对盾构机控制系统进行了研究，由不同专门项目组攻关，都取得实质性的成果。自主开发的泥水平衡盾构机控制系统避免了控制系统运行期间的安全问题，提高了盾构机控制系统设计的有效性和可靠性。同时，课题组还研究出了具有宽泛地质适应能力的盾构机切削系统，扩大了刀削系统的适用范围。另外，在研发人员不懈地探索下，2006 年，中铁隧道局终于打破国外技术壁垒，在盾构机关键核心技术方面取得突破，研制出具有自主知识产权的盾构机控制系统模拟检测试验平台并投入使用。由于理论研究与现实情况存在较大差异，单独的理论实验研究是不够的，因此，在主控系统理论研究的基础上，研究人员将已有研究成果运用到施工现场，在现实实践中探索问题。除此之外，为对操作系统的运作原理有更深的理解，技术人员有时还需要在施工现场的主控室里面进行观察操作。

破解盾构机控制系统难题

团队中负责主控系统开发的是蒲晓波，那时管片快速拼装只需要15min让年轻气盛的他在心里憋足了气。研发过程中，为了把进口盾构机的主控系统吃透，他愣是在隧道里面的主控室里待了三天两夜。

时任设计研究总院副院长蒲晓波对于那段回忆是这样描述的："因为那个项目太快，15min就完成了一环管片的拼装，30min就完成了一环（1.5m）的掘进，15min我还没看清楚的时候，就已经拼完了，我必须再等半个小时，然后再拼我又看那个角度，可能还没看明白人家又拼完了，又往前掘进，没有搞清楚我就一直在下面蹲着。"

从识别关键部分到申请立项，从文献阅读到试验、实践，从理论研究到实地观察，在探索中成长，在试错中寻找方向，最终攻克了关键核心技术的难关。这些努力都是研究人员分步研究的付出，为最后的整机组装奠定了基础。

三、打造整机，集成设计技术

在关键部件和系统研发取得重要突破的基础上，研发团队开始了整机研制，属于中国人自己的盾构机终于步入了研发的最后阶段。在当时，中国中铁选择复合式盾构机作为最终的研制方向。复合盾构机制造工艺复杂，技术附加值高，适用地质范围广。开发具有自主知识产权的复合盾构机，既可打破外企在国内盾构机市场一统天下的局面，又能促成和带动我国相关的机电、液压、材料、传感器等产业的发展，增强装备制造业综合实力，提高我国重大装备在国际市场的竞争力。由韩亚丽担任课题负责人的"复合盾构样机研制"项目列入国家"863计划"，开启了复合盾构样机的拼装之旅。

第一台样机的设计拼装遵循"自主设计、全球采购"的原则。"自主设计"盾构机的部分大型部件是委外合作加工。当时是由洛阳矿山机械厂加工零件，中国中铁自主组装调试。虽然在过去的八年，研发人员研究了很多关键技术，但是盾构机工作对象——地质较为特殊，地质环境存在很大的不确定性，对盾构机要求较高，所以样机设计需要以外国原装盾构机设计为主，采用集成设计方法，使其在一定程度上适合中国地质。

"全球采购"是部件实行全球采购，即与德国海瑞克公司的零部件参数和产地等保持一致。盾构机零部件要求较高，但有些公司生产的部分零件技术达不到要求，另外，如若零件参数与海瑞克的盾构机存在差异，可能存在无法拼装的问题，因此，样机设计的原则需要遵照"全球采购"的原则。

依照"自主设计、全球采购"原则设计的样机似乎是个翻版的"海瑞克"，那我们在过去的研究有什么意义呢？过去研究为什么不能用呢？这里有两个原因：第一个原因，虽然研发团队研究了六七年盾构机，但是技术还不算成熟，他们对于一些原理的理解还不算很透彻，例如在原理上，盾构机的密封环与隔底的间隙越小越好，但是外国设计的间隙是5mm，与原理是冲突的，这个问题困扰了研究人员很久。第二个原因，由于地质的不确定性很大，我们不能轻易地去设计一台盾构机，一旦失误，会造成巨大损失。这些研究的意义是为了更好地熟悉了解盾构机的构成、原理，为打造中国人自己的盾构机做准备！零件购买问题解决，基本设计样本也解决，那如何拼装一台盾构机呢？制造工艺是什么样的呢？在第一台样机之前，中铁隧道局采取的是以市场换技术的战略，与日本、加拿大、德国合作，例如加拿大的罗威特公司、德国的海瑞克公司，也就是所谓的合作制造。即海外品牌提供盾构机图纸，研发团队按照图纸进行生产。通过这种方式了解的不只是产品设计调试组装，还有盾构机的制造工艺等方面。

"十年磨一剑"，中铁隧道局历经8年时间、投入大量人力财力研制的国内首台具有自主知识产权的"中铁1号"土压平衡盾构样机在新乡成功下线，填补了我国在复合盾构机制造领域的重大空白，打破了"洋盾构"一统天下的局面，真正实现了我国复合式盾构机的从无到有。

第五节　在实践中检验与修正

一、试错与探索

8年的试错与探索，无数个日日夜夜，凝聚了无数中铁隧道人的心血，最终打造出首台具有自主知识产权的盾构机。首台复合式盾构机成功下线离不开每个中铁隧道人的努力，是这些人"刨根问底""带着批判的态度学习"的精神造就了首台盾构机。

对于盾构机的研究是从零开始的，中铁装备的研发人员没有其他理论研究的支撑，只能尝试学习国外技术，而学习国外技术就绕不开当时国外盛行的两个流派。当时欧美和日本对于盾构机的研究和制造有各自不同的看法和观点，总体而言，这两个流派各有优劣。那么，哪一种方式是正确的呢？或者说哪一种流派更适应于中国市场呢？这个问题一直困扰着中铁装备的研发人员。"既然理论无法直接判断，那就让实践来检验吧!"这是当时研发人员内心的真实写照,也是无奈之下的唯一选择。在该思想的指引之下,中铁装备的研发人员开始了大胆探索和假设,在理论研究和论证的基础上,运用试验进行检测和试错。"一切问题都要在实践中发现,而一切问题的解决,都必须回到实践中去。"这一从"实践中来到实践中去"的思想,开始在第一代中铁装备研发人员的心中生根发芽。

在"生命禁区"中追寻一手数据

盾构机内部构造复杂、运作原理烦琐,而最初的研发团队成员只有 18 人! 他们将工程现场作为科研试验场,为了掌握第一手资料,在武汉长江水下60m,他们冒着生命危险,带压进仓。以往最多敢带压 0.3MPa 进仓,他们硬是挑战极限,不顾生命危险,带压 0.47MPa 进仓,进入了盾构施工的生命禁区! 有时,为了监测更多盾构实施的数据,他们紧跟盾构掘进的步伐,从雪域高原到深海隧道,从冰封北疆到酷暑南国,从国内到国外,哪里有盾构施工,哪里就有他们的身影。8 年间,他们的脚步遍布了国内外大大小小一百多个盾构施工项目。

盾构机的研究探索过程布满荆棘,数据稀少,且获取难度巨大,中铁装备人以求精务实、勇于挑战的精神,不惜冒着生命危险,从一线求取最真实的数据,探索最真实的问题,纵然山高路远,纵然严寒酷暑,"哪里有盾构施工,哪里就有他们的身影",这是第一代中铁装备研究人员为探求真理,不顾艰难险阻的真实写照。

带着"批判"的目光学习探索

2004 年 8 月,三伏天,王杜娟在辽宁设备调试工地上,不时蹲下来对照图纸查看机器的部件结构，然后认真在图纸上做标记。她带领技术人员放弃一切节假日休息，白天消化图纸技术，晚上翻译资料信息。在此过程中，王杜娟凭着过硬的专业基础和一丝不苟的认真态度，在3500多张后配套技术图纸中发现了527处设计错误。为保证工期，她一边组织公司技术人员研究修正方案，一边说服外方人员改正图纸设计。经过三个月的连续奋战，终于完成图纸的消化转换工作。

研发团队这种不盲从、不满足，不一味相信国外产品设计，带着批判学习的科学态度，为提高我国首台盾构的研发质量打下了坚实的基础，也为后期对盾构的优化改进提供了方向，同时也培养了第一代盾构技术研究人员刨根问底、勇于挑战权威、敢于创新探索的精神品质。

在"试错"中前行

时任中铁装备董事长李建斌曾在访谈中提到：在试错试验过程中，如刀盘一次只有一个接口，其他系统一次则可以同时装两个，一个是进口的，一个是我们自主研发的，通过试验观察这两个系统的可行性。如果我们自主研发的系统不可行，肯定是我们错了，如果两个系统都可行，那证明我们对了。因为我们弄不清楚两个流派设计的正确与否，我们只能通过试错来检验。

虽然试错过程是艰苦的，也不断挑战着每一位研究者的耐心，然而，也正是这样的艰难试错过程，练就了这些科研人员不盲目崇拜国外技术，用质疑的眼光看待每一份资料的科学品质，同时也形成了勇于探索，不断试错，用实践检验真理，一切用事实说话的严谨作风。

而这些精神和作风,也成为支撑成功实施反向创新最宝贵的文化财富。

二、试验就是科学

大量试验不仅积累经验和数据,而且验证了国外提出的一些理念,并判别了国外理念的正确性。由于理论研究与现实情况还存在较大差距,仅依靠理论研究学习不能获得准确的结果,反而可能在实践中犯错误。因此,试验就是科学,依靠中铁装备研究人员科学严谨的态度获得了许多实质性的成果。

中铁装备董事长李建斌曾在访谈中提到:研究过程就是大量的试验,盾构机这么复杂的设备只研究原理是不可以的,原理很容易理解,一定要在施工现场经过大量试验,才能检验其正确性并理解其中的运作奥秘。

大量的试验过程中体现了中铁装备研发人员精益求精、锲而不舍的态度精神,通过大量的试验才能让研发人员真正了解盾构机的运作原理,真正地"吸收消化"国外盾构机。

中铁装备在盾构关键核心技术方面取得突破,研制出具有自主知识产权的盾构控制系统模拟检测试验平台并投入使用。对引进的武汉长江隧道施工国外大直径泥水平衡盾构机刀盘进行受力分析,消化吸收其设计理念,以南水北调穿黄隧道工程为依托,自主开发直径 9m 的泥水平衡盾构机刀盘,经过方案设计、技术设计和元器件购置,完成盾构电控系统模拟试验平台的制造和组装,并调试成功。

除大量现场试验之外,研发团队还建成了控制系统模拟试验平台。试验平台的投入使用,证明了研发团队遵守的"试验才是科学"的原则,体现了中铁装备研发人员的科学求真精神。

另外,样机设计必须完全参考成熟的产品设计,不采用未经试验的不成熟的技术。"自主设计"的原则展现中铁装备研发人员严谨、科学的态度,也正是这种态度降低了盾构机使用损失,保证了盾构机的品质。

三、施工企业的合作很重要

"哪里有盾构施工，哪里就有中铁隧道人的影子"，从一线发现问题，到实验室试验检测，再到施工现场实践，这已经成为研发团队探究真理的必经之路，也成为不断发现问题，不断实施创新改进的基本循环。然而，在这个循环中少不了施工企业的深度配合。

"我们最大的优势，就是我们是中国中铁的子公司！作为我国隧道施工的顶尖企业，中国中铁为我们提供了大量的观察学习机会和最为全面的盾构一手数据，虽然我们不是技术最先进的盾构制造企业，但我们一定是最了解客户需求和痛点的企业。"这是在与工程师们沟通的过程中，最常听到的一段话。

通过与施工单位的紧密结合，研发团队获得了详尽的一手数据资料，全面掌握了在中国盾构施工过程中存在的各种问题，一方面为研发首台盾构提供了学习资料，另一方面也优化和改进盾构提供了精准的方向。此外，施工单位还为中铁装备提供了最好的"试验场"。在研发过程中，研发团队经常将研发成果集成到现场施工的盾构设备上进行检测试用，准确的试用反馈信息，就成为推动研发改进的重要动力，也成为研发成果品质的重要保障。可以说，施工企业的配合，是中铁装备产品研发过程中不可替代的核心资源。

第三章 | 梦想的起点

中铁装备用 8 年时间,历尽千难万险,实现了国产盾构机从"0"到"1"的历史性突破,按道理,中国中铁作为一家建筑工程企业已经实现了对盾构机制造过程的全面了解,也知道了如何使用盾构机并与施工方法进行融合,它的任务到这里应该已经圆满完成了。但是,一开始就立志"打造中国人自己的盾构机"的李建斌却向集团公司提出了一个大胆的设想:将盾构机产业化!

第一节 万里长征第一步

一、"中铁1号"成功下线

为了一个具有自主设计产权的复合盾构机,研发团队围绕盾构机的刀盘、电控、测试平台、施工技术等多个领域和环节展开的具有针对性的攻坚战,皆已在 2007 年初见成果。

由于盾构机属于定制化产品,需要根据地质特征和施工要求等条件"量身打造",因此中铁隧道局的第一台盾构机尚需确定合适的应用项目才能展开具体设计。

于是,2007 年,中铁隧道局成立了复合盾构样机研制小组,由韩亚丽担任组长。该课题组先后攻克了复合盾构机设计与集成技术等六大关键问题，完成盾构机 PDV（程序数据向量）数据处理软件应用开发等四项关键设计成果。至此，距离复合盾构整机的诞生，只差临门一脚。

2007 年 1 月，国家"863 计划"泥水平衡盾构机模拟试验台出厂

　　尽管早就无数次见过了它的成品图纸，但大伙都按捺不住地盼望着见到真实的可以触摸的中铁隧道局 1 号机（此时暂未正式命名为"中铁 1 号"，故下文简称为"1 号机"）。可无论心跳得怎么激烈，每一位在岗的中铁隧道局人都凝神静气，一丝不苟地为她"拧好自己负责的每一颗螺钉"。

　　2008 年 4 月 25 日，这是所有中铁人共同铭记的日子！1 号机在新乡成功下线，这台由中铁隧道局历时 8 年研发制造的"大家伙"，汇集了 5 项国家"863 计划"成果，凝聚了中铁隧道局科研人员攻克数十项技术难题的智慧结晶，散发着技术工人以劳动铸就钢铁长城的勤劳荣光。

　　用时任中铁装备董事长李建斌的话讲："8 年的时间我们完成了 5 项'863 计划'，这些计划是一个又一个关键技术的突破。""这进一步增强了我们国产化的信心。"

二、来之不易的"首秀"机会

1 号机的成功下线，对中铁隧道局人无疑是巨大的鼓舞。喜悦、欣慰、感动和对未来的希冀交杂在每一位到场中铁隧道局人的心头。

"8 年进口，忍气吞声；一朝国产，石破天惊"。

尽管如此，本应满心欢喜的项目负责人李建斌却陷入沉思。他凝视着 1 号机，思考着下一步的问题——在哪里进行工业性试验。在坚信只有实践才是检验真理唯一标准的中铁隧道人眼里，样机下线还不能算是成功，只有在施工项目中实现成功贯通，1 号机才算真正获得成功。

杭州地铁 1 号线是初期指定的应用试验场地，从 2007 年初步决定到下线，一年的时间里发生了很多变化。变化将计划打乱，从而引发诸多问题，其中最关键的问题是杭州地方是否仍愿意将自家第一条地铁的建设作为中铁隧道局这个"盾构学徒"的考场？

2008 年，1 号机没有在杭州得到应用。这既在意料之外，也在情理之中。这是权衡的考虑，因为定制化的产品本就应该运用在目标项目中，这样做最为保险、最容易试验成功，也能得到最具有说服力的试验数据。将 1 号机试运行放在杭州，不仅是中铁内部的决定，也是经杭州有关方面同意，如果中铁隧道局中标就可以使用国产 1 号机施工。但由于某些变故中铁隧道局未能取得该项目，使得"以施工之名义测试新装备"的计划在杭州未能实现。

既然 1 号机的"首秀"不能在杭州应用，便得重新寻找机会。

于是，李建斌怀揣着对 1 号机的信心，肩负着全体中铁人的重托，开始为他们共同的孩子寻找合适的"归宿"。因为李建斌知道，"光面锃亮"只是盾构外表，"泥泞满身"方显英雄本色！

在为第一台盾构机寻找合适场地的过程中，客户的质疑不少："你怎么能让我的工程当你的试验场？"自认为没有问题的李建斌只能默默接受。许多年的心血即将面临不可知的前途，在所有业主单位和施工单位的批评否认声中，李建斌和中铁隧道人终于等来了柳暗花明的消息：中铁隧道局天津地铁项目施工队同意采用1号机，关键时候还是中铁隧道局给予了强有力的支持。

李建斌知道，这是不可多得的机会。从内部来看，中国中铁虽有诸多施工单位，却仍无几家单位对自家集团研发的盾构机抱有十足的信心，因此这次机会的"给予"属实是迈出了艰难的一步。从外部来看，天津地铁作为近期即将破土动工的轨道交通工程，正好为眼下急需试验和评审的1号机提供试验场地，再加上天津地质情况恰好符合1号机的适用条件，使得天津试验场在全国都属于优秀的替代试验场。从心理层面来看，1号机的试验迫在眉睫，蛰伏准备了8年，太需要一场改头换面的大胜仗来提振士气。下一步工作若没有当下1号机的试验反馈作为铺垫，恐怕很难动员和开展。

2009年2月初，由中铁隧道局负责施工的天津轨道交通3号线营口道站—和平路站右线区间（简称"营和右线区间"）准备动土，始发仪式上出现的，正是新乡生产基地下线的1号机。天津的有关部门此刻并未获知这台盾构机是中国中铁自主研发的第一台盾构机。

无巧不成书的是，这台"进口盾构机"被安排在了施工难度最大、沉降风险最高的标段——营和右线区间。

之所以说营和右线区间标段施工难度最大，是由于以下几点原因：

第一，营和右线区间土质复杂，全长1000m，覆土厚度8.3～12.6m，以浅埋和中埋为主，区间穿越地层主要为粉土、粉质黏土、粉砂层。从以往的施工经验来看，这样的土质往往伴随着沉降控制难度大、地层地质复杂等不利因素，对一般的进口盾构而言都是较大的挑战，何况一台没有"实战履历"的本土盾构机。

第二，营和右线区间沿途地表包括核心商业区、大量居民密集区和文化历史建筑群，包括张学良故居、范竹斋旧居、天津电报总局、渤海大楼等历史风貌建筑。除此之外，其行进途中还将面临一项巨大的风险——从地下穿过总价估值 98 亿元的天津"瓷房子"，该建筑属天津市政府重点保护的历史风貌建筑，其建筑物估值为 4 亿元，瓷器估值 94 亿元，是一座举世无双的"中国古代瓷器博物馆"。

第三，中铁隧道局生产的 1 号机在控制系统方面仅做过初步测试，首次使用很难确保在复杂的地质环境和土壤条件中绝对不出故障，一旦出现故障，修复投入的资源暂且不论，地表存在的大量不可破坏的建筑，更是极大地减少了从上方破土检修的可实施路段。

总结下来，面对接下来的项目挑战，即便在场的施工队和盾构技术服务保障团队发挥出 100%完美的作业表现，像施工中断、工期延误甚至 1 号机退出的结果也还是可能发生。

权衡利弊，即使有这样那样的风险，但这次"首秀"机会，实属来之不易！

三、同场竞技，成功亮剑

事实上，尽管所有人都捏着一把汗，但每一个中铁隧道人都在用心地准备着应对此次挑战。2009 年 2 月 6 日，1 号机在营口道站始发。自始发起，项目组就在 24h 满负荷运转着，为此次项目的顺利进行，项目组坚持超前筹划、多层次论证、全方位培训、精细化施工等多项措施。

针对方案的科学性问题，每一道工序都由项目部负责人和操作层骨干进行专题讨论、分析和完善，遇到重难点施工环节还会邀请专家进行论证，在方案上做到万无一失。

针对掘进过程的安全性问题，项目部以通过对员工强化培训的方式，着重增强安全意识和操作技能，开展了"手拉手拉起安全的防线，心连心筑起生命的港湾"为主题的安全活动，组织了多形式多渠道的安全培训，在此过程中尤其注重了特殊工种培训。从安全意识和操作技能两个方面保障了安全作业。此外，在准备期和施工中，安全、消防、风险源等方面的演练共组织开展了十余次，每次的演练都将准备、记录、实施、总结形成资料，力图将突发事件的预期损失降到最低。

针对"作业状态偏差和工程质量管理"问题，项目部采取"精细化管理"的策略，超前谋划，在监测方面采取"全面覆盖，重点突出，加大频率"的策略，及时控制建筑物沉降，及时调整盾构机姿态，加大对重点部位灌浆的力度，严控运输和进场材料的质量，规范和监督安装流程等。最大限度地挽回信息差和时间差可能带来的工程失误，从源头开始把控质量问题。

时间一分一秒地过去，1号机也在一点一点"啃食"着阻挡它的岩土。与盾构机一起的，是现场施工技术人员，地下的生活条件并不好过，脏兮兮的泥浆、机器掘进的巨大轰鸣、隧道坍塌的危险、闷热潮湿的空气等，但没人在乎这些，每个人都全神贯注在工作上，专心做好自己的每一个动作，大家都期待着1号机"重见天日"的那一刻。

四、首战告捷，亮相国际

2009年6月8日，对于中铁隧道人而言，这是一个具有历史性纪念意义的日子。

天津轨道交通3号线营和右线区间顺利贯通！经测定，实际沉降在3mm以内，中铁隧道局生产的1号机先后穿越20多个风险点，月平均掘进327m，最高月掘进385m，表现最好！

2009 年 6 月 8 日，中国中铁1号盾构机成功贯通天津地铁3号线营和右线区间

当然，此刻最惊讶的莫过天津有关部门负责人。当他们得知这条最"危险"的区间用的竟然是国产盾构机时，对国产盾构机的表现感到惊艳，对国产盾构机的未来开始有了信心。

至此，1 号机再也不用披着"进口盾构机"的外衣服役了，它可以自由地在阳光下被众人瞩目，它有了属于自己的响亮名字——"中铁 1 号"！

经过实践的检验，中铁隧道人终于放下了久久沉压于心中的巨石，"可以向国家交出这份答卷了"中铁隧道人这样想着。于是迅速组织了"863 计划"项目的专家评审，评审结果表明，整机成果完全达到国际先进水平，两项关键技术达到了国际领先水平。从"中铁 1 号"被业界认可的这一刻起，"洋盾构"横扫中国大地的局面将被大幅扭转，一个属于中国本土盾构的崭新时代即将到来。

由于出色的表现，中铁 1 号盾构机被天津诚恳挽留，一直为天津的隧道建设作贡献。这台具有历史意义的盾构机，在掘进 11km 后，整机被"请"进了中铁隧道局在广州南沙的展厅，成为中国盾构机发展史的见证。

天津地铁 3 号线凯旋前夕，中铁隧道局就带着中铁 1 号盾构机模型参加了中国国际轨道交通技术展览会，获得时任科技部副部长李学勇、河南省副省长徐济超的高度赞扬和充分肯定。这次参展意义重大，使得中铁隧道局自主研发的决心得到加强，信心进一步提升，并全面提升了中铁的业界知名度和影响力。

随后的两年，中铁 1 号盾构机模型又先后参加了第四届中国国际（上海）隧道与地下工程技术展览会、新西兰 CORE2010 铁路工程会议展览、中国（郑州）国际先进装备制造业博览会和深圳第十二届中国国际高新技术成果交易会等大型展览活动，这一系列对外展出使得中铁隧道局逐步进化为具有国际知名度的装备企业，为接下来在国际市场攻城略地创造了知名度条件。

第二节 "1"是起点还是终点

一、建筑企业也能搞装备制造？

"中铁 1 号"盾构机在天津成功下线，标志着我国在复合盾构机制造领域的从无到有，也证明了中国人可以独立造出属于自己的盾构机。按理讲，中国中铁作为一家建筑工程企业已经实现了对盾构机制造过程的全面了解，也知道了如何使用盾构机并与其施工方法进行融合，它的任务到这里应该已经圆满完成了。但这时，李建斌却向总公司提出了一个大胆的设想：将盾构产业化！建筑企业也能搞装备制造？这是当时很多人看到这个设想时最直接的质疑。

当时的质疑者们同样是站在公司的角度思考的，提出的理由也十分充分：当时的中国中铁刚从"中国铁路工程总公司"改名为"中国中铁股份有限公司"，上市还不到一年时间，正是发展的新时期，作为建筑工程出身的国有企业，中国中铁没有经验开辟装备制造行业的新业务；此外，盾构产业不同于其他制造产业，它作为大型装备制造产业的一种，进入门槛高，后续人力物力的资源投入巨大，收益也是缓慢的，不说能不能成功实现盾构产业化，就算成功实现了，也不知要多久才能实现盈利；况且，当前的国内外盾构市场普遍被德国海瑞克公司、日本小松公司、美国罗宾斯公司等国外老牌企业所把持，才制造出第一台盾构机的中国中铁真的能与这些公司在市场上进行竞争吗？而且中国中铁也不是只有走盾构产业化这一条道路，中国中铁已经为这第一台盾构机的制造投入了许多年的人力和物力资源，既然已经有了盾构机自主研究的专利权，完全可以选择将专利权出售给其他公司。

　　是否将盾构产业化？为什么要进行盾构产业化？盾构产业化能不能成功？除了实现盾构产业化可不可以选择别的道路？这些质疑李建斌看在眼里也放在心里，他清楚地知道，此时的中国中铁就像站在十字路口一样，下一步到底往哪里走，大家心里其实都没数。但是他在听得进去质疑的同时，想搞盾构产业化有着自己的思量在其中：首先是站在中国中铁本身的施工方立场上，在购买国外企业的盾构机时，由于议价能力弱使得盾构机价格只能任由对方决定，在隧道施工过程中国外企业派来的工作人员服务态度差，施工过程中出现的故障难以及时沟通解决等问题客观存在，且一直得不到有效的解决。其次，国内的盾构市场一直被国外品牌垄断，要知道，21 世纪是隧道及地下空间大发展的时代，但中国盾构机的开发与应用是从 1953 年才正式开始的，与国外相比晚了整整 128 年，这样被"卡脖子"的状况难道要一直持续下去吗？另外，盾构机作为 21 世纪的"隧道工程之王"，是我国道路建设和隧道发展过程中必不可少的"大国重器"，中国中铁作为一家国有企业应该要怀有"为国前驱"的历史责任感，担起盾构产业化的时代重担，而不是将这份责任推卸给其他的企业。中国中铁自打算研制第一台国产盾构机以来，已经经历了整整八年的努力与付出，这八年来，投入和付出了多少的精力、汗水和资源；又诞生和培育了多少优秀的干将和能才，包括李建斌本人在内，多少人是打算把盾构事业当作自己一辈子的事业去做的！哪怕是出于大家内心的情感来说，也是希望把这盾构的产业化进行下去的。

权衡再三，李建斌还是作出了自己的判断：利大于弊，必须实现盾构产业化，而且步伐越快越好。于是他很快向集团领导提出申请要建立一个新公司来实现盾构产业化，在他的努力下最终得到了集团领导的同意和支持，中国中铁的盾构产业化道路也自此开始。

二、梦想与现实的距离

中国中铁作为一家有责任感的企业，希望能够承担起盾构机这样"大国重器"的产业化责任。于是，2009 年 12 月，在李建斌的牵头下，中铁隧道装备制造有限公司成立（中铁工程装备集团有限公司的前身，简称"中铁装备"），在河南省各级政府和中国中铁的大力支持下，国内最大的盾构研发制造基地落户郑州，正式拉开了中国盾构产业化的序幕。一切似乎步入正轨，李建斌和他带领的中铁装备人实现盾构产业化的梦想似乎近在眼前，但是，万里长征才刚刚迈出了第一步，他们很快便认识到"梦想和现实之间是有距离的"。

2009 年 12 月，中铁隧道装备制造有限公司揭牌成立

此时，摆在李建斌等第一代中铁装备人面前的是许多难以跨越的沟壑。从客观角度分析，在人力上，李建斌只能自己招募员工，而这些新员工却要同时面对新公司的正常运营工作、盾构新产品的研发制造工作、盾构新市场的开辟工作等，人手可以说是捉襟见肘；在技术上，当时的中国盾构机才刚刚实现"零的突破"，与国外设备相比，在设计理念、工艺制造等许多方面还存在不小的差距，现任中铁工程装备集团有限公司高级顾问的张宁川在访问中曾提到："当时盾构机产品技术发展路线上的总体规划不多，这或许是一个缺陷。"在市场占有率上就更不必谈了，可以说，如何打开市场也是他们当时面临的最大问题。如此困境，盾构产业化的逐梦之路希望甚是渺茫。

中国中铁的盾构产业化尝试就是在处处碰壁且无人看好的情况下艰难起步的，但好在当时的河南省政府对中铁隧道局在政策上可谓是大力支持，为了将即将成立的新公司留在河南，史济春副省长向时任河南省省长郭庚茂作了汇报。省领导带领相关部门以及郑州市领导立即赴京，与中国中铁高层领导会面，表示新公司可以在河南全省范围内选址，并全力支持新公司的建设。这可谓是百难开头中少有的优势了。

但尽管是如此困难的开端，如此见不到成功前路的市场环境，李建斌等第一代中铁装备人仍然没有说一句放弃的话。艰难处境反而激起了这些中铁人的"轴劲儿"，面对梦想与现实之间的鸿沟，他们咬紧牙关，发挥出中国中铁人"遇山开山，遇水架桥"的精神，誓要填平梦想与现实间的道道"鸿沟"，就是要在前路难料的条件下攻坚克难、摆脱困境，把盾构产业化道路走下去。

三、逐梦的"黄金搭档"

2009 年的时候，李建斌向集团领导第二次提出发展盾构产业，企业领导终于同意了。好不容易征得了集团的同意，此时的李建斌虽然蹭蹭满志，但他深知"孤木不成林"，盾构产业化的事业只有自己一个人是肯定无法成事的，他需要找到自己的合作伙伴。

挑选一个能力优秀且合适的合作对象是非常重要的，李建斌第一时间就想到了家住在自己对面的同事韩亚丽。韩亚丽当时任隧道工程局设备物资部部长，她已主持了"大直径泥水盾构消化吸收与设计""复合盾构样机研制"两个国家"863 计划"项目，明白盾构产业化的重要意义，也无疑是一位难能可贵的优秀人才。

优秀人才未必是优秀的合作者，李建斌也知道自己将要成立的新公司可不是什么"香饽饽"。走盾构产业化道路的难度相当于从一无所有开始创业，最终能不能做成功？会不会把自己的合作伙伴带进"坑"里？当时的李建斌也不能做出百分百的承诺。韩亚丽在盾构产业化上的想法上是否与自己志同道合？公司在未来遇到困难时她能否同自己一起，不畏困境、迎难而上？李建斌心里没有谱，于是他打算"试探"一下韩亚丽。

"一顿饺子"的故事

他给韩亚丽打了个电话，说："晚上到我家吃饺子。"

韩亚丽虽然摸不着头脑但还是来了。李建斌和他爱人都是河北人，两口子不但爱吃饺子而且很会包饺子。热腾腾的饺子很快出锅，李建斌还拿出了白酒。

韩亚丽疑问道："怎么又包饺子又请我喝酒的，今天是有什么喜事吗？"

李建斌说："先吃饺子再说"。

民间说：饺子就酒，越吃越有。饺子下肚，白酒碰杯，李建斌不打算搞什么弯弯绕绕，他直接向韩亚丽摆明了意图："跟我去新乡吧，我们去那里做盾构机，领导让我兼任董事长，希望你去

> 当总经理，我们把盾构做成产业！"
>
> 韩亚丽在毫无心理准备的情况下，竟毫不犹豫地答应了！"中铁1号"盾构机的成功，燃起了她心中的一团火，她也"爱"上了盾构机，而李建斌的邀请可谓是顺水推舟，他们一拍即合。

这就是中铁装备内部著名的"一顿饺子"的故事，也正是这一顿"河北饺子"让两个志同道合的开拓者组成了一对"黄金搭档"，携手开始了盾构机国产化的征程。在此之后的短短5年内，两人相互支持，通力协作，组建并带领年轻的团队克服重重困难，敢于创新，倾力付出，攻克一个又一个难关、创造了一个又一个奇迹，使中铁装备全面实现了盾构产业化，在国内盾构产品市场占有率连续多年超过50%，实现了公司跨越式腾飞。

李建斌与韩亚丽这对"黄金搭档"作为第一代中铁装备人的领军者，用"到我家，我给你包饺子"的真诚和信任，铸造起企业内部真诚沟通、相互信任的精神内核，也正是这种精神内核令后来的中铁装备人在追逐梦想的路上得以一步一个脚印，在面对逐梦道路上的种种艰辛能够迎难而上，朝着盾构产业化的梦想不断前进。

四、时不我待，扬帆起航

找到了合适的合作伙伴，李建斌马不停蹄地开始了公司的组建，2009年12月23日，中铁隧道装备制造有限公司（简称"中铁装备"）正式在河南郑州市东区挂牌成立。由李建斌担任中铁装备的董事长，韩亚丽担任总经理。中铁装备成立之初的员工总数是108人，《水浒传》中梁山上也有108位好汉，这样的巧合似乎也预示着第一代中铁装备人在后来的非凡成就，他们也成为我国盾构产业飞速发展的见证者和亲历者。

　　中铁装备挂牌成立仅仅一年，认真贯彻中国中铁的决策部署，瞄准"国内领先，国际先进"的企业发展目标，一手抓盾构机研发制造，一手抓新基地建设，实施快速研发、快速投产的策略，2010年盾构年产量达到23台，产量跃居中国第一位，其中研发的硬岩盾构机当年评审立项、当年研制成功、当年投入使用，又仅用8个月时间就建成目前国内最大的盾构研发制造基地——郑州基地。

2010年3月1日，中铁隧道装备制造有限公司郑州基地奠基开建

　　来到新乡的李建斌和韩亚丽可以说是从零开始，要知道，中铁装备作为一家刚刚成立的公司，面临的是研发能力、生产能力均处于市场竞争劣势的状态，自身还严重缺少员工，在这样的困境下，正常的企业都会选择放缓发展速度，先建成研发制造基地或者先搞好新盾构的研发制造，等待总公司或者政府的扶持，再逐步推进公司发展。但李建斌、韩亚丽以及他们带领的中铁装备的员工们没有选择等待，他们选择自己主动集聚资源，快速打破现状！

　　在盾构机研发方面，中铁装备着力在国家"863计划"盾构技术项目、国家"十二五"发展规划盾构关键技术研究等方面进行研发突破，在盾构机优化设计、TBM关键技术研究、构筑盾构土建试验平台等方面加大科研开发力度，这才能够在较短的时间形成年产 23 台盾构机的制造能力；而新基地的建设是在河南省政府、郑州市政府的全力支持下进行，2010 年 3 月，在河南省政府在郑州东区批的 100 亩地的基础上，基地奠基，之后边拆迁、边设计、边施工，最终才创造了郑州基地 8 个月基本建成的奇迹。同时，中铁装备也积极开展整章建制工作，围绕研发设计、设备制造、合同管理、财务管理、售后服务等重点环节，制定并完善企业管理规章制度，于当年 12 月底，一次性通过了质量、环境、职业健康和安全一体化管理体系认证。公司成立之初，由于人员严重不足，身为董事长的李建斌、总经理韩亚丽，以及公司的许多员工，都成了"推销员"，逢人便夸赞"中铁号"盾构机，像夸赞自己的宝贝孩子一样。也正是这样的努力才让中国中铁的盾构产业化走得如此迅捷。

这些成就有政府和中国中铁的政策扶持和帮助因素在内，但更多的是第一代中铁装备人自己认识到创业初期不能等、靠、要，而是发挥主观能动性，主动聚拢资源、充分利用资源，努力奋斗的结果。这体现了中铁装备人骄阳似火的奋斗精神和不甘于现状的开拓精神。

站在一代中铁装备人的角度，他们当然可以等、靠、要，也可以等待一切准备就绪再开始迈步发展。但是当时恶劣的市场环境决定了他们等不得，他们准备好了，外国的老牌盾构企业也会做好应对他们的准备，就是要趁它们还看不起国产盾构也来不及做出反应的时期迅速发展，打开国产盾构机的市场通路，实现研产的双突破。

第三节　设置特别的研究机构

机械专业毕业的李建斌，在中铁隧道局当过铁路、公路、市政等工程的项目经理，主管过中铁隧道局的设备系统，深知隧道施工与机械化的高度相关性，他以领域跨界、学科交叉的创新思维，提出要重视机械技术与土木技术的关系、设备与工法的关系、盾构跨领域跨场景应用等方面的研究，解决好盾构机如何破岩、怎么更好发挥作用、还可以做什么三个关键问题，并针对性地设立特别研究机构。

一、成立岩土力学所——研究盾构机如何破岩

中铁装备早在 2014 年就成立了岩土力学所。当时，很多人不理解设置与机械制造不相干的土木专业设计部门干什么，但事实上，盾构机掘进受地层条件影响较大，主要因素是盾构机在掘进过程中，需要刀盘上的刀具与岩石相互作用来实现破岩，破岩的过程是一项复杂的工程任务，它主要依赖于刀盘上的刀具与岩石的直接相互作用。在掘进过程中，刀盘旋转并施加压力于掌子面上，刀具切割岩石形成所需的隧道断面。而面对不同的地质状况，盾构机的掘进参数（如推力、扭矩、掘进速度和贯入度）必须进行相应调整。如：在硬岩地层中，盾构机可能需要辅助破岩技术（如微波、等离子体或高压水射流），以软化或预裂岩石，降低刀具磨损并提高掘进效率；在复合地层中，盾构机的设计和操作需要特别考虑岩石的力学特性，以确保有效破岩的同时保持掌子面的稳定。为了让盾构机掘进效率更高，也为了形成后发赶超优势，中铁装备开展地质研究刻不容缓。于是，在李建斌力主推动下，2014 年 7 月 25 日，中铁装备正式成立岩土力学所，投入专业的资源来研究岩土力学，以提高盾构机的掘进效率和安全性，降低施工风险。

二、成立工法研究所——研究盾构机怎么更好地发挥作用

与岩土力学所同时成立的就是工法研究所。盾构机要想在施工中

发挥更大作用，其设计和操作需要紧密结合地质条件，因为不同的地质条件适用不同的施工工法。以国内为例，各地区的地质存在较大的差异，如北京市主要以砂卵石地层为主，上海市主要以软土地层为主，青岛市主要以花岗岩地层为主。在不同地质条件下，结合地质勘察结果，制定针对性的施工工法。例如，在砂卵石地层中，可能需要采用特殊的刀具配置和渣土改良技术，提高盾构机的掘进效率和稳定性；在岩溶地层中，提前进行地质预报，采取注浆加固等措施，防止溶洞坍塌对盾构机造成危害。

研究施工工法有助于优化盾构机的施工流程，提高施工效率，合理安排盾构机的始发和接收工作，精确计算始发和接收的位置及参数，确保盾构机能够顺利进出洞。在始发阶段，做好洞门密封和土体加固，防止地下水和土体涌入；在接收阶段，提前做好接收井的准备工作，确保盾构机安全接收。同时，可以根据地质条件和工程要求，优化盾构机的推进速度和管片安装工艺、确定最佳的推进速度，以避免过快或过慢推进对施工质量和效率造成影响。施工工法的研究对保障盾构机施工安全也至关重要。通过工法研究，可以控制地面沉降，并可根据地质条件和工程要求，制定合理的地面沉降控制标准。通过优化盾构机的掘进参数、加强同步注浆和二次注浆等措施，有效控制地面沉降，避免对周围建筑物和地下管线造成损害。

盾构机是非常特殊的工程机械，与工程地质密切相关。当时，盾构机在我国的发展时间还非常短，了解和熟悉它的客户不是很多，为了将盾构机顺利交付客户后使其发挥最好的作用，作为制造厂商有必要为自己的产品提供最好的"保驾护航"服务，这样既能让客户感到放心，也能为盾构机今后的市场打好基础。这是中铁装备的优势之一。有客户这样称赞中铁装备：你们是最懂施工的制造商。中铁装备在销售盾构机时，往往先到项目现场进行实地勘察，再根据工程的地质状况、水文资料、地表建筑物等，有针对性地提出自己的建议，并经客户同意后，在盾构机设计时进行"量身定做"。中铁装备以此赢得了客户的信任。这些年来，中铁装备生产的盾构机销售一直处于市场前茅，其中也是盾构机本身以外的设计及施工经验有力支持了市场的拓展。

中铁装备作为盾构机制造厂商研究施工工法，就是研究如何将新材料、新工艺以及智能化技术运用于盾构机本身和盾构施工过程中，对盾构机实现更高效和精确地控制，让盾构机在掘进过程中更加稳定和安全。岩土力学所专注于研究岩土地质和破岩技术，工法研究所专注于让盾构机与不同的地质条件下的施工工法更加契合。2016 年，中铁装备在成都市人民南路工程项目中攻克了极具复杂性的地质挑战，就是因为中铁装备专家对岩土力学和施工工法的深入研究在关键时候发挥了重要作用。

三、成立地下空间研究院——研究盾构机还可以做什么

盾构机只能应用于地下隧道建设吗？盾构机还能够应用在哪些领域？这不仅仅是为企业拓展成长空间的问题，也是如何让生产力进一步引领社会变革、造福人类的问题。

随着城市化的快速发展，地面空间的利用已接近饱和，地下空间的开发利用成为解决城市土地紧张、交通拥堵等问题的重要途径。地下空间通常指的是城市规划区内地表以下的空间，包括地下交通、商业、仓储、能源、通信、管网、人防工程等设施。尤其在地下管网方面，由于地下管线建设规模不足、管理水平不高等问题，致使近年来城市内涝频发。在城市地下空间开发项目中，时间就是效益，盾构机的高效性能够更快更好地为城市提供更多的地下基础设施，如地下综合管廊、地下停车场等。这不仅满足了城市发展的需求，也为市民的生活带来了极大的便利。

经过充分的市场调研，中铁装备于 2016 年 1 月成立地下空间研究院，并将岩土力学所和工法研究所并入其中，将其打造为集工法研究、结构设计、设备构想、工程咨询和技术服务于一体的专业化城市地下空间研发机构，以支撑中铁装备在城市地下空间领域的战略发展。以新工法、新结构研发试验为引领，驱动新设备设计与制造，进而以新技术和新设备推广应用，开拓城市地下空间市场。随着中铁装备在地下空间领域的拓展，逐步形成"一主多元"的发展格局，建立起以隧道及地下工程装备产业一体化发展为核心优势的完整产业生态。

2016 年，中铁装备地下空间研究院在业内首次提出机械化分部暗挖装配式建造技术（CC 工法），CC 工法开创了过街隧道施工不再"开膛破肚"的新模式，并可拓展应用于国防工程、人防工程、地下商业区、地铁车站、海绵城市、雨洪调蓄枢纽等大型地下空间项目。同年，中铁装备在公司本部进行了工法试验，用矩形盾构机在基地广场下面建一个地下停车场，作为示范工程，以此告诉大家矩形盾构机也是可以用来施工地下停车场的。当年在记者采访时，李建斌说："我们以后会将盾构机用于地下停车场、地下管廊等地下空间的开发和利用，这样城市就不用再天天挖沟，很多业主都对此十分感兴趣。"

大胆开展盾构机掘进地下空间

高毅，正高级工程师，长期致力于隧道与地下工程、岩土和结构领域的科研、设计、施工、制造等全产业链工作。2016 年，加入中铁装备，参与地下空间设计研究院组建并担任该院院长，组建了一个跨学科的科技创新团队，探索未来地下空间开发所需要的新理念、新工具和新方法。

在理论、工具、材料、工艺等系统性融合创新的基础上，领导团队逐步构建了三大研究体系：机械化分部建造大型地下工程、异形盾构的型钢挤压混凝土衬砌、地下工程 3D 打印。其中第一个研究体系结合中铁装备地下停车场项目，将课题细化为理论研究、设计技术研究、施工技术研究、配套装备研究四大部分。

从 2016 年的一个概念方案开始，高毅领导团队对利用盾构和顶管非开挖分部建造大型地下工程的可行性进行了深入的研究，形成了结构分割转换方法，奠定了理论基础。同时组织团队完成了试验项目所需要的建筑、结构、系统、模具等工程设计任务和配套的组合式掘进机研制，并完成了所有装配式构件的生产以及 7 个单元的分部实施和整体转换。

通过艰苦卓绝的努力，在 2019 年，形成了世界首例盾构法地下停车场示范工程和成套技术成果及大批具有重大影响力的技术和工法，为地下空间开发提供了一种全新的解决思路和方案，通过不断深化完善后将具备重大的社会效益和经济效益。

2017 年，中铁装备在郑州生产基地利用矩形盾构机建成世界首个盾构工法地下停车场

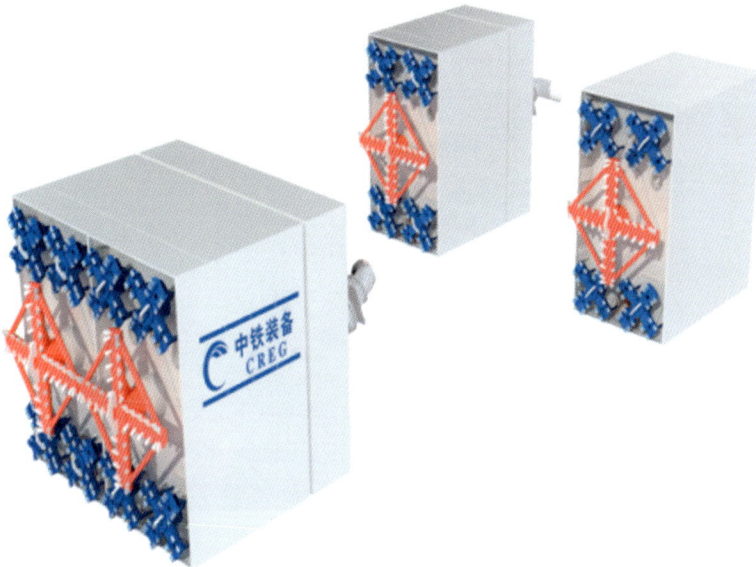

双子星地下空间盾构机示意图

联络通道是隧道中间的逃生通道，规范要求隧道内每 600m 设置一处联络通道，用于消防人员与乘客在紧急时刻的撤离。联络通道施工国内最常使用的施工方法是冷冻、注浆加固法，施工时间往往需要 3～4 个月。2018 年，中铁装备地下空间研究院首创的盾构法联络通道施工装备，世界上首次采用盾构法进行施工的地下联络通道在宁波轨道交通 3 号线仅用 18 天就顺利贯通。随后，在宁波地铁 4 号线丽双区间 2 号联络通道又再次刷新联络通道施工最快纪录（8 天）。该设备的出现直接填补了盾构法施工联络通道的技术空白，已发展成为城市地铁隧道、地下空间市政管网、深层排水隧道的联络通道、公路隧道、山岭隧道、军用矿井等领域的主要产品。2020 年，中铁装备"隧道联络通道用盾构机及其联络通道掘进方法"专利荣获第二十一届中国专利奖"中国专利金奖"。该奖项是我国知识产权领域的最高奖项，也是隧道掘进机行业首次获此殊荣。

2018 年，国内首个盾构法联络通道顺利贯通

第四章 | 宏伟的蓝图

尽管市场需求巨大，政府政策支持，但周围"列强"环伺，自身经验不足，技术积累薄弱，也没有任何品牌积累，中铁装备的产业化之路，可谓荆棘密布，困难重重。但中铁装备的领导班子审时度势，坚持"一个中心"，实施"两大战略"，创新"两大机制"，将产品与服务有机结合，开始破浪前行。

第一节 机会与威胁同在的市场环境

一、多方位、高增长的市场需求

随着中国经济和城市化建设的快速发展，人们对于基础设施的要求越来越高。2012 年以来，我国盾构机市场发展逐渐驶入快车道，产需量保持高速增长，行业规模整体也呈上升趋势。2012—2017 年我国盾构机市场保持逐年增长趋势，2017 年达到高峰值 97.66 亿元；2018 年受行业竞争加剧使得行业产品价格总体有所下降，行业市场规模也有所回落，为 91.48 亿元；到 2019 年我国盾构机市场规模有所回升，为 92.87 亿元，同比增长 1.52%。截至 2019 年我国盾构机产量约为 640 台，同比增加 60 台；需求量约为 502 台，同比增加40 台。

2010 年《政府工作报告》❶提到，2009 年政府大力加强基础设施建设，新建铁路投入运营 5557km，高速公路新建通车 4719km，西气东输二线西段工程实现供气，南水北调工程建设加快推进，并安排财政预算内资金，支持重点节能工程、循环经济等项目 2983 个等。随着大型隧道工程和通水、通电等工程的增加，盾构机的需求也越来越旺盛，基于我国地缘辽阔，地势复杂的情况，我国将是世界最大的隧道和地下空间开发工程市场。

铁路方面，截至 2009 年底（以下表述同此时间节点），我国已投入运营的铁路隧道约 9000 座，总长度超过 6000km；在建 2500 座，总长度 4500km；规划即将开工的铁路隧道超过 5000 座，总长度超过 9000km。据铁道部公布，2010 年计划新线铺轨 3690km，复线铺轨 3150km；新线投产 4613km，复线投产 3438km，电气化投产 6401km。到"十一五"末，内地铁路营业总里程将超过 9 万 km。

地铁方面，我国共有 33 个城市正在进行城市轨道交通前期规划、设计、筹备和建设等工作。"十一五"期间，全国特大城市的地铁和轻轨通车里程将超过 1500km。计划至 2015 年前后规划建设 80 多条轨道交通线路，总长度超过 2600km，总投资超过 10000 亿元。

水利工程方面，西气东输工程、南水北调及各项水利工程持续推进。84km 长隧洞引汉济渭供水工程即将开工。除此之外，越江公路隧道、输油输气管道、地下停车场和地下商城等综合管廊工程近些年来也随着经济的发展、民生的需要而逐步增加，盾构机作为隧道施工最为先进的施工装备，拥有着广阔的市场前景。

二、高层次、大力度的政策支持

盾构与国计民生息息相关，其作为高端制造产业是提升中国制造

---

❶ 来源：中国政府网，温家宝所作政府工作报告（十一届人大三次会议），发布于 2010 年 3 月 15 日。

业核心竞争力、优化产业结构的基础性产业，国家与地方政府的政策支持将是盾构产业长期发展的重要保障。

2002 年 8 月，科学技术部将 "（直径）6.3m 全断面隧道掘进机研究计划" 项目列入 "863 计划"，标志着国家层面开始组织自主研发盾构机。国家发展和改革委员会将全断面隧道掘进机列为国家 "十一五" 的重大研发项目。2006 年《国务院关于加快振兴装备制造业的若干意见》（国发〔2006〕8 号）中提出，选择一批对国家经济安全和国防建设有重要影响，对促进国民经济可持续发展有显著效果，对结构调整、产业升级有积极带动作用，能够尽快扩大自主装备市场占有率的重大技术装备和产品作为重点，加大政策支持和引导力度，实现关键领域的重大突破。2008 年《国务院关于加快振兴装备制造业的若干意见》中再次强调满足铁路、水利工程、城市轨道交通等建设项目的需要，加快大断面岩石掘进机等大型施工机械的研制，尽快掌握关键设备制造技术。2009 年国务院颁布的《装备制造业调整和振兴规划》中指出，适应交通、能源、水利、房地产等行业发展需要，以大型隧道全断面掘进机、大型履带式起重机和全路面起重机、架桥机、沥青混凝土搅拌和再生成套设备等为重点，发展大型、新型施工机械。

2007 年，国家 "863 计划" 隧道掘进机实验室正式揭牌

在税收方面，国家也提供了政策支持。财政部、国家发展和改革委员会、海关总署、国家税务总局下发通知，为贯彻落实国务院关于加快振兴国内装备制造业有关进口税收政策的精神，调整部分装备制造业设备及其关键零部件进口税收政策，对国内企业为开发、制造大型全断面隧道掘进机而进口的部分关键零部件所缴纳的进口关税和进口环节增值税实行先征后退，所退税款作为国家投资处理，转为国家资本金，主要用于企业新产品的研制生产以及自主创新能力建设。盾构机作为高新技术设备，盾构机的成本约占施工成本的40%，其高昂的造价令许多企业望而却步。国家政策的支持（如税收减免），将是缓解企业资金压力、助力盾构产业发展的强有力保障。由此可见，国家将持续关注盾构产业的发展态势，助推装备制造产业的优化升级，提升高端装备的自主化、国产化程度，保障国民经济和国防建设，建设世界装备制造业强国。

三、大落差、强封锁的技术现状

迄今为止，盾构机已有近200年的历史，其始于英国，发展于日本、德国，经过长时间的研发和应用，国外的盾构技术已经趋于成熟，打造了一系列的标准化产品。球体盾构机、母子盾构机、扩径盾构机等多种特种盾构工法的盾构机相继问世，大大地扩展了盾构工法的应用范围，盾构向着大口径化、长距离化、施工自动化、施工高速化等趋势发展，使盾构工法的前景更加宽广。

我国从20世纪50年代中期才开始研制盾构机，2008年研发制造了中国第一台具有自主知识产权的盾构机，实现了从0到1的突破。在盾构方面，中国已经"入门"，但离"熟练"还有很大差距，比起日本、德国等少数发达国家仍有较大的差距，这在一定程度上归结于我国自身的工业基础较为薄弱。新中国诞生伊始，我国的工业基础特别是重工业基础非常薄弱，没有形成健全的工业体系，只有采矿业、纺织业和简单的加工业，许多工业产品都完全依赖进口，缺乏自主创新的能力。

中铁装备经过 8 年的研发攻关，已经完全掌握了盾构机关键技术，具备了自主知识产权，可以生产针对不同地质的盾构机，拥有较强的市场竞争力。但仍存在产品结构单一、成熟度不够、海外经营机构不健全等问题，与国外相比仍然处于较为落后的状态。长期以来，国外垄断了盾构机的核心技术，中国第一台盾构机的问世，也大幅提升了国外的技术封锁意识。而技术封锁，加大了我们对于技术引进和学习的难度，这迫使中铁装备进行自主研发，不断提升核心竞争力。

四、高垄断、高壁垒的竞争态势

2005 年以前，中国使用的隧道掘进机几乎全部从国外采购，日本和欧美国家的制造商基本垄断着中国隧道掘进机市场，大约有85%的隧道掘进机依赖进口。据不完全统计，2005 年前国外盾构机的主要制造厂有 18 家，集中在日本和欧美等主要国家，如日本的三菱重工业股份有限公司（简称"三菱重工"）、川崎重工业株式会社（简称"川崎重工"）、株式会社小松制作所（简称"日本小松"）、日立造船株式会社（简称"日立造船"）、石川岛播磨重工株式会社（简称"IHI 公司"），德国的海瑞克公司、维尔特公司，美国的罗宾斯公司，加拿大的拉瓦特公司等。

随着我国隧道建设的开展以及国家对装备制造业的大力支持，以及第一台国产盾构机问世，国内企业看到了盾构市场的希望，众多制造企业涌入了盾构机行列，包括上海隧道工程股份有限公司（简称"上海隧道股份"）、北方重工集团有限公司（简称"北方重工"）、辽宁三三工业有限公司（简称"辽宁三三工业"）、中国铁建重工集团股份有限公司（简称"铁建重工"）、中交天和机械设备制造有限公司（简称"中交天和"）等企业。国内激烈的竞争也不断迫使中铁装备加快技术研发，抢占市场份额。

当前，我国盾构机行业整体呈现较为集中的竞争格局，第一阵营是欧美外资企业，包括德国的海瑞克公司、维尔特公司以及美国的罗宾斯公司；第二阵营是日系外资企业，包括日本小松、三菱重工、日立造船、IHI 公司；第三阵营是内资/合资企业，包括中铁装备、铁建重工、上海隧道股份、中交天合、北方重工等。

国内外的盾构市场都存在着激烈的竞争。中铁装备一方面要有效地打破国外的垄断，不断提高盾构设备国产化；另一方面，又要防止国内竞争企业的赶超，将自己的盾构做大做强。在科技发展日新月异的时代，放眼未来，不断地提高自主研发能力，打造核心竞争力，把中国盾构品牌做大做强，是中铁装备人的神圣使命。

第二节　一个中心，两大战略

一、志存高远，勇担使命

在这样需求量巨大、竞争状态激烈、技术又相对落后的大环境下，一般的企业会将短期内的目光聚焦于国内市场盾构机的制造、聚焦于企业的生存，聚焦于内部的培育，以慢求稳。中铁装备不是这样，他等不及，他知道时不我待，必须加快发展步伐，否则就可能错过难得的历史发展机遇。

2009 年 9 月 9 日，李建斌在一份报告中提出了中铁装备未来发展的目标，简称"三四五六七"，以现在的眼光看，也可以说是"胆大包天"。

中铁装备未来发展目标

三年盾构出口到国外。　　　　　　　　　　（2012 年）

四年公司产值 20 亿。　　　　　　　　　　（2013 年）

五年公司创出品牌。　　　　　　　　　　　（2014 年）

六年公司上市。　　　　　　　　　　　　　（2015 年）

七年产品参加德国慕尼黑宝马工程机械展。　（2016 年）

　　长期目标是成为世界一流隧道装备综合服务商，并做到国内领先、国际先进。这一愿景看似冒进，但其背后却蕴含着中铁装备高层领导们对内外环境变化趋势的预判和对企业长期生存与发展的战略性思考。

　　首先，中铁装备明确了自身的经营领域：不局限于盾构机制造，而是将业务放眼于整个隧道施工所需装备。作为中国中铁的二级企业，母公司旗下的中铁隧道局是国内隧道和地下工程领域最大的企业。中国中铁的业务领域和中铁装备成立的市场定位决定了其自身经营范围紧紧围绕隧道装备。除此之外，尽管盾构机具备巨大的市场潜力，但是中铁装备从长远考虑，意识到仅局限于一类产品会使得公司的经营业务过于局限，不利于未来发展。根据盾构机市场属于窄市场的特性，中铁装备需要为企业留有多元化余地以及长远发展的空间。盾构机作为可重复使用的设备，一旦购置则会长期使用，因此该市场很容易被填满，必须留有多元化余地和长远发展的空间。

　　其次，中铁装备力图打造为世界一流企业。作为国有企业，中铁装备承载着打造大国重器的神圣使命。这种选择也体现了中铁装备不甘贫弱的企业家精神和勇于挑战的历史责任感。同时，国内市场中存在大量国外企业，所以与国外企业的竞争不可避免。除此之外，企业还预测到未来国际化竞争将成为主流，因此中铁装备在最初便放眼全球市场，期望打造世界一流的企业。

最后，中铁装备将自身界定为隧道开发的综合服务商，这与盾构机市场的整体状态和需求有关。当时国外盾构机企业占据较大的市场份额，隧道开发商选择空间狭窄，导致供需关系处于极度不平衡的状态。隧道开发企业不仅议价能力低，而且购买盾构机后的售后服务也无法得到保障。除此之外，国外盾构机由于不适应中国地质结构往往也出现了很多问题，中国亟须定制化盾构机产品来满足大量的地下开发需求。在这种市场整体状态和需求下，中铁装备在服务于中国中铁的长期实践中，充分感受到国内盾构机市场服务的不完善，意识到服务建设在该行业的重要性，由此找到了企业自身的发展突破口，立志成为盾构机行业的综合服务商。

中铁装备放眼全球，树立了"国内领先，国际先进"的战略目标，"打造世界一流的隧道装备综合服务商"的美好愿景。如此宏伟的目标与愿景如何落地？实现路径又在何处？中铁装备制定了"坚持一个中心，实施两大战略"的企业战略支撑体系，以确保战略目标的实现。

中铁装备的战略支撑体系

（一）坚持"一个中心"

以隧道装备产业一体化发展为中心，突出盾构产业化这一核心板块，在做强做大盾构制造业务的同时，不断完善盾构产业链条。促进盾构产业"上中下游"共同发展，并坚持隧道和地下空间施工装备产业横向一体化发展，形成相关多元化的企业产品门类，积极发挥各业务板块的协同效应，努力提高企业的发展水平和质量，将中铁装备打造成为世界一流的隧道装备综合服务商。

（二）实施"两大战略"

一是实施品牌发展战略，坚持以创造客户价值和实现员工价值为中心，不断进行技术创新、管理创新、服务创新，精心打造现代化企业的文化形态。实现企业经营模式向品牌化转变，利用现代传播与营销手段，最终将企业品牌的无形资产凝结成企业的核心优势和现实生产力。二是实施海外发展战略，学会应用国际、国内两种资源，开拓国际和国内两个市场。在持续拓展和站稳国内市场的同时，积极依托中国中铁"借船出海"，建立海外营销队伍和售后服务体系，逐步开拓海外市场，将中铁装备打造成充分参与全球化协作和稳定成长性的国际化制造企业。

二、坚持聚焦，一主多元

"坚持一个中心"的战略既明确了中铁装备的业务领域、发展的核心和重心，指引了未来长期发展的方向，同时为未来的发展预留了空间。

中铁装备的业务领域是以盾构为核心的隧道装备生产制造及服务，中铁装备以盾构产业化为主线，产品涉及盾构机、TBM、管片模具、后配套产品以及常规隧道施工装备等。实际上，一个中心背后，是中铁装备围绕大盾构制造业务制定的纵横两条发展路径。

从价值链的纵向延伸来看，中铁装备以盾构产业链为核心，实施盾构产业上中下游的价值链协同发展。在产业链上游，中铁装备进行核心零部件与主轴承的研发生产，实现关键零部件国产化；在产业链下游，与施工企业合作，通过更好地获取客户市场和需求痛点来明确技术创新方向，提供高质量的全程服务，实现营销服务一体化，快速开发市场。中铁装备的业务不仅仅是盾构整机制造，也包括了零部件制造、生产应用与服务，这样就构成了"一主多元"的综合路径。

从横向扩张来看，中铁装备的经营范围不仅只有盾构机，还包括盾构隧道设备系列的研发、设计、制造、组装调试、维修改造、租赁、掘进、技术咨询服务，以及整机及配件销售、钢模具设计及制造、商品及技术进出口、机电工程安装、城市及道路照明工程、建筑装饰装修工程、消防设施工程等。公司积极实施多元化发展战略，以打造中铁盾构品牌作为撬动企业做强做大的支点，大力实施差异化竞争战略，扩大盾构产品族系，以适应不同的地质情况，满足市场多样化需求。基于市场容量有限和国内盾构市场竞争日益激烈的情况，促进产业链横向扩张，扩大常规产品生产规模，适机切入新兴市场，引进新项目，开发新产品，是居安思危，未雨绸缪的中铁装备人的选择，同时为未来的发展预留了空间。

"坚持一个中心"饱含着中铁装备领导人的高瞻远瞩和集体智慧。首先，"一个中心"体现了中铁装备领导人的产业链意识，延长产业链能够加强产品的附加值和形成创新氛围，同时能够促进就业，建立和谐社会。

其次，所谓"坚持"二字，展现了中铁装备领导人在业务领域的聚焦，企业的资源是有限的，要把有限的资源发挥出最大的效果，就必须使用聚焦战略，在一个点上形成真正意义上的核心优势，才能让企业经营获得实质性的突破。一般情况下，面对中铁装备当时的困境，一些企业或许会选择平均发展，然而，这样的布局没有明确的发展领域，在应对市场机遇变化时，容易偏离原本的目标和发展路径；还有一些企业会过度聚焦，只看到眼前的业务，没有对长远发展实施布局，就会失去长远发展的空间，而中铁装备的"坚持一个中心"适度聚焦，同时具备长远发展空间。

最后，这是中铁装备运筹帷幄的体现，"一个中心"的布局，指出了未来多元化发展的方向，明确地规划了多元化发展的步骤，即先做大、做强盾构，再逐步扩展到隧道地下空间的施工装备。这样的多元化业务，既有横向扩张的空间，同时为产业链的纵向延伸留有余地，这样的业务布局，指引了未来产业链纵横两个方面的发展方向，也为未来的发展留下足够的空间。

三、打造品牌价值，推动企业高质量发展

围绕一个中心，未来实现这个目标的支撑路径在哪里？业务具体如何发展呢？高瞻远瞩的中铁装备提出了两大战略，即品牌发展战略和海外发展战略。

实施品牌发展战略，就是要以创造客户价值和实现员工价值为核心，这也是中铁装备给自己的定位，不仅要创造客户价值，也要让员工与企业共创共享共同发展。中铁装备不是为了追逐眼前的利润，而是要实现这两大核心价值，这也体现了中铁装备在整个企业发展中最核心的追求目标。

实施品牌化发展的路径就是三大创新，即技术创新、管理创新、服务创新。中铁装备是一家高科技企业，技术是最核心的命脉。中铁装备想要为客户提供优质的产品和服务，就必须进行创新。这是因为，技术创新能够提升产品价值；服务创新能够提高服务价值，增强客户体验；管理创新能够提高价值创造效率。

通过以上路径，品牌发展战略最终要实现的目标就是"实现企业经营模式向品牌化转变，企业品牌的无形资产凝结成企业的核心优势和现实生产力"。核心优势意味着品牌是中铁装备未来持续发展的核心优势，现实生产力意味着真正能够为企业创造超额利润的是品牌。贯彻以品牌价值为核心的中心思想，通过产品在技术和服务方面的提升、管理效率的不断提高，从而打造品牌。只有使品牌成为中铁装备的核心竞争力，才能够实现客户与员工的价值，让企业

可持续发展。以牺牲品牌为基础，盲目扩张，通过剥削员工，欺骗消费者来实现的高速发展，绝不是一贯秉持优良作风的中铁装备的选择。

品牌发展战略具有相当的合理性和可行性。品牌发展战略是通过先高质量完成一个项目，然后借助该项目形成口碑，打开市场，最后形成品牌。口碑效应是由于消费者在消费过程获得的满足感、荣誉感而形成对外逐步递增的口头宣传效应，只有客户的需求满足了他们才会为你自觉自愿地传扬口碑。中铁装备通过顺利修建成都地铁 2 号线、4 号线，先逐个突破，达到一定程度，形成品牌和示范效应，再迅速扩张，顺利打开中国市场，中铁内部的订单接踵而至。

四、利用现有资源，有效开拓海外市场

海外发展战略，就是能够有效地利用国内、国际资源，有效地开拓国际市场，那如何有效地利用资源开拓市场呢？中铁装备提出："要在持续拓展和站稳国内市场的同时，积极依托中国中铁'借船出海'，建立海外营销队伍和售后服务体系，逐步开拓海外市场"。

中铁装备之所以能够敲开海外市场大门，靠两个法宝：第一个是在国内市场开拓过程中积累的经验、核心竞争力以及国内的成功案例；第二个是依托中国中铁的隧道施工项目，通过与隧道施工企业以及隧道施工项目的绑定，来"借船出海"，将装备带向国际。

这样的海外发展战略，最终目标有两个：第一个目标是中铁装备要参与到全球化产业链以及全球化协作的过程中，体现了中铁装备全球化的基本战略思想。全球化是中铁装备在保持国内生产规模，继续利用国内资源的基础之上，保持对研究，设计和生产决策很高程度的控制，进而开拓海外市场，同时能够增强抵御市场风险的方法。第二个目标是成为稳定成长型的国际化企业，在未来，中铁装备要在国际化过程当中实现稳定发展。

如此成功的海外发展战略具备相当的前瞻性。基于中国中铁在海外承包的项目情况与自身的劣势，中铁装备非常清楚，想要走入海外市场，必须依靠在隧道施工领域处于国际领先地位的中国中铁。因此，中铁装备"借船出海"，依托中国中铁在国外的隧道施工项目把自己的隧道装备带出去，借助中国中铁的优势打开海外市场。

之所以把装备与施工企业或者施工项目进行绑定，是因为与施工方绑定有两大好处：第一，施工方很有可能就是采购方，是直接客户；第二，虽然不是直接客户，但施工方具有一定建议权，可以引荐中铁装备进入市场，或是作为承接项目的一个引荐方。如果没有"借船出海"的思想，而是直接去寻找客户是非常困难的，因为隧道施工需求不一定能准确发现；此外业主本身不负责施工，对于盾构缺乏选择的能力，那么，如果和施工方很好地绑定，会使得市场的开拓变得事半功倍。

同时，中铁装备是在站稳国内市场基础之上，再来拓展海外市场，这也体现出中铁装备在国际化发展中非常务实的特点。很多企业在面对全国这么大的市场，通常会选择遍地开花，到全国各地去营销，但中铁装备却是在站稳脚跟的基础上，突破瓶颈，形成口碑，一鸣惊人。

第三节　三年占市场，五年创品牌

在如此宏伟的愿景指引下，中铁装备又该如何对愿景进行有效分解，制定适用于"十二五"期间内的具体目标呢？实现鸿鹄之志并非易事，正确的企业战略才能让中铁装备的巨轮在通向光明未来的路线上航行。想要国内领先、国际先进，中铁装备提出了"三年占市场、五年创品牌"的战略目标。

一、抢占市场，只争朝夕

中铁装备提出的其中一个战略目标就是"三年占市场"。对于当时环境下的中铁装备而言，这是一个大胆的想法，也是一种十分靠前的探索与尝试。其实，快速抢占市场，在现在看来，已经成为大部分高科技企业的常见战略选择。但在当时，这种思想非常少见，而且常被冠以"虚浮冒进"的作风。在当时的很多国企看来，按部就班、稳扎稳打是一种务实的、低风险的、对国有资产负责的创业方式，采用过度冒进的战略，容易导致创业失败，而引发国有资产流失。尤其是，当时的中铁装备可谓处处都处于市场竞争的劣势地位，按照常理，应当聚焦核心竞争力打造，步步为营、循序渐进，如果能在三年内，保持生存和发展，熬过创业期，待到万事俱备之时，再厚积薄发，推动企业进入快速成长期，似乎更为稳妥。然而，中铁装备却打破常规，提出在三年内全面占领全国市场的战略目标，其背后究竟有着怎样的战略思考和现实依据呢？

首先，在当时的情况下，盾构市场的发展风潮已悄然而至。随着国家基础设施建设的大规模实施，城市轨道交通、水利、能源等工程都将拥有较大的隧道建设需求，市场需求量巨大；在众多隧道项目中盾构法施工占很大比重，国内市场环境为发展盾构机产业呈现出良好态势。同时，国家在政策上也给予了大量支持，提供了企业发展的牵引动力。面对这样前所未有的发展机遇，中铁装备要么选择迎风而上，要么就只能坐失良机，正所谓"机不可失、时不再来"，不论是否已做好充足的准备，中铁装备都必须抓住机遇、乘势而上。一旦大量需求被国外优势品牌满足，市场将趋于饱和，到那时再想发展，则时机已过，再难成功。

其次，在风口背后，实际也隐藏着巨大的威胁。虽然，中铁装备已经先行一步，在技术方面具备了一定的国内领先优势，但在巨大的市场利益驱使下，大量国内竞争者势必如雨后春笋一般层出不穷，其中也不乏一些基础能力较强的专业装备制造企业，一旦这些竞争者全面发力，可能在很短时间内实现对中铁装备的赶超，并快速抢占市场，成为中铁装备强大的竞争对手。因此，唯有发挥优势，先人一步抢占市场，中铁装备才能拒强敌于门外，不至于陷入残酷的市场竞争旋涡之中。

最后，从现实依据角度看，三年占市场的战略目标对于中铁装备而言也并非遥不可及。作为中国中铁下属企业，其母公司已经占据中国隧道施工市场的十分之一，并且也是国内最早使用盾构机进行隧道施工的企业，其盾构机使用率占据国内首位。只要能够实现对中国中铁内部需求的全面满足，就能占领近半数的国内盾构机市场。同时，中国中铁实施的隧道施工项目中，有很多都是国内顶尖的高难度项目，具有极高的示范性，一旦"中铁号"盾构机在这类项目中成功使用，对打开全国市场具有极强的示范效应。

在普通企业选择缓慢发展、力求稳定之时，中铁装备看到了发展的机会，也意识到了潜在的威胁，提出三年占领市场的目标战略，体现出中铁装备领导者的勇气和魄力，也体现出其独特的战略眼光和前瞻性。同时，该战略的提出实际也是中铁装备领导者们基于现实资源能力评估的结果，也展现出其勇气背后的务实态度和对自身优势的清醒认知。

二、创建品牌，持续发展

中铁装备提出的另一个战略目标是"五年创品牌"。尽管当时的市场上还未出现大量国内盾构机生产企业，但是中铁装备敏锐地预感到未来的盾构机市场将会面临激烈的竞争，而创建品牌是企业决胜未来、实现可持续发展的必经之路，不仅能在众多企业中体现其高质量发展的差异化特征，也能通过打造品牌来树立良好的口碑，成为助力企业持续高速增长的核心竞争力。

中铁装备在发展之初便提出品牌战略，展现了其高质量发展的决心。在绝大多数企业处于创业阶段之时，会将短期内的生存作为企业发展重心，经常会因野蛮扩张市场，导致以牺牲企业品牌价值为代价的低质量增长。而中铁装备则看到了企业发展的本质，将高质量发展放在了第一位，在三年占市场的基础上，提出了五年创品牌的战略目标，从而将以品牌价值增值为核心的高质量、高速度发展作为企业的长期战略目标。该目标的提出，体现了中铁装备领导者们长远的目光和可持续发展的决心，坚决摒弃以短期目标为核心，不顾企业长期价值的野蛮式增长方式，从而为企业指引了正确的战略发展方向。

为此，中铁装备在 2013 年 5 月发布《关于成立中铁隧道装备制造有限公司品牌建设工作实施组织机构的通知》，成立了以公司董事长为主任的中铁隧道装备制造有限公司品牌建设委员会。下设品牌规划工作组、质量管控工作组、研发创新工作组、售后服务工作组，并制定了工作计划和工作目标以及职责分工。

在很多企业看来，高速度占领市场和实现高质量品牌化发展是一对矛盾，尤其是在企业创业初期，面临资源与能力限制，企业很难在实现快速扩张的同时，创建品牌价值。而中铁装备却将两者放在了一起，并将"创品牌"作为首要的长期战略目标，这样的理念是否过于理想化了呢？事实却并非如此，占市场和创品牌之间实际存在着辩证统一关系。

首先，创品牌是高质量占领市场的必然结果。对于中铁装备而言，与其说品牌是着意打造出来的，不如说是一个自然而然形成的过程。中铁装备在占领市场的过程中对产品和服务品质高度关注，把每一次交付过程都视为决定自己生死存亡的关键，用中铁装备人的话说"我们是败不起的，任何一次失败都可能将我们推入万丈深渊。"在产品质量上中铁装备大力实施技术创新，严格控制产品品质，确保"中铁号"每一次的卓越表现；在服务质量上，中铁装备坚持以客户为中心，提供全流程、管家式服务，确保每一位客户都能获得超预期服务。无数次让客户赞不绝口的零缺陷产品和服务，快速形成了良好的市场口碑，而"中铁号"品牌也随之建立。

其次，创品牌是持续高效占领市场的必要条件。如果说短期开拓市场依靠企业的产品力和营销力，那么，从长期来看，能够支撑企业持续快速占领市场的只能是品牌力。企业发展初期，尚未形成品牌之时，只能依靠销售逐步打开市场，而如果在该过程中，企业能够有效控制品质，为市场提供满意的产品和服务，则会自然形成市场口碑。自此，企业的市场扩张便进入一个良性循环，也会进入一个自扩张的过程，从企业向客户推销，走向企业主动购买。任何销售动力最终都会枯竭，唯有品牌价值能够给企业提供源源不断的市场。事实上，纵观中铁装备之后的发展可发现，当其品牌获得市场认可时，市场扩张阻力明显消除，大量订单如潮水般涌入，业绩增长也远超中铁装备之预期。这便是品牌为其占领全国市场以及开拓海外市场提供的持续动力。

中铁装备品牌发展战略❶

"十二五"是深入贯彻落实科学发展观，落实中铁股份公司各项要求，实现中铁装备"五年创品牌"的重要历史时期。"十二五"品牌战略工作要认真贯彻落实《中国中铁股份有限公司"十二五"发展规划》的要求，明确未来五年的品牌战略实施的指导思想、主要目标、工作重点、主要措施及实施计划，竭力打造中国中铁隧道装备知名品牌，为企业可持续发展提供不竭动力。

❶ 来源：中铁装备企业内部资料，编制于 2013 年 5 月 31 日，本文略做修改。

一、品牌发展现状

自中铁装备 2009 年成立以来，就提出了"五年创品牌"的战略目标。经过三年的不断发展，企业品牌已初具雏形。

（一）企业形象识别系统初步建立

制定了以创造、责任、荣誉、沟通为核心价值观的理念识别系统；制定了以企业标志、标准字体、标准色彩为核心的视觉识别系统；制定了以组织制度、管理规范、行为规范为核心的行为识别系统。主动将企业的各种特征向社会公众展示，并使公众在市场环境中对企业形成标准化和差别化的认识，为企业品牌的形成奠定了重要基础。

（二）产品品质不断提升

秉承"专业制造，专业服务"的企业方针，产品品质不断提升。推行了 6S 管理（整理、整顿、清扫、清洁、素养、安全），建立产品质量信息库，严格产品质量过程控制，产品品质管理更趋规范化、科学化。应用于重庆轨道交通项目的硬岩盾构机最高日掘进 33m，最高月掘进 398m；改造用于引洮供水工程的单护盾 TBM 创造了月掘进 1868m 的世界纪录。

（三）市场营销亮点突出

加快转变经营思路，创新经营方式，谋划经营布局，大力推行片区经营和高端经营。中铁装备先后与中铁九局集团有限公司、中铁七局集团有限公司、中铁四局集团有限公司建立了新的合作关系；与中国水利水电建设集团有限公司、中国交通建设集团有限公司、中国建筑集团有限公司以及合肥、福州等地方政府成功对接，盾构产品远销马来西亚，后配套设备应用于新加坡和中国香港，实现装备产品海外（境外）市场零的突破，成功迈出了"中铁装备，装备世界"的第一步。

（四）企业宣传有声誉

广泛借助中央电视台、河南电视台以及河南日报、中国中铁报等各种媒体平台，深入开展品牌宣传工作，"双胞胎"盾构机成功下线被各大新闻媒体争相报道，中央电视台"走进科学"栏目录制"超级盾构侠"。中铁装备网络搜索用户遍布全球。公司先后列入河南省 100 家高成长性企业、10 家创新方法示范企业、50 家重点培育的装备制造企业及 142 家重点转型升级企业之一，2010 年中国轨道交通创新力企业 50 强，河南省十佳科技型最具投资价值企业，河南省第五批创新型试点企业等。

（五）企业在行业里的总体地位及优势

现阶段，全球盾构机的生产主要集中在美国、日本、欧洲等发达国家和地区，据不完全统计，目前国外盾构机的主要制造厂有 18 家，如日本三菱重工、德国海瑞克、美国罗宾斯、加拿大罗威特等。近年来，国外品牌逐步采取国内合资的形式存在，如海瑞克（广州）隧道设备有限公司、北京华隧通掘进装备有限公司、杭州锅炉集团有限公司等，这些公司在价格和地域上具有明显优势，对我公司抢占市场和品牌培育方面有较大影响。同时，国产盾构厂家也呈喷涌之势，目前已达 40 余家。

目前，在纷繁复杂的盾构产业竞争中，中铁装备仍然有足够的优势成为国内自主品牌企业中的佼佼者。其一，中铁装备拥有中国中铁较大的纵深优势，市场自我消化吸收能力较强；其二，中铁装备能实现自主设计研发，采用全球配置资源、精益化生产，使盾构保持最优良的配置和最实用的性能；其三，中铁装备拥有自己的生产制造和售后服务团队，两者相辅相成，可为客户提供一站式服务。

二、存在的问题

（一）企业品牌认知度低

品牌认知度是决定产品能否占领市场的首要条件。企业产品起步较晚，按照消化吸收再创新的模式完成了初期的设计研发与制造，与其他品牌的产品差异性不大，同质化程度越高；同时，产品进入市场时间较短，没有形成重复消费和口碑传播的效应，客户对产品的体验深度有限，加之"洋品牌"的噱头，企业品牌的认知度有待进一步提高。

（二）产品品质需要进一步提升

盾构机作为隧道专用设备，其特殊的应用环境对产品的品质提出了更高的要求。在功能特点上，除了能满足其基本掘进衬砌等要求外，需增加产品的辅助功能及更多的人性化设计，提供高品质的产品外观，确保工作环境的安全、高效、环保；在可靠性方面，要进一步提高在复杂地质中保持高速掘进的能力；在服务方面，缺乏主动服务意识，售后服务质量有待提高。

（三）多元化发展不平衡

在盾构主业与多元产品开发上存在发展不平衡的问题，主业发展稳定，主业产业链上的多元发展充分，但是其他多元产品发展缓慢，生产与设计、服务缺乏统一调配，未实现有效资源的有效配置。

三、指导思想

以科学发展观为指导，树立"品牌兴企、品牌强企"的思想，以创建品牌、经营品牌、提升品牌和延伸品牌为核心，以提升产品品质与售后服务水平为重点，建立健全品牌识别机制，落实品牌战略推进措施，逐步实现"产品""人品""企品"的"三品合一"，逐步打造中国中铁隧道装备知名品牌，全面彰显企业品牌价值，全力推动企业持续、平稳、健康发展。

四、主要目标

根据中铁装备发展总体战略目标和中铁装备"十二五"发展规划，确定"十二五"品牌战略发展的总体目标是：按照"打造'国内领先、国际先进'的隧道装备综合服务商"的长远发展目标，确立"三年占市场，五年创品牌"的企业创立初期的品牌培育目标（2011—2015 年），将品牌发展战略列入企业发展长期规划，在此基础上制定品牌培育的推进计划和实施办法，全面推进企业品牌建设，形成"中国中铁盾构、中铁装备、企业领袖"三位一体的品牌体系，将企业的经济效益和社会效益集中体现为品牌优势。用五年左右的时间，实现企业品牌价值进入中国装备制造业前 10 名。"十二五"品牌战略发展的具体目标：

"中国中铁盾构"荣获产品质量奖、消费者满意产品、世界知名产品等系列荣誉。中国中铁盾构的设计、生产成为行业标准，刷新盾构产品日掘进纪录，隧道施工配套产品成为行业优先选购产品。

"中铁装备"荣获装备制造业特别贡献奖、装备制造业高科技示范企业、自主创新企业 50 强、十佳品牌供应商、最具成长性企业、国家科技进步奖一等奖等奖项。

"企业领袖"以企业家的道德水准、企业家的诚信，企业家的社会责任、企业家的社会贡献，荣获优秀企业家、技术专家、国务院政府特殊津贴专家、全国劳模、院士等。

五、工作重点

为实现"十二五"品牌战略发展目标，中铁装备将在以下重点方面开展工作。

（一）构筑安全质量防线

品牌的基础是质量，核心也是质量。培育品牌，我们需从质量建设入手，将提升产品质量作为品牌建设的第一抓手，深入开展质量振兴行动。完善质量管理体系，抓好安全质量风险的责任追究，提高产品质量。积极推行标准化生产，实施产品质量一票否决制，不断优化产品设计和制造工艺，强化产品质量的深度管理。在产品质量管理方面，形成各级领导干部齐抓共管的局面，主管领导和各实体单位要有一整套的思路和办法，确定质量管理目标，找出问题存在的症结，确保质量有大幅度提升。重点抓好设计图纸的工艺审核、制造过程的控制把关以及生产组织管理，加强设计、生产、施工、售后上中下游的沟通反馈。要探索实行大项目制的生产管理模式，保证项目管理人员、一线生产人员的相对稳定，控制产品质量。要加强新产品出厂前的工厂试验工作，确保出厂产品质量达标。

（二）提高科研开发水平

科研开发是品牌发展的根本途径。我们要广泛开展技术创新、技术改造、技术革新、技术发明活动，以技术进步保证产品质量、提升产品质量，促进品牌创建。要壮大研发队伍，创新研发机制，做好绩效考核激励；要科学制定科研项目规划，做好选题立项、资源调配，确保多出成果、出大成果；在充分利用现有盾构技术创新联盟、技术中心、国家重点实验室等科技创新平台基础上，继续搭建国内外技术引进、合作的新平台，更加注重实现科技成果向产品成果、商品成果的转化；要更加重视和加强基础理论研究，为设计研发提供坚实的基础理论支撑，提高自主研发能力。

（三）转变售后服务理念

培育品牌，我们还要在售后服务上下功夫，深入开展服务提升活动，提升服务速度、服务效率和服务质量，真正建立一站式服务体系，形成独具特色的中铁装备服务品牌。售后服务是企业的 4S（销售、零配件、服务、反馈）服务站，是形象展示窗口。强化敏锐的跟进意识和宽泛的经营意识，形成一套行之有效的工作方法和服务策略，建成售后服务的快速反应部队。大力践行"即时响应，专业服务"的售后服务理念，建立质量回访制度、售后服务制度以及售后服务培训，针对客户反映的质量问题开展集中整治，逐步提高售后服务质量。

（四）加强企业形象宣传

相对品牌培育的其他要素而言，宣传工作具有最直观、最密集和受众最广的特点。企业形象宣传工作要"抓好两个重点、实现一个突破"。一是讲究专业性，在适机做好全国性的造势宣传，扩大企业影响力的同时，重点抓好在行业内的宣传，突出宣传的品质，努力提升企业的美誉度；二是讲究针对性，围绕盾构在重点城市的成功应用，在特定区域进行高密度宣传，跟进、配合好对外经营工作；三是紧随企业产品流向，争取在海外宣传上有所突破，将中铁装备的品牌打入国际市场。

品牌培育是一个系统工程，需要内外兼修，各系统、各单位和全体员工都要有创品牌的意识，全员、全过程参与品牌培育，从基础做起，从点滴做起，从现在做起，争取早日实现"五年创品牌"的目标。

六、主要保障措施

（一）设立推进机构

成立品牌培育推进领导小组，形成公司董事长、总经理总负责，科研开发、质量管理、商务营销、售后服务、宣传文化等职责部门为成员的推进机构。同时制定详细的配套资金方案，明确主责部门和具体工作人员，制定考核和激励制度。

（二）做好系统分工

科技研发系统要完善以企业为主体、以市场为导向、以高科技人才为推手的技术创新机制和创新体系，提高自主研发能力；质量管理系统要大力倡导"产品是人品，质量是道德"的质量理念，充分发挥高质量产品开拓市场、创树形象、打造品牌的基础性作用；商务营销系统要深刻领会政策、科技、关系三个生产力的内涵，不断抢占市场份额；售后服务系统要将售后服务作为产品质量的第二生命线，从服务的速度、态度、质量入手，全面提升服务水平；对外宣传系统要紧密围绕"两个重点、一个突破"，提升中国中铁系列盾构机在行业内外的知名度。

（三）加强人员培训

邀请工业和信息化主管部门、行业协会、先进企业，为公司提供品牌培育的专业指导、咨询服务、成熟经验，强化本公司人员对品牌培育重要意义的认识和措施方法的学习。力争为每个分公司和主责系统培养一至两名品牌培育兼职工作者。积极参加外部学习培训，学习先进同业公司品牌培育的好做法、好经验，结合实际，为我所用。

（四）建立内部试点

确定以盾构分公司作为主打产品品牌的培育试点，围绕城市轨道交通施工，重点做好土压平衡盾构机的市场推广；确定以设备分公司的隧道施工设备品牌的培育试点，围绕山岭隧道机械化配套施工，重点做好自动混凝土喷射手的市场推广。同时，每个制造分公司明确一个拳头产品，建立商标培育体系，抓好产品多途径推介。

第四节　聚焦"人才"与"创新"

中铁装备在一个中心和两个战略上解决了业务领域和发展路径问题，那么具体从内部的角度上来讲，企业应该打造怎样的核心竞争力，如何具体去进行发展呢？

从内部资源发展路径的选择上看，企业的选择有很多。有的会发展营销资源，着重打造营销，迅速开拓市场；有的会通过引进，快速实现产品系列化；有的会重点抓住积累资本资源，实现持续投入；有的会快速建立生产能力，进行生产厂房的建设。但是中铁装备做了与众不同的选择。基于一个中心两大战略的支撑体系，中铁装备提出了更为具象化的支撑路径，即关于人才与科技创新的两大机制。

创新"两大机制"

一是人才发展机制。大力实施"人才强企"战略，积极营造选人、用人、育人、留人的良好环境，努力构建以薪酬体系和绩效管理体系为核心的人才激励机制，完善能上能下为目标的人才使用机制，健全以企业需求为导向与个人发展相结合的人才培养机制，强化以市场化、规范化为特点的劳动用工机制。

二是科技创新机制。以自主创新和拥有自主知识产权为主线，突出设计研发的龙头地位，加大科研投入力度，加强盾构技术基础研究和优势产品的深度科研开发，与工程施工、客户需求形成良性互动，始终为科研和产品设计注入鲜活生命力，同时搞好多元化产品技术储备，提高自主创新水平。

一、人才强企，深化国有企业改革

中铁装备在人才创新上，以"人才强企"思想为指引，在选人、用人、育人、留人四个板块上用力，着重打造激励机制、使用机制、培养机制、用工机制，推动中铁装备实现"管理人员能上能下、员工能进能出、收入能增能减"。以一流的市场化选人、用人、育人、留人机制调动管理人员和职工的积极性，使企业经营活力和管理效率得到提升，从而实现企业发展目标。

这样的人力资源管理方式体现了人岗匹配的选人原则。每一个工作岗位都对任职者的素质有针对性的要求，只有当任职者具备多于这些要求的素质并达到规定的水平，才能很好地胜任这项工作，获得最大绩效，从而实现组织的高绩效产出。健全以企业需求为导向与个人发展相结合的培养机制，通过人岗适配原则，推动人才的流动，满足企业发展对人才的需求，以及人才在未来的发展中对企业的需求。

人才发展机制中的"努力构建以薪酬体系和绩效管理体系为核心的人才激励机制"，体现了多劳者多得，以绩效为导向的激励思想。中铁装备根据强激励、严约束的用人思想，按照按劳分配、效率优先、兼顾公平的国有企业薪酬改革原则，为企业创造了积极进取的良好氛围。

人才发展机制中的"完善能上能下为目标的人才使用机制"，解决了固有化、非流动的国企中常见的能上不能下的问题，体现了多维度职业通道转换的育人思想。国企在人力资源管理上，经常能上不能下，应该通过人才创新机制，使"能者居其位"。

人才发展机制中的"强化以市场化、规范化为特点的劳动用工机制"，体现了中铁装备通过人才结构优化的留人思想。国有企业在人才队伍的建设过程中，经常面临着结构不佳、人才流失的问题，进行人才创新方能为企业发展提供更好的环境。

二、科技先行，为客户提供优质服务

以自主创新和拥有自主知识产权为主线是科技创新机制的内涵。面对产品技术缺口，许多企业都会选择引进技术，不同的选择对于企业的发展天差地别。例如，北方重工选择引进国外的先进技术，收购法国 NFM 公司，用很短的时间就实现了技术领先，但是由于自身能力不够，在短暂的领先之后，企业发展陷入停滞。究其原因，是企业不具备再创新的能力。因此，技术创新是企业生存发展必需的一种能力，绝不能以并购代替企业技术创新。

中铁装备坚持自主创新，把技术创新的权力紧紧握在手中，明确提出主要的创新落脚在设计研发上，以保证技术创新的落地。当时，国外盾构虽然占领了中国绝大部分的市场，但无法满足我国复杂多变的地质要求，导致"水土不服"。中铁装备以客户需求为导向，提出了分清主次，以设计研发为龙头，兼顾进行原始创新的科技创新路径。这样的路径在短期内以设计研发为核心，实现核心零部件的突破，通过技术创新打造产品的核心竞争力，从长远来看依然保持着对基础理论的探索，逐步向基础研究发展。只有这样，才能真正研发出适应我国地质状况的隧道装备，才是真正落实以顾客需求为导向的战略规划。

科技创新机制中提出的"与工程施工、客户需求形成良性互动"为中铁装备未来的发展指明了方向。"形成良性互动"指的是通过与客户与工程施工不断互动来了解客户需求与市场动向，从而明确自己的技术创新方向。中铁装备在秉持技术创新方向来源于客户需求的理念，定制化生产产品，采用双层布置，有效缩短整机长度，通过施工工序连锁设计，预留畅通的安全通道、设计专用物料通道等措施大大提高了设备的安全性和舒适性，真正意义上实现了客户全定制盾构机的梦想，真正做到通过科技创新机制为隧道施工装备的多元化发展提供技术保障。

科技创新机制中的"搞好多元化产品技术储备"意味着除了做好核心的盾构产品，其他产品也要发展，如果某一类产品的市场萎缩，盾构市场饱和，也可以用其他产品来支撑中铁装备的发展。

创新才是企业的灵魂，只有通过技术创新，中铁装备才能真正掌握自己的命运，闯出一片属于自己的天地！

第五章 | 精准定位，突出重围

提出宏伟的战略目标相对容易，如何在列强环伺、竞争激烈的市场中突围才是关键。中铁装备始终坚持以市场需求为导向，以客户为中心，在为不同隧道施工提供最具适应性的掘进装备的同时，为客户提供全方位、最及时、最有效的技术支持和服务，在竞争激烈的红海中开辟出一片蓝海，被业界誉为"最懂施工的装备制造商"和"最会制造的综合服务商"。

第一节 一切从需求出发

在激烈的竞争中，如何让客户选择我们的产品？在与世界掘进机顶尖品牌全面对标过程中，中铁装备发现国外企业虽然在先进制造工艺、高效质量控制体系等方面具有优势，但在地质适应性设计和全方位售后服务质量等方面存在严重不足。正如中铁装备时任总经理韩亚丽所说："我们拥有 20 多年的施工经验，比国外生产厂家更懂中国的地质情况，可以将施工经验融入产品的设计研发中，针对不同的地质状况'量体裁衣'，进行个性化设计和制造，使我们的盾构机更经济、实用和人性化，适应性要强于国外。"

事实也确实如此，部分引进的盾构机在我国隧道施工中要么出现"水土不服"而罢工，要么在技术上被设置了很多障碍，严重影响着工程进度，给施工单位造成了惨重损失。与此同时，高昂的附加成本也给施工单位带来较大的困难。

客户要解决的问题就是需求！为了满足客户需求，中铁装备实施"精准施策、靶向治疗"，成立了国内最专业、学科最齐全的隧道装备研究院，研究院的研发人员是从施工中成长起来的"工人院士"。凭借遍布全国的施工平台，中铁装备拥有海量的第一手施工资料和数据信息，为产品研发提供了厚实的土壤和鲜活的养分。同时，成立了售后服务团队，为施工方提供全方位、全天候、一体化的快速响应服务。由此，中铁装备从市场需求出发，形成了基础研究、现场施工、研发制造和售后服务的良性闭环。

一分耕耘，一分收获。中铁装备生产的盾构机很多关键部件实现了完全国产化。在与"洋盾构"同台竞技中，无论是整体性能、地质适应性、掘进速度，还是跟踪服务等方面，都表现出强大的竞争能力，展示了"中铁号"盾构机的良好性能和广泛适应性。不仅迫使国外盾构机报价降幅至少20%，也带动了相关配套产业的快速发展。

不少施工单位对"中铁号"盾构机从半信半疑到试用1台、与进口设备并用，再到使用"中铁号"多于进口设备甚至取代进口设备。中铁装备不仅在整机价格上取胜，更重要的是，他们有着更符合我国国情的工作理念，有着对事业一丝不苟、追求卓越的拼搏精神，有着对用户认真负责、周到服务的良好信誉。

管理大师彼得·德鲁克说："营销的目的在于深刻认识和了解顾客，使产品或服务完全适合顾客的需求，从而形成产品的自我销售。"好的盾构机自己会说话。2009年全年，中铁装备拿到了12台盾构机订单。2010年，业内权威人士将北方重工、中铁装备、上海隧道股份三家拥有自主知识产权、具有独立研发制造能力的规模型企业，并称为国内盾构机制造企业"第一集团"。

截至2011年底，中铁装备投入使用盾构机30台，掘进总里程突破 8 万 m，承担了北京、重庆、大连、宁波、沈阳、天津、无锡、武汉、西安、郑州等 18 个城市轨道交通项目和水工隧洞项目的施工任务，安全穿越粉土淤泥地质、粉质黏土地质、大直径卵石地质、黄土及砂层地质、砂卵石地质、砂质泥岩地质、岩石地质、饱水疏松砂岩地质、失水性砂砾地质、高富水地质以及城市繁华区域、地下构筑物复杂地段。

在做强盾构装备的同时，中铁装备还致力于隧道施工各类专用设备的研发制造，相继开发出直交变频机车、管片车、砂浆车、出渣矿车、多功能钻机、混凝土喷射机械手、隧道挖装机、自动防水板铺设机、新型模板台车等一系列隧道施工配套设备，为各类隧道及地下工程提供全系列、全方位、立体式的配套服务。初步实现了"主打产品系列化，产品门类多样化，隧道装备产业纵向一体化"的产品开发目标。

从 2008 年下线我国首台国产复合式土压平衡盾构机，到 2013 年年产盾构机 47 台，达到国内市场占有率的 50%。5 年间，中铁装备通过创新实现超越，从"初出茅庐"的"追赶者"，发展到"中国第一、世界第二"的"领军者"。中铁装备用事实说明，产品创新的本质不是标新立异，也不是与众不同，而是以客户的需求为导向去创造新的价值。

第二节 中铁"基因"的优势

中铁装备发于工程施工，长于装备制造，成于自主创新。一路走来，母公司中国中铁不仅给予了强大的土木技术信息与盾构运用信息支持，而且给予了强力的市场试用与推广运用支持，这是国际上单一从事装备制造的品牌所无法比拟的优势。

作为全球最大建筑工程承包商之一——中国中铁股份有限公司

（简称"中国中铁"），是集勘察设计、施工安装、工业制造、房地产开发、资源矿产、金融投资和其他业务于一体的特大型企业集团，下属46家二级公司，其中特大型施工企业16家，大型特大型勘察设计咨询企业6家。中国中铁已经连续18年进入世界企业500强，2023年在《财富》世界500强企业排名第30位，在中国500强企业排名第10位。

中国中铁业务范围涵盖了几乎所有基本建设领域，包括铁路、公路、市政、房建、城市轨道交通、水利水电、机场、港口、码头等，能够提供建筑业"纵向一体化"的一揽子交钥匙服务。中国中铁在特大桥、深水桥、长大隧道、铁路电气化、桥梁钢结构、盾构机及高速道岔的研发制造、试车场建设等方面，积累了丰富的经验，形成了独特的管理和技术优势。

中国中铁先后参与建设的铁路里程占中国铁路总里程的 2/3 以上；建成电气化铁路里程占中国电气化铁路总里程的90%；参与建设的高速公路里程约占中国高速公路总里程的 1/8；建设了占中国的城市轨道工程总量的3/5。

中国中铁在全球市场也久负盛名。自 20 世纪 70 年代建设长达1861km 的坦桑尼亚至赞比亚铁路项目开始至今，先后在亚洲、非洲、欧洲、南美洲、大洋洲等多个国家建设了一大批精品工程。目前在全球90 多个国家和地区设有机构和实施项目。

创新理论的奠基人约瑟夫·熊彼特说："大型企业是技术进步最有力的发动机。"作为中国中铁旗下工业板块的重要成员，中铁装备是中国中铁为进一步推进盾构产业化而组建的一个集研发制造为一体的新型工业企业，担负着壮大中国中铁盾构产业的重大历史使命。中铁装备自 2009 年 12 月 23 日挂牌成立以来，中国中铁一直给予最大的支持。

乘势而上千帆竞，策马扬鞭正当时！有了中国中铁在各方面的鼎力支持，中铁装备加大研发力度，不断创新突破。2009 年，在"中铁1 号"的基础上，又相继完成了 13 台两种类型（液驱、电驱）复合土压平衡盾构的设计，实现了软岩盾构设计的标准化、系列化。积极拓展新领域，开发新产品，着手"硬岩盾构机"这一国内空白项目的研发，在较短的时间形成年产 20 台（套）盾构机制造及维修改造的生产能力，建成"国内领先、国际先进"的盾构机制造基地。

随着国家坚定实施"走出去"战略，利用母公司较大的纵深优势，中铁装备采用"设备 + 施工"联动经营模式，互相搭船出海，联合中铁隧道局成功中标以色列特拉维夫红线轻轨项目 TBM 段西标段。近年来，中国中铁先后中标的海外重大城市轨道交通项目有马来西亚吉隆坡轨道交通项目、新加坡汤申线、以色列特拉维夫红线轻轨项目等，中国中铁广阔的海外市场平台，是中铁装备未来取得优异经营成绩的强有力后盾。

在很多人看来，带着隧道施工企业"基因"的中铁装备，似乎很难从母公司获得支持，无论是技术还是人才，中国中铁都更偏向于隧道施工，而非装备制造。然而，纵观中铁装备的发展历程，显然中铁装备人从看似不佳的"基因"中挖出了宝藏。"我们不一定是技术最先进的盾构制造企业，但我们一定是最了解中国地质情况、最了解中国施工企业痛点的盾构机制造商。"中铁装备人时常这么说。在这句话背后，实际隐藏着中铁装备人从自己的"基因"上所挖掘出的两大竞争优势：对中国地质特点的准确掌握和对客户需求的深度理解。而中铁装备人也在之后的实践中，成功将这两个竞争优势打造成为破开市场的两大利刃：具备高度地质适应性和针对性的盾构产品，以及紧密围绕客户需求痛点、远超竞争对手的精准服务。

很多企业认为，发现"优势"是一件十分简单的事情，毕竟资源和能力现状就摆在那里，一目了然。然而事实并非如此，处于创业期的企业，尤其是在面对强手如林的市场时，妄自菲薄往往是常态，错误定位自身优势更是时有发生。正如成立伊始的中铁装备，在大多数人看来，技术基础薄弱、人才极度匮乏，与垄断市场的国外品牌相比，在产品技术、性能和成熟度方面可谓是毫无优势，唯一值得一提的可能就是成本与价格优势。这也许就是我国众多高新技术行业创业企业内心的真实写照，既然只有成本优势，那就实施低价策略，压缩利润空间，与竞争者展开价格战，最终被迫沦为市场低端竞争者，因无力打造核心竞争力而逐渐被市场淘汰。那么，企业应当如何发现"优势"，以成功实施市场定位呢？中铁装备为我们提供了一个很好的思路和范式。

第一，我们必须明确，所谓优势是相对的而非绝对的，成功识别竞争优势必须建立在对竞争者充分了解的基础上。竞争者存在的产品和服务问题，往往就是企业打造竞争优势的方向，尤其是处于竞争劣势地位的企业，与其选择与竞争者在其优势方面硬碰硬，不如单刀直入攻其软肋，这样往往能得到事半功倍、出人意料的效果。

第二，竞争优势必须能够创造客户价值，实现客户价值增值。竞争优势要想发挥作用和价值，首要的就是获得客户认可，因此必须建立在客户需求的基础之上，不能主观臆断。中铁装备正是通过对国外盾构产品使用过程的长期观察和与大量一线施工人员及专家的深度沟通，明确了国外盾构产品的地质适应性缺陷和服务价格高、品质低的问题。

第三，优势识别必须建立在企业自身资源能力特点分析之上，任何企业在资源能力上都有其特点，而如何抓住特点打造竞争优势才是关键。中国中铁的"基因"决定了中铁装备偏施工而非装备制造的资源能力特点，将隧道施工优势与国外品牌产品及服务劣势相结合，就能清晰定位自身的竞争优势。

第四，竞争优势是资源与能力特点转化的结果，只有将资源能力与产品服务有效结合，才能最终创造市场竞争优势。

那么，中铁装备是如何实现转换，打造产品和服务优势的呢？这就是我们接下来要讨论的问题。

第三节　适合的才是最好的

> 骏马能历险，犁田不如牛。
>
> 坚车能载重，渡河不如舟。
>
> 舍长以就短，智者难为谋。
>
> 生材贵适用，慎勿多苛求。

这是清朝诗人顾嗣协写的《杂兴八首》之三。大道相通，其中的道理也适用于盾构行业。

与大多数机械设备的研发不同，盾构机是非标产品，每一台依据工程施工的具体要求和地质条件的不同而单独设计制造。面对千变万化的地质条件，盾构机的各项参数也要随之变化，加上客户还会提出一些个性化的要求，可以说每一台盾构机都是"量身定制"的。

2009 年 11 月，中铁装备出厂的"中铁 2 号"盾构机，应用于郑州地铁中原东路站至紫金山站区间，该机将国外普遍采用的集中控制改为分部式 1/10 控制，自动化程度进一步提高。随后出厂的"中铁 3 号""中铁 4 号"盾构机，应用于北京地铁 10 号线公主坟站至西钓鱼台站区间，针对该区间地下有卵石且大而密集的特点，采用了自主研发的变频驱动和无轴螺旋输送机，有效规避了施工风险。

2010 年，中铁装备抢占市场的第一年，为顺利拿下重庆轨道交通建设的盾构机采购项目，时任董事长李建斌根据重庆地质情况大胆提出了"硬岩盾构机"这一全新设计理念。"硬岩盾构机"性能介于复合盾构机和 TBM 之间，既能满足施工工期要求，又有着生产周期短，造价低的优势（TBM 造价的 1/3）。独特的理念、卓越的性能、较低的成本最终赢得业主信任，中铁装备一举中标重庆轨道交通项目 9 台硬岩盾构机。

2011 年，甘肃引洮供水主干渠 7 号隧洞的国外品牌掘进机"卡壳"了。外国专家几番会审不见效，工程停滞。最终中铁装备技术团队挺身而出，仅用数星期就完成机型改造，故障迎刃而解，并一举创造月进度 1868m 的世界纪录，中铁装备集团一炮而红。

2012 年年底，随着第一台中铁盾构机顺利进驻成都地铁 2 号线，中铁装备共 17 台盾构机先后进入成都地铁施工，分别用于成都地铁 2、3、4、7 号线。中铁盾构在成都的富水砂卵石地层中，地质适应性强，掘进速度快，设备故障率低，设备贯通后修复率低等优势远远超过其他品牌的盾构，创造了最高日进度 21 环（31.5m），最高月进度 405 环（607.5m）的骄人成绩。

2014 年，中铁装备首创的矩形盾构机应用于新加坡地铁项目，成为国产异形掘进机走向海外的首个成功案例。2015 年，中铁装备研制出具有自主知识产权的 TBM，推动我国在这一领域进入世界第一方阵。2016 年，中铁装备研制成功（直径）3.5m 世界最小直径 TBM，并出口意大利，该 TBM 被应用于黎巴嫩贝鲁特供水项目。2017 年，中铁装备自主研发的超大直径泥水平衡盾构机"中铁 297 号"成功下穿北京机场快轨，实现了最大沉降不到 1mm，宣告我国精度最高的隧道盾构施工圆满成功。

2017 年 8 月 1 日，由中铁装备自主研制的中国最大直径敞开式 TBM "彩云号"成功下线，应用于亚洲第一铁路长隧道——大瑞铁路高黎贡山隧道。该 TBM 开挖直径达到 9.03m，整机长度约为 230m，整机质量约 1900t，一举填补了国内（直径）9m 以上大直径 TBM 的空白，改写了中国铁路长大隧道项目的机械化施工长期受制于人的历史。

2018 年 1 月，中铁装备自主设计制造的世界首台大断面马蹄形盾构机安全顺利贯通长达 3056m 的蒙华铁路（现为"浩吉铁路"）白城隧道，标志着我国大断面马蹄形盾构机整机技术已达到世界领先水平。这也是国内铁路山岭软土隧道领域首次采用"异形盾构法"施工，为今后同类型地质条件隧道建设提供了生动范例，在我国铁路隧道施工技术与装备发展史上具有里程碑意义。同月，中铁装备自主设计制造的"中铁 188 号"TBM 顺利贯通吉林引松供水长大隧道工程，实现了一系列国内敞开式 TBM 施工史上的重大突破。

"彩云号"TBM 直径 9.03m，应用于亚洲第一铁路长大隧道——高黎贡山隧道，创造了单班最高日掘进 21.57m、日最大进尺 32.662m、连续三天最大进尺 89.855m、单月最大进尺 541.003m 的良好成绩。获评"央企十大国之重器"

翻开中铁装备公司志，自 2009 年开展全断面隧道掘进机业务，截至 2018 年 12 月底已累计设计研发完成 861 台（含再制造 172 台）。产品类型涵括：最小直径 1m 级至最大直径 12m 级的土压平衡盾构机、最小直径 6m 级至最大直径 15m 级的泥水平衡盾构机、最小直径 3m 级至最大直径 9m 级的硬岩 TBM、最小直径 6m 级至最大直径 8m 级的双模式盾构机、最小尺寸 1m × 1m 级至最大尺寸 12m × 11m 级的异形盾构机。广泛应用于国内 40 多个省市地区，并远销新加坡、以色列、意大利等 18 个国家和地区。

"平步越高山，谈笑越江海"是隧道与地下工程建设者的梦想；"隧贯山河，道通天下"是隧道与地下工程建设者的使命！

随着一台台型号各异的盾构机在中铁装备车间问世，"造中国人自己的盾构机，造中国最好的盾构机，造世界最好的盾构机"，这句朴实无华的语言，正是中铁装备发展历程的真实写照。

第四节 以技术服务先行，靠客户信任发展

一、以技术服务先行

在与国际巨头短兵相接的竞争中，中铁装备人发现，用户不仅需要设备，更需要大量服务。与设备相比，服务更能创造不断延伸的市场，并成为企业竞争的利器。依托在盾构施工领域长年的施工经验积淀，2009年12月，公司成立盾构机租赁中心，专业开展技术服务工作。2010年10月，正式组建由高级技术人员和高级技工人员组成的专业化服务机构——中铁隧道装备制造集团技术服务有限公司（简称"技术服务公司"），为客户提供专业、高效的隧道装备应用技术服务。

"企业发展理念就是以技术服务先行，靠客户信任发展。"时任董事长李建斌说。向制造服务业转型是对制造企业更高的要求，人人都要有市场意识和服务素养。为此，中铁装备提出，要根据客户要求提供和推荐有针对性的产品和服务方式。此外，还要建立标准化、系统化、个性化服务体系，实现24h的全生命周期、全过程"管家式"服务。

在试掘进期间，安排技术及操作人员驻项目现场，人员配置齐全（项目负责人、盾构主司机、电气维修人员、机液维修人员），提供最优质的服务。在质保期期间，区域长期设置特殊故障处理组进行有偿服务，提供全天24h电话咨询服务及现场服务，充分体现"即时响应，专业服务"的服务理念。对电话咨询服务无法解决的问题，做到4h内响应、12h内到达现场，保证一般故障4h内修复，严重故障24h内修复。如24h内无法修复或确因配件无库存，启动无库存紧急配件的供应程序进行紧急调配，确保72h内恢复掘进。遇到重大技术问题，及时组织有关技术专家进行会诊，并采取相应措施以确保正常运行。

"客户想到的，我们做到；客户没想到的，我们提前想到。"李建斌说。以前是客户先买产品，公司再提供服务；现在，公司将服务前移，主动将顾客引入产品制造、应用服务过程，主动发现客户需求。要让客户切实感受到，购买我们的产品，便是买下了有保障的服务与承诺。

中铁装备技术服务项目

一、拆装机服务

拆装机业务源于中铁盾构开拓市场阶段，相较市场上的"洋盾构"而言，中铁盾构机属于新入赛道的选手，当时施工方并不熟悉产品，为保障设备的顺利应用，大多由生产厂家安装以确保设备成功应用。随着盾构机品类的增多，目前中铁装备拆装机业务已成为新品类隧道掘进装备首次成功应用的保障。

二、"保驾护航"服务

此业务由技术服务公司负责。2013 年形成了 5S 服务理念（专业服务、技术培训、快速响应、状态监测、配件供应），2018 年技术服务流程标准化全面推行，逐步形成了"中铁盾服"品牌。2009 年的年服务设备的台数为个位数，到 2018 年底年服务设备达 104 台，技术服务团队的一线服务人员达到 500 余人，共为中铁系统内外 500 余台（套）掘进机（盾构机、TBM）提供了设备保驾服务。

三、油水检测

2011 年，技术服务公司设立油水检测室，开始对掘进机进行油样检测，检测参数包括水分、黏度、振动等项目，为设备的顺利掘进提供依据和参考。随着业务量的增加和知名度的不断提升，2016 年成立全断面隧道掘进机设备评估技术中心，获得国家颁发的"检测检验机构资质认定证书"（CMA 认证），可以向社会出具具有证明作用的检测数据和结果。截至 2018 年底，评估中心每年可进行超 5000 个油样的水分、黏度、污染度，以及铁谱、光谱分析等检测项目。

四、机况评估

2011 年，为满足掘进机施工行业的需求，公司开始开展机况评估业务，主要进行全断面隧道掘进机整机机况评估、关键部位全生命周期运行状态监测与评估、关键零部件质量可靠性检验检测、设备的环境适应性评估、各品牌旧盾构机的可靠性评估等评估内容。2015 年年评估设备 50 台，到 2018 年底年评估数量达 140 多台，评估实力得到政府、协会、社会的广泛认可。

五、维修改造

2012 年，中铁装备第一次承接维修改造业务是成都 8 台盾构机改造（中铁 4、19、21、22、23、27 号和进口 LOVAT246/247 号），在全力消化这批订单的同时，也逐步积累了维修改造商务报价、合同管理、物资询价采购、生产外协管控、设计审核出图等各项系统能力。在此基础上，通过自主经营，相继与中铁一局集团有限公司、中铁六局集团有限公司、北京城建集团有限责任公司、中铁隧道股份有限公司等签订盾构维修项目共计 70 余台设备的维修改造工作。

六、配件销售

"中铁 1 号"盾构机的投入使用之后，为保障客户配件需求，中铁装备开展了配件销售业务。起初，配件业务仅以保障客户的临时应急需求及服务期内配件保障供应为主，规模非常小。后来，中铁装备与各类供应商建立了长期的合作关系，逐步形成物资集中供应、零星销售、"维修改造＋带动配件销售"的物资供应模式。

七、盾构操作工技能培训及鉴定

2018年4月24日，中铁装备负责申报、运行的国内首家机械行业职业技能鉴定工程机械（掘进设备）郑州站获批成立。累计举办多期盾构机（TBM）司机及维保人员培训班，为中国中铁、中国建筑、中国铁建、中国电建等我国大型建筑承包商旗下的60多家单位共700余人提供了专业化、系统化的培训，培训学员通过技能鉴定与能力水平评价获得工程机械维修工、盾构机操作工职业等级及评价证书，为地下空间更好更快更安全建设开发提供了保障。

八、"装备云"远程监控及智能掘进软件

"装备云"为中铁装备自主研发的掘进机远程监控服务平台，能实时跟踪了解盾构机的运行状态和施工情况，足不出户掌握设备运行信息，凭借强大的数据分析功能，还可以预测施工过程中存在的安全风险、进度风险、质量风险，不仅使管理人员能快速直观地掌握现场动态，同时还为设备安全高效地掘进提供了依据，极大提高了设备利用率及掘进效率。目前该平台共接入盾构机100余台，覆盖土压平衡盾构机、泥水平衡盾构机、双护盾TBM、敞开式TBM等多种机型。

二、用优质服务赢得信任

初到位于国家郑州经济技术开发区的中铁工程装备集团技术服务有限公司，无人不会被映入眼帘的那"一抹红"所震撼，洁白的墙壁上挂满了全国各地客户赠送的锦旗、感谢信，"服务一流，技术精湛""优质高效的售后服务，值得信赖的坚强后盾"，等等。

中铁装备技术服务团队从小到大、从弱到强，足迹踏遍国内外20

余座城市，辗转服务 200 余台掘进机，俨然成了各施工单位为隧道施工保驾护航的不二之选。是使用什么"魔法"创造了如此辉煌呢？下面通过两个工作片段，或许能找到这支金牌之师的成功奥秘。

在华东片区技术服务中心，片区经理范延晓服务的第一台设备——"中铁 162 号"，是中铁十七局集团有限公司（简称"中铁十七局"）在厦门的项目。从装机开始，工期紧，任务重，而且是从盾构主机端始发，难度非常大。中铁装备技术服务团队的范延晓和成员从 2014 年 5 月 5 日 17 时开始，连夜干到 6 日 6 时，终于完成了后配套结构件的组装。但是，生产厂家直到 8 日才将主机运到，而后配套设备、其他大部件等更是到了 13 日才运送到位。由于场地原因，盾构机并不具备始发条件，但客户为了赶工期、节省成本要求始发，范延晓和团队又开始了夜以继日的战斗，同时还要优化施工方案，确保施工安全和服务质量。这样，又经过了一周的鏖战，设备终于在 5 月 20 日顺利始发，并在日后的施工过程中创造了日掘进 22 环（厦门地铁单日最高掘进纪录）的"中铁装备速度"。

中铁装备技术服务团队完成了中铁十七局认为"不可能完成的任务"，取得了他们的初步信任。后来，在处理故障阶段，范延晓和团队成员除了在第一时间将发现的问题解决掉之外，还会把问题拍照记录、分类汇总后主动告知客户，并带着客户一起维修，而且还为客户免费进行技术培训。

慢慢地，中铁装备技术服务团队在厦门站稳了脚跟，也得到了更多系统外单位的认可和信任。

"接到技术响应任务后，工程师 5min 内联系用户、2h 到达现场、4h 内找出故障点、8h 内提出解决方案"，这是中铁装备成都地铁盾构施工技术服务细则中的内容。在成都地铁 3 号线项目建设中，技术服务人员冉晨有一次在井下进行售后服务，由于井下手机信号不好，3h 后出井，未接电话提醒有 34 条，这 34 个未接电话提醒，客观记录了技术服务人员的工作量。曹明飞是中铁装备成都地铁盾构技术服务负责人，他随身带着三部手机，一部是技术服务专线，一部是公司内部专线，还有一部是女朋友专线。因为他会在一天 24h 内随时接听客户电话，女朋友抱怨总是打不进他的电话而跟他吵架，几次之后曹明飞不得不又买了一部新手机，专门接听女朋友的电话。正是有无数和曹明飞一样认真负责、服务周到的技术服务人员，才保证了"中铁号"盾构在成都地铁建设中的顺利掘进，他们也靠"软实力"为中铁装备赢得了业主和施工方的尊重与信任。中铁成都投资发展有限公司设备物资部副部长曹志曾操着一口四川话对曹明飞说："地铁 7 号线开建的时候，把在 3 号线做售后服务的人都给我叫回来，我就认他们。"高质量的服务使中铁装备培养了客户的忠诚度，最终绑定客户，引领消费。截至 2018 年底，成都地区正在使用的盾构机共有 109 台，其中"中铁号"盾构达 71 台，占 65%以上。

目前，中铁装备服务类员工占公司员工总数的近 40%，服务创造的利润占利润总额的 30%。从最初行业内的"追赶者"，到现在的"领军者"，中铁装备正将经营的目光放到整个盾构行业的链条中。"由提供产品向提供增值服务转变，我们正向世界隧道装备制造业的制高点挺进。"李建斌说。

第五节　技术营销：中铁装备的营销三部曲

"三部曲"，在音乐上是指由前、中、后三部成立的乐曲，是形式最完备的歌曲。而在盾构行业，中铁装备用自己的恒心、耐心、信心谱写了一组雄浑激越、堪称经典的营销"三部曲"。

第一部，以案说理。即通过实际案例向客户说明中铁装备的盾构机已经有针对性设计，使客户产生信任，从而拿到部分订单。

2012 年，中铁国际集团有限公司（简称"中铁国际集团"）所属马来西亚公司承包了合同总额为 8.98 亿林吉特（约合人民币 18 亿元）的马来西亚 MRT 项目（即马来西亚地铁线）。MRT 一期工程，马来西亚政府原计划向欧洲公司采购 10 台盾构机。中铁国际集团所属马来西亚公司董事长得知信息后，主动出击，向业主推介中铁装备生产的土压平衡盾构机，强调价格和性能均优于同类型的欧洲公司。

在中铁国际集团所属马来西亚公司的引荐下，中铁装备"海外形象大使"、时任总经理韩亚丽与马来西亚 MGJV 公司有关负责人取得联系。起初，MGJV 公司对中铁装备根本不屑一顾，无论韩亚丽怎么说，MGJV 公司的人都无动于衷。因为 MGJV 公司对盾构机的要求非常高，需要满足欧洲标准，而当时中铁装备在国内销售的盾构机，尚没有与欧洲标准接轨。对于国外常用的双液同步注浆、真空吸盘式的管片抓取、主动交接系统、英国标准的人舱，中铁装备都没有实际案例。

韩亚丽多次带领团队在郑州与吉隆坡之间奔波，不厌其烦地向马来西亚介绍中铁装备短短几年的发展历程，介绍"中铁号"盾构机的成功应用案例，希望能得到一次机会。为了让 MGJV 公司的人眼见为实，韩亚丽又邀请 MGJV 公司董事长 Dato'Paul Ha 到中铁装备参观访问。

最终，韩亚丽的真诚和执着打动了 MGJV 公司董事长，他来到中国河南郑州实地考察了中铁装备的生产车间，并且还考察了成都、深圳、南京等地的施工现场，被中铁装备的实力所折服，当即决定购买两台"中铁号"盾构机。

2013 年 1 月 3 日，用于马来西亚 MRT 项目的"中铁 50 号"和"中铁 51 号"盾构机正式下线。施工中，"中铁 50 号"盾构机保持了日均掘进 8 环的较高生产水平，且连续 7 天掘进环数超过 10 环，创造了马来西亚地铁盾构施工新纪录；"中铁 51 号"盾构机则创造了最高月掘进 347.2m 的马来西亚施工纪录，该台盾构机在顺利完成掘进任务后，又被应用于印度德里某地铁项目。

"中铁号"成功"攻下"马来西亚，极大地增强了中铁装备拓展海外市场的信心，马来西亚 MRT 项目的成功实践，为海外经营积累了经验，中铁装备逐步扩大了东南亚、中东和东欧市场，"中铁号"盾构机也在海外打开了市场。

"中铁 50 号"和"中铁 51 号"盾构机应用于马来西亚吉隆坡地铁项目，开挖直径 6.67m

第二部，以岩说策。即针对不同的地质，中铁装备设计不同型号掘进机，一岩一机一策，非常成功。

2012 年，深圳地铁三期工程的 7 号线、9 号线、11 号线开始修建，中国建筑集团有限公司（简称"中国建筑"）、中国电力建设集团有限公司（简称"中国电建"）、中国中铁三家单位负责施工。而在当时，深圳轨道交通建设基本采用的都是德国海瑞克设备，海瑞克也在广州有自己的制造工厂，广东地区的盾构机市场几乎让海瑞克独揽。

作为国内顶尖的施工商，参建三家在国内基础设施建设市场的占有率高达 70% 以上。而在设备的选择上，三家考量的因素各有不同。深圳市政府对"中铁号"盾构机进入深圳则采取了非常慎重且支持的态度。

2011 年，深圳市政府领导带队一行 15 人组成的 BT（建设-移交模式）项目调研组，到中铁装备进行了先期调研考察，举办了深圳地铁盾构技术交流会。中铁装备总经理韩亚丽从公司发展概况、盾构研发历程、盾构业绩，以及深圳盾构机的地质适应性分析四个方面，向深圳客人进行了详细而深入的介绍。同时，双方就盾构刀盘设计、地质适应性以及施工人员工作环境改善等问题交换了意见。

深圳地铁 11 号线是连接深圳宝安国际机场与福田商务区的核心干线，也是深圳的"市门工程"，身兼机场快线和广深城际轨道线路双重任务，沿线地面涉及市政道路等多种地形，区间主要以砾质黏性土、全强风化花岗岩为主，局部地质为中微风岩、素填土、砂层、填石层、孤石及基岩凸起。这些环境条件要求施工盾构机不仅稳定性要高，而且能够严格控制地面沉降。11 号线建设由中国中铁负责，中国中铁毫不犹豫选择了自家的"中铁号"盾构机。

2013 年 3 月，专为深圳地铁 11 号线地铁施工量身打造的"中铁 67 号"盾构机下线。"中铁 67 号"为土压平衡式盾构机，是中铁装备经过数月的技术攻关，结合深圳地铁 11 号线地质情况，专门设计制造的开挖直径为 6.98m 的大型盾构机，其中主驱动功率 1120kW，大管片外径为 6.7m，主机质量超过 500t。根据深圳地层，对刀盘进行了针对性设计。

世上没有什么比真诚更重要，更没有比"懂你"的真诚更重要。深圳地铁 9 号线起于南山区深湾站，线路全长 25.38km。为保证盾构机的适应性和可靠性，中铁装备多次进行实地勘测，对地质情况进行详细调研。特别是针对区间全断面中微风化花岗岩、混合岩地层、上软下硬（基岩凸起或软硬地层过渡段）地层、球状风化岩地层等多种地质条件，坚持通用性、针对性、可靠性、技术经济性原则，制定详细技术方案，量身打造，保证盾构机稳定性和掘进速度，严格控制地面沉降。同时，中铁装备设立了技术服务中心，明确了"扶上马、送一程"的精准服务理念，从设备始发、人员培训、重难点施工等全方位为新入行业的中国建筑提供帮助。

韩亚丽等中铁装备人的真诚和执着最终"敲"开了中国建筑的大门。他们慢慢接触和了解了中铁装备，也派人到中铁装备进行实地考察。最终，中国建筑在深圳地铁9号线施工设备公开招标中，共新购置8台盾构机，其中有5台为"中铁号"。

第三部，以新说道。即提前判断掘进机未来应用状况，先造出来掘进机，然后去说服客户进行尝试应用，创造市场，引领需求。

2012年，郑州市政府想在中州大道与红砖路交叉路口修建一条地下人行隧道。中州大道是郑州市中心城区一条贯通南北的交通大动脉，宽100m，双向14个车道，还有非机动车道和人行道，两边的绿化带也各有50m宽，全程封闭。如果按照传统的"开膛破肚"施工办法，势必会对地面交通和周边环境造成影响。

市政府有关领导找到董事长李建斌，问他有没有不让百姓抱怨的解决办法。李建斌马上回应说，"有！用矩形盾构机。"他说知道在国外有可以掘进人行通道的小型矩形盾构机，但能否自主研制一台双车道超大断面矩形盾构机，这是一个挑战。

回到单位，董事长李建斌立即召集设计研究总院研发人员开会讨论。经过几个月的艰苦鏖战，该项目研发取得重大进展。2013年12月，这台长10.12m、高7.27m的超大断面矩形盾构机在郑州下线。

将超大矩形盾构机用于下穿隧道工程，在全国尚属首例。盾构姿态控制、路面沉降控制是这个项目的重点，与圆形盾构机相比，矩形盾构机可有效利用空间20%以上，但施工姿态控制、路面沉降控制更难。施工中，30人组成的研发团队通过渣土改良技术、触变泥浆配合比科学配置，保证了隧道结构稳定和施工的顺利实施，仅触变泥浆配合比就反复试验了200余次，最终成功研制出破解技术难题的"秘方"。

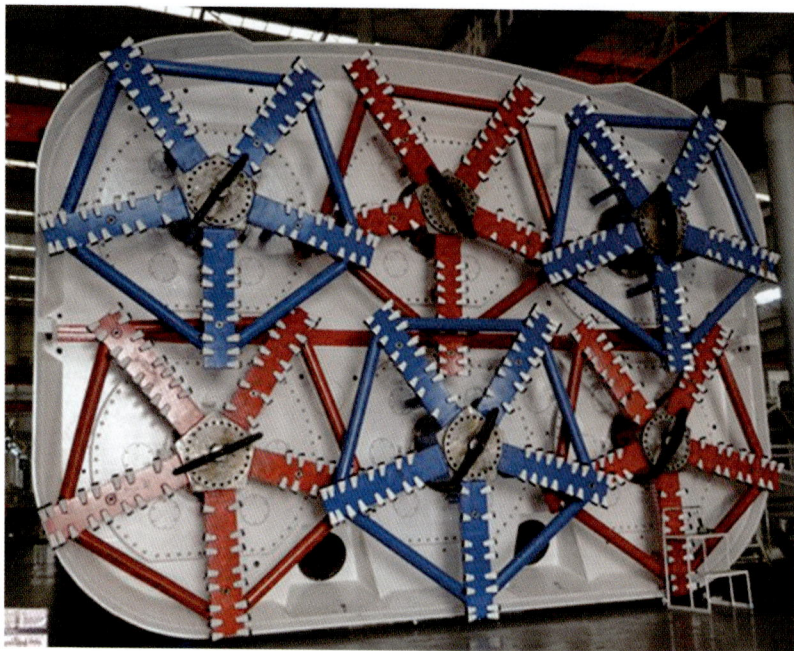

郑州市中州大道用矩形盾构机

此项目中，许多先进顶管技术在全国同类工程中首次采用。例如，采用三道止水与普通顶管止水仅采用一道止水相比，大大提高了隧道的防渗水能力；采用止退抗剪销技术，保证了管节不错台，让隧道整体结构更牢固和耐用。而且，施工过程中最大沉降量28mm，无地表隆起，均在设计规范和允许的范围内。当时在技术上创造了"四个最"：世界断面最大、国内最小覆土、净间距最小、未采用中继间的矩形顶管隧道最长。为国内城市地下工程施工开辟了一种新型的施工工艺。北京、上海、天津、广州、厦门、西安、武汉、南宁、南昌等城市市政公司领导纷纷前来现场参观，对矩形盾构机安全高效施工、充分利用空间、缓解交通压力表示出极大的兴趣。

地铁联络通道掘进机项目起源于作为国际项目经营技术支持及研发人员的陈昆鹏。陈昆鹏在跟踪英国 HS2 项目过程中，针对联络通道短区间，多线路，狭小空间横向开挖，主隧道支护、隧道同步施工，机械化等核心要素，创新设计出隧道联络通道盾构机，设备能实现高机动性，高密度系统集成，圆弧管片界面开挖，主隧道支护。此类设备具有高度的技术价值和市场前景，陈昆鹏等人及时完成了隧道联络通道盾构机的集成设计及成套施工工法，首先在宁波地铁开始应用，并获得成功，实现了从专利技术向产品研发转变。这种方法安全、快速，在施工工艺、施工装备上实现创新突破，该系列产品已成为行业明星产品，市场应用前景广阔。

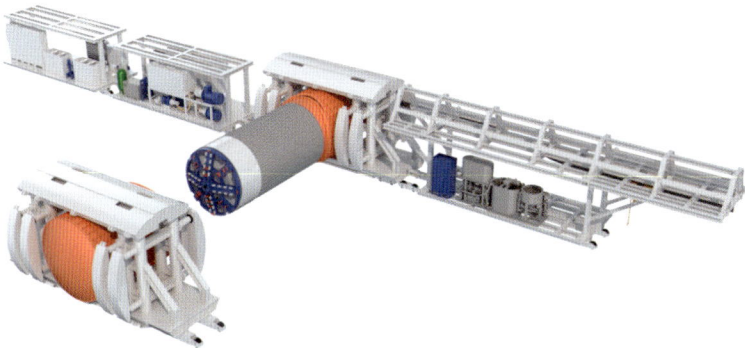

国内首个盾构法联络通道建设，"隧道联络通道用盾构机及其联络通道掘进方法"荣获中国第二十一届中国专利金奖

弹钢琴十个指头的动作要有节奏，要互相配合。其实盾构机营销也是一样。在中铁装备营销中心总经理朱有伟看来，只有巧用善用营销三部曲，才能把盾构营销做"活"。从 2009 年至 2020 年，朱有伟在营销岗位一干就是 12 年。从销售第 1 台盾构机到如今的 1000 余台，无论什么样的客户，对于朱有伟来说，在会见之前，一定要带着给客户解决问题的初衷详细摸排情况，以案说理、以岩说策、以新说道，而不是只想着卖产品。"每次营销，我都把自己比作一次'出嫁'，这是最幸福的时刻，而在自己精心准备的'嫁妆'里，一定有对方最需要的东西。"朱有伟形象地说。2020 年，朱有伟被评为中铁装备"盾构先生"，这也是公司成立以来 3500 名员工中唯一的"盾构先生"称号。

如今，中铁装备营销团队紧扣营销"三部曲"主旋律，团结协作奏出"最强音"。中铁装备的产品遍布国内 40 多个省市，国内市场占有率连续数年保持第一，并远销法国、意大利、丹麦、阿联酋、新加坡、马来西亚、印度、黎巴嫩、以色列、越南等 30 个国家和地区，产销量连续多年居世界第一。

|第六章| 快速扩张，乘风破浪

精准的定位让中铁装备找到了突破重围、打开市场的利器。然而，千里之行始于足下，面对规模巨大且高速增长的国内外市场，和以国外品牌为主导、对国产盾构普遍质疑观望的市场现状，如何在有限的内部资源条件下，高质量、高速度地开拓和占领市场，实现企业的长期生存和可持续发展，成为初生的中铁装备无法回避的首要问题。

第一节　风口已至，路在何方

一、不期而遇的"风口"

中铁装备从成立的那一天起，就已经迎来了盾构市场蓬勃发展的"风口"。据 2010 年数据统计，"十一五"期间，全国有 20 个城市规划建设地铁线路，按照规划，当年全国将建成 480km 城市轨道交通并投入运营，预计投资额为 1600 亿元，而在"十二五"期间全国还将动工建设超过 2500km 的城市轨道交通，投资规模将超过 1 万亿元。然而，2010 年我国在用盾构机持有量仅 400 台。巨大的隧道施工需求与极低的盾构机持有量之间，形成了巨大的市场缺口，预示着盾构市场存在着可观的存量、快速增长的趋势和无限的潜力。

二、"风口"背后的威胁

对于中铁装备而言，处于市场发展的"风口"之上，既预示着无限的机会，同时也潜伏着巨大的威胁。从市场角度分析，德国海瑞克和维尔特、日本三菱重工和小松、美国罗宾斯等知名品牌几乎垄断了我国市场，虽然也存在有价格高、适应性差和服务费用高等问题，但在技术先进性和成熟度上却依旧保持着较高的市场认同度。

虽然"中铁1号"盾构机横空出世，但当时国产盾构机成功应用的项目依然较少，大部分施工单位对国产盾构机认知度有限，不敢也不愿轻易尝试使用国产盾构机。再者，从中铁盾构资源和能力角度分析，企业尚在成立初期，专业人才匮乏，营销能力、研发能力、生产能力都尚在培育和开发过程中，甚至连一个像样的销售团队都拿不出来，更不用说具备大规模开发市场的条件和能力。然而，首台国产盾构机的成功，不仅仅给中铁装备带来了盾构产业化的信心和希望，也让国内的很多其他装备制造企业嗅到了市场契机，一时间都跃跃欲试，而同样具备自主知识产权和独立研发制造能力，被业内权威人士并称为国内盾构制造企业"第一集团"的北方重工和上海隧道股份更可能快速成为市场领先者。此时的中铁装备面临着巨大的压力和艰难的抉择。

必须马上行动起来，快速扩张，抢在其他竞争者之前获得客户认可，抢占全国市场，这是不畏困难、敢闯敢拼的中铁装备人的第一反应，也是中铁装备生存和发展的唯一选择。然而，面对如此广阔的市场，应该从哪里开始呢?

三、市场扩张"三步走"

对于中铁装备而言，这个问题的答案似乎很简单。作为已经占据隧道工程市场"半壁江山"的中国中铁子公司，中铁装备有着得天独厚的优势——自己的客户不正是自己的最大股东吗？于是"依托中铁，面向全国，走向世界"的战略目标和"三步走"的市场扩张计划应运而生。

中铁盾构的"三步走"计划

第一步：中铁装备，装备中铁。用两年左右时间（2010—2011年），依托总公司，全面占领中铁内部市场，成为中国中铁的机械制造核心骨干企业。

第二步：中铁装备，装备中国。用三年左右的时间（2012—2014年），通过产品的专业化、管理的现代化，布局全国市场，使市场占有率达到全国第一，成为国内最优秀的盾构机制造企业。

第三步：中铁装备，装备世界。用五年左右的时间（2015—2020年），推进管理的国际化、生产的标准化，走向海外市场，打造世界盾构机的民族品牌。

中铁盾构的"三步走"计划具备相当的合理性。第一，中国中铁作为中铁装备的控股母公司，与其存在强利益共同体关系，中国中铁具备帮助其实现快速发展的动机和意愿。第二，中国中铁作为隧道工程行业的龙头企业，其项目具有一定的行业示范性和引导性，可以成为中铁装备顺利进入全国市场和海外市场的信任背书，助力其进一步打开市场。第三，快速占领中铁内部市场，可以帮助中铁装备实现快速占领大部分国内市场的目标，同时也为其带来稳定的收益，成为其初期生存和发展的重要助力和保障。第四，在服务中铁内部客户的过程中，中铁装备也可以积累更多的营销、技术和服务经验，快速积淀，探索打造核心竞争力，为进一步开拓市场积蓄力量，打下坚实的基础。

第二节 三大战役，重点突破

一、艰难的第一步

在大多数人看来，有了中国中铁的支持，中铁装备快速占领中铁内部市场应当是一马平川、指日可待，但现实中并没有想象的那样顺利。大多数施工单位仍然处于观望之中。究其原因，依然是对国产盾构机的性能和品质有所顾虑。

其实，施工单位的谨慎和顾虑是可以理解的。盾构设备属于大型复杂设备，采购方对产品品质的识别和控制能力有限，采购决策只能以成功案例为基础，受品牌因素影响较大。同时，盾构机价格极高，且多为反复使用，采购一台盾构机往往要花费一家施工企业 50% 以上的年度设备采购预算，一旦出现质量问题，损失巨大。此外，盾构施工过程也存在着巨大风险，如果在挖掘过程中出现严重故障，就只能从地面开挖将盾构取出，甚至直接将隧道和盾构一起填埋，不仅耽误工期，而且成本损失极大。

中铁装备作为隧道工程系统内的企业，也深知这一点。要想敲开中国中铁内部市场的大门，彻底获得内部各施工单位的认同，中铁装备就必须找到机会，向大家展示"中铁号"盾构机的能力，向世人证明"我能行"！

二、成都战役——敲开装备中铁的大门

2012 年 1 月，成都地铁 2 号线、4 号线获批开建，中国中铁顺利中标，下属四个施工单位负责承建。对于中铁装备而言，这是一次展示实力的绝佳机会，但也是一次极具风险的巨大挑战。为什么这样说呢？成都属于富水砂卵石地层，地质尤为复杂，漂石、砂卵石、涌水

突出。修建地铁 1 号线时，施工单位投入使用了 8 台进口盾构机，其中 7 台土压平衡盾构机、1 台泥水平衡盾构机。然而，在施工过程中，8 台进口盾构先后都不同程度出现了"水土不服"的情况，其中 1 台盾构螺旋输送机的轴直接断裂，而唯一的 1 台泥水平衡盾构机刀具也受到严重损坏，排渣不畅，施工严重滞后，影响了工期。同时，另外一条线的施工单位则进口了美国一家公司的盾构机，但由于设计原因，刚始发就出现打偏问题，施工单位没办法只好把盾构机拆走，从而造成了重大损失。惨痛的教训让此次中标的四家施工单位在选择盾构机时更为谨慎，虽然与中铁装备是同一系统的兄弟单位，但之前连进口的盾构机都折戟沉沙，技术尚未成熟的国产盾构机能够保证工程的顺利实施吗？

　　其实，对于中铁装备而言，兄弟单位的疑虑，更像是一种忠告，成都是一个大舞台，一旦成功将会获得无数的认可和掌声，可一旦失败，却也可能跌入深谷、万劫不复。就像很多中铁装备人说的："我们不能失败，因为我们没有重来的机会！一旦出现问题，市场将永远不再信任我们。"面对千载难逢的机会和兄弟单位的疑虑，中铁装备没有退缩，再一次决定迎难而上。总经理韩亚丽亲自带队，前后 20 余次和成都业主、施工单位、设计单位、技术专家汇报交流，从设备的针对性设计，到售后服务的保障，一点一滴地打消他们的疑虑和担忧董事长李建斌也到达成都亲自坐镇，甚至作出了"出了问题我负责"的承诺。最终，四家施工单位出于谨慎考虑，还是采用了"1＋1"模式，同时采购"中铁号"盾构机和"洋盾构"。当时其中一个施工单位的负责人说："第一次使用国产盾构机，又是在地质复杂的成都地区，我们信任国货，但工程讲究科学严谨，来不得半点马虎，这次我们可以冒着巨大风险给中铁装备提供一个'表演'的舞台，'中铁号'盾构机和'洋盾构'，左右线同时始发，同台竞技，但我们还是要用'洋盾构'做好备份和潜在的风险支援准备，以保证工程顺利完工。"

当然，这里也得到成都地铁公司主要领导的支持，才有了中铁装备盾构机尝试的机会。

成都战役就此打响了！压力无疑是巨大的，但中铁装备人纷纷将压力转化为了无限的动力。为了确保"中铁号"盾构机如期交付，自2012年7月开始，中铁装备就在成都租用厂房，组织专业队伍、利用当地劳务，展开了如火如荼的生产。

成都初战

现场负责人何勇、吴毅回忆说，成都项目部具有钳工、焊工等多个工种。在 3000m² 的厂房里，身着橙黄色工装的作业人员每天都有条不紊地进行着焊接、打磨、拼装等工作，直径 6m 多的盾构机刀盘，随着各项工序的进展一个个日渐成型、展露尊容；现场指挥人员不停地在工位间穿梭，认真检查每一道工序、每一个环节。无论是人员配备、物资采购环节，还是刀盘下料、材料运输、拼点焊接等生产环节，都认真梳理，细致安排，超前布置，甚至将生产工期细化到天。仅一个多月时间，就完成了 4 台盾构机刀盘的面板拼接和 2 台盾构的刀盘改造任务。对此，连施工单位也赞叹不已："没想到会如此迅速完成任务！"

2012年11月26日，"中铁62号"盾构机在成都顺利始发，这是"中铁号"系列盾构机在成都地区始发的首台盾构机。随后，用于成都地铁建设的其他盾构机也先后下线。然而，生产和装配还只是战役的第一阶段，此时此刻，"中铁号"盾构机与"洋盾构"的较量正式开始。经过成都地铁 2 号线、4 号线前后 10 个月的同场比拼，通过实践检验，4 台"中铁号"盾构机的各项性能指标均优于"洋盾构"，而且，由于施工安排，"中铁号"盾构机在晚一个月开工的情况下，竟然提前

一个月完工出洞。国产盾构机如此优异的表现，彻底征服了几家施工单位，也获得了中国中铁内部各施工单位的一致认同，从而敲开了中铁内部市场的大门。随后，中铁内部各施工单位的订单纷至沓来，甚至在后续的成都地铁 3 号线、7 号线施工中所需的 29 台盾构机，各施工单位都清一色选择了"中铁号"盾构机。

三、深圳战役——敲开装备中国的大门

在成都战役打响的同时，一个新的机会和挑战悄然降临。2012 年，深圳地铁三期工程的地铁 7 号、9 号、11 号线开始修建，中国建筑、中国电建、中国中铁三家单位负责施工。对于中铁装备而言，深圳有着非同一般的意义。

第一，作为改革开放的桥头堡，深圳一直是我国地铁建设的排头兵，也是我国在技术创新、施工创新、管理创新方面的标杆城市，积累了大量的地铁建设管理经验，其技术标准之高、管理规范之严在国内均属一流，其地铁项目也在行业中具有极大的影响力，可以说这是一个比成都更大、更广阔的舞台。

第二，深圳地质条件之复杂更甚于成都，号称地质博物馆，各种不同的地质条件集聚于此，比如 11 号线所通过的区域包括了砾质黏性土、全强风化花岗岩、中微风岩、素填土、砂层、填石层、孤石及基岩凸起等不同地质条件，技术难度之大，对盾构设备要求之高可见一斑。当初，在深圳地铁 1 号线建设过程中使用的国外品牌盾构机就出现过刀盘被孤石磨坏、设备掘进不稳定等情况。如果能够在深圳获得成功，中铁装备的盾构技术将会得到进一步的验证和认可。

第三，多年来，深圳轨道交通建设基本采用的都是德国海瑞克公司生产的设备，海瑞克公司在广州有自己的制造工厂，可以说，广东地区的盾构市场几乎是由海瑞克公司一家独揽。而此次，如果中铁装备能够在深圳"虎口夺食"，不仅会增加其在中国市场上战胜国外知

名品牌的信心，也会让国内市场的客户对"中铁号"盾构机更具信心。

第四，负责施工的三家单位均属于国内顶尖的施工商，在国内基础设施建设市场的占有率高达70%以上，如果与中国电建和中国建筑合作成功，将会在行业中产生巨大的示范效应，对中铁装备未来推进全国市场有着里程碑式的关键性作用。

机会就在眼前，但拿下却并非易事。对于盾构装备的选择，三家施工单位都有着不同的考量。中国中铁有了成都的成功经验，毫不犹豫地选择了"中铁号"盾构机，而中国电建和中国建筑则还在犹豫之中。最终，中国电建还是选择了德国海瑞克公司生产的盾构机，而中国建筑还在观望中。

为让中国建筑打消疑虑，时任中铁装备总经理韩亚丽和公司副总经理谭顺辉多次与中国建筑深入沟通，反复推介。针对中国建筑第一次进入轨道交通施工总包领域，中铁装备人结合自己的施工特长，创造性地提出了"管家式"服务。中国建筑所负责的深圳地铁9号线起于南山区深湾站，线路全长25.38km，为保证盾构机的适应性和可靠性，中铁装备多次实地勘测，对地质情况进行深入了解，特别是针对区间全断面中微风化花岗岩、混合岩地层、上软下硬（基岩凸起或软硬地层过渡段）地层、球状风化岩地层等多种地质条件，在坚持通用性、针对性、可靠性、技术经济性原则的基础上，制定了详细方案，量身打造，在保证盾构机稳定性和掘进速度的同时，严格控制地面沉降。并在"扶上马、送一程"的精准服务理念的指引下，主动从设备始发、人员培训、重难点施工等全方位为新入行业的中国建筑提供帮助。韩亚丽等中铁装备人的真诚和执着最终"敲"开了中国建筑的大门。他们慢慢开始接触和了解中铁装备，也派人到中铁装备进行实地考察。最终，中国建筑在深圳地铁9号线施工设备公开招标中，共新购8台盾构机，其中5台为"中铁号"盾构机。

听其言更要观其行，一诺千金的中铁装备人，在项目的实施过程中完美地践行了自己的承诺。在产品制造准备阶段，中铁装备编制了详细的工期计划，设立了项目管理小组，建立了完善的质量控制体系，对设计、制造实行全过程实时监控，确保进度和质量总体可控。同时专门派驻具有丰富经验的人员从事售后服务工作，以此确保用于地铁9号线的各台盾构机现场组装、调试、始发、试掘进等工作顺利开展。在施工中，认真为具体施工的中国建筑第三工程局有限公司（简称"中建三局"）、中国建筑第五工程局有限公司（简称"中建五局"）、中国建筑第八工程局有限公司（简称"中建八局"）进行人员培训，提供技术支撑，真正打造了"一站式"服务，实现客户价值最大化。

工程结束后，中建三局向中铁装备深圳技术服务中心赠送一面锦旗。中建三局有关负责人表示，"中铁号"盾构机在此次项目中，无论在效率还是经济性上均优于国外盾构机，而中铁装备的服务更是可以用甲方所送锦旗上的"技术精湛 服务一流"来诠释。和中铁装备的合作，是他从事工作十几年来最省心、最放心、最舒心的一次合作。

四、马来西亚战役——迈向海外市场的第一步

如何打开海外市场，实现国际化战略目标，一直都是中铁装备人孜孜以求的梦想。中铁装备成立之初就设立了海外部，但订单却迟迟未至，个中原因，不言而喻。国产盾构机起步晚，技术积淀薄弱，而且一直用于国内施工项目，很难获取海外客户的关注和认可。再者，欧洲、日本、美国这些国家和地区的老牌盾构机制造商，经过多年的经营和发展，已经形成自己的标准体系，而国产盾构机经过反向创新，所走的是一条自主创新道路，有着自成一套的技术路线和特点，与国际流行的标准间存在着一定的差异，而国内的标准又没有得到国际市场的认同，因而开发国际市场显得举步维艰。准确地说，中铁装备急需一个国际舞台，向世界展示中国盾构技术的发展和实力。

2012年，这个机会终于出现了。中铁国际集团所属马来西亚公司

承包了马来西亚 MRT 项目（即马来西亚地铁线）。这是中国中铁承建的第一个海外城市地铁工程，也是中国中铁第一次承建海外的集工程设计、采购和工程建造总承包的综合性地铁工程。

MRT 项目背景

MRT 是大吉隆坡经济改革最重要的内容之一，它建立起的是一个集成的城市轨道交通系统，其轻轨交通网络将穿行连接多达 120 万居民的居民区、经济中心、商业中心和郊区等区域，促使吉隆坡跻身国际大都市和世界宜居城市。

2012 年 6 月，中铁装备终于拿到了这来之不易的 2 台 CTE6630 型盾构机采购中标通知书，这是中铁装备出口海外的第一单，也标志着中铁装备向海外市场迈出了关键的第一步。然而，真正的挑战才刚刚开始：执行新的产品标准、面对双方巨大的文化差异、顶住外方不信任带来的巨大压力、对国外地质情况的不熟悉和前所未有的高标准，这些对于中铁装备来说都是第一次，但现实又无法给予他们失败的机会。

中国盾构首次出海

由于这是中铁装备的海外第一单，马来西亚 MGJV 公司为保障质量，派出了以 Gus Klados、Don Hall、Chin Ray Mun、Vincent Chow 和独立 TBM 专家 Richard Lewis 组成的专家团队，前往中铁装备总部，对各个生产环节进行进度和质量的监督。在此过程中，双方的理念差异爆发了激烈的碰撞，包括语言、文化、设计需求、安全标准等。但中铁装备人表现出了开放融合的精神，遇事多沟通，极力寻找利益共同点。经过深入交流，中铁装备以自

身强大的研发和生产能力克服了种种困难，用硬实力和开放的态度说服了国外专家团，全面满足了当地标准和国际标准。

2013 年 1 月 3 日，在众多媒体和来宾的见证下，MGJV 公司董事长 Dato'Paul Ha 与李建斌共同按下启动装置，用于马来西亚吉隆坡地铁的"中铁 50 号"盾构机正式下线。韩亚丽代表中铁装备向 MGJV 公司承诺，将不负支持和信任，组织好优势资源，全力以赴，优质高效地做好现场组装调试、试掘进和后期服务等工作，确保满意。

2013 年 10 月"中铁 50 号"始发，目标 2014 年 1 月 24 日到达中央车站（1050 环处）并过站二次始发，该目标的顺利完成对吉隆坡地铁的第一个节点起着至关重要的作用。"中铁 50 号"盾构机经历了进仓检查、进仓换刀、停机换油、高压停电等影响施工的必经程序，虽大大减少了有效工作日，但经过技术人员的共同努力，制定了各种预案，超前部署，提前研讨和制定盾构出洞、过站等各种技术方案和安全措施，谋划各种物资配件进场、各种装备设施的预订和加工，超前维护好盾构机和各种配套设备，做好机械日常维保，计划落实好现场劳力组织和工序衔接、轮班转换等工作，确保了顺利掘进。在掘进过程中，遇到了一块长 20～30m 的孤石，其硬度达到 300MPa。这个孤石的硬度大大超过了地质报告中提到的砂岩、泥岩不到 80MPa 的硬度。"中铁 50 号"盾构机以其可靠的性能成功通过了这一段突如其来的考验。施工中，"中铁 50 号"保持了日均掘进 8 环的马来西亚业界较高生产水平，且连续 7 天掘进环数超过 10 环，创马来西亚地铁盾构施工新纪录。

2014 年 4 月，"中铁 51 号"也顺利在马来西亚地铁 KL SENTRAL-PASAR SENI 第二区间始发。在以泥岩、碎砾石、肯尼山残积层为主、地下水丰富的复杂地质下，"中铁51号"盾构机先后经历了两次始发、两次接收、一次过站的考验，完成了1834环管片拼装，约2.6km的掘进任务。其中，在第一区间以最高月推进347.2m（248环），日推进21m（15环）的骄人成绩，再次刷新了马来西亚盾构施工纪录。第二区间完成了R225m小曲线半径掘进，先后穿越具有百年历史的吉隆坡中央火车站、巴生河、铁路桥、轻轨线等重要建（构）筑物，并将最大累计沉降量控制在3mm内。

2014年10月，应用于马来西亚吉隆坡地铁MRTUSPA区间隧道北线"中铁50号"盾构机顺利贯通。贯通当天，马来西亚MRT项目领导充分肯定了参建单位取得的成绩。中国驻马来西亚大使现场讲话说："这条隧道的成功在马来西亚是具有里程碑意义的，打开了马来西亚市场，鼓励着中国高水平的建筑和装备走向世界。"

马来西亚市场的成功，向世界展示和证明了中铁装备的实力，引发了世界各国施工承包商的关注，让世界看到中铁装备正如一颗新星在冉冉升起、熠熠发光。2015年，中铁装备开始与欧洲国家的施工承包商在黎巴嫩、以色列、迪拜等中东市场展开合作；2018年，中铁装备正式进军欧洲市场，与意大利本地承包商合作建设意大利项目，之后又成功进入丹麦、法国、奥地利、土耳其等市场，如今中铁装备在欧洲市场也已经拥有了相当的竞争力，开始生根发芽。

五、三大战役背后的逻辑

如何开发市场，对于高新技术企业而言，是一个很"头痛"的问题，也是一个事关生死存亡，不得不解答的命题。事实上，高新技术企业从来就不缺市场，而且往往都面对着大存量、高潜力的市场，而关键问题就在于"从哪里开始？""如何开始？"

高新技术企业在进行市场开发时往往会进入两种误区：遍地开花和随遇而安。所谓"遍地开花"，就是加大营销投入，快速在全市场范围建立销售网络，强化考核激励，让销售人员硬推市场。这种策略背后的逻辑很简单——广撒网、多捞鱼。现实往往是滑稽的，广撒网未必能多捞鱼，多投入未必能多产出。这样输血式的强推策略容易造成三方面的问题：其一，过多的市场投入与有限企业资源间的矛盾。创业初期企业资源有限、盈利能力较弱，将有限的资源过度集中于市场，将引发研发、生产和管理方面的投入不足，短期内可能产生一定效益，但从长期看终将难以为继。其二，强激励引发的销售失控。在强激励政策驱使下，缺乏专业培训和有效监督的销售人员将如脱缰之野马，不择手段获取订单，造成订单质量良莠不齐，市场风气败坏，品牌形象受损，最终企业往往是得不偿失。其三，过度的内部竞争导致内耗严重。快速铺设销售网络，容易造成区域间和区域内的过度竞争，各地销售争夺资源和订单，导致企业内部扯皮不断、内耗严重。所谓"随遇而安"，就是跟着机会走，没有规划，机会就是指挥棒，凭借现有资源，逐一开发客户，发现多少客户就开发多少客户。很多时候，这种模式也能让企业在短期内获得收益、生存下来，但最大的问题就是慢。对于高新技术企业而言，缓慢的市场开发就无异于等死。在激烈的市场竞争环境之下，市场周期加快，产品生命周期缩短，以技术为核心竞争力的高新技术企业如果不能快速将技术创新价值变现，进而实现创新再投入，只是一味安于现状，则很快会被竞争者实施技术覆盖，最终被市场淘汰。

从以上两个误区，我们不难看出，高新技术企业的市场开发必须同时做到两点：高速度和高质量。两者看似矛盾，实则统一，内中要义就在于示范效应和倍增效应。高速度必须以高质量为基础，而高质量又是高速度的重要保障。很多企业一味追求高速度，急于在短期内实现营收，殊不知高速度市场开发的根本在于口碑，而口碑产生的基础是高品质的产品和服务，其背后是企业强大的资源和能力，没有核心竞争力作支撑，企业市场开发得越快，拿到的订单越多，往往口碑就越差，死得也就越快。因此，高新技术企业市场的开发必须有规划，与其全面出击，不如破其一点，依靠示范效应建立市场信任，进而释放倍增效应，占领全部市场。反观中铁装备，正是遵循如此规律，基于其市场开发过程，我们不难得出现代高新企业市场开发的基本范式。

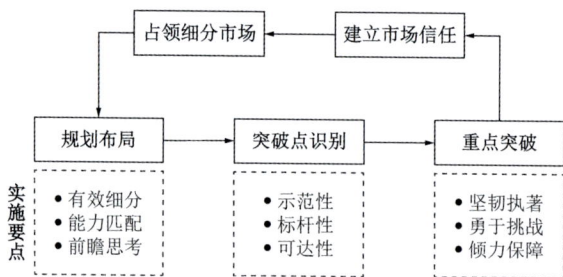

現代高新技术企业市场开发的基本范式

第一步：规划布局。 企业在布局市场开发路径时。第一，要对市场进行有效细分，要考虑难易程度，也要考虑企业市场资源特征，可以按照产品品类细分，也可以按照区域、客户特征，比如中铁装备先按照区域划分了国内市场和海外市场，再依据其中国中铁子公司资源特点，将国内市场分为中铁内部市场和中铁外部市场。第二，在布局开发顺序时应遵循先易后难的基本原则，必须考虑企业在市场开发过程中自身能力的变化因素，按照能力提升的速度匹配市场开发进程。第三，市场开发布局不宜过于短视，要立志高远，看到更为广阔的市场，正所谓思想有多远，我们才能走多远。正如中铁装备，在成立之初就考虑到了海外市场，并进行了提前布局，积蓄力量，虽然直到2012年才首次进入国际市场，但提前的筹划与准备为其后期顺利进入和快速开拓海外市场打下了坚实的基础。

　　第二步：突破点识别。众所周知，开门的关键在于开锁，做任何事情都需要抓住重点，而敲开一个市场，必须找到突破点。如果盲目地在一个市场寻找机会，经常是事倍功半，开发了很多客户，却依然无法获得整个市场的信任和认可。那么，怎样的客户和项目才是市场的突破点呢？第一，就是要有示范性。什么是示范性？就是能够推而广之的项目，具备该市场的典型特征，能够通过该项目的成功，让市场内的其他企业看到产品的优势和企业的实力，从而对产品产生认可和信心。例如，中铁装备在成都项目中充分展示了其产品的适应性和品质优势，彻底打消了中铁内部市场对其产品品质的疑虑；而在深圳项目中又很好地展示了其服务与产品结合的综合优势，准确抓住了中铁外部市场对管家式服务的需求痛点，彻底打动了中铁外部市场。最后在马来西亚项目中，中铁装备又向海外客户展示了自己开放融合的精神、执行国外标准的能力以及强大的技术实力，从而打消了海外客户在标准和技术方面的顾虑。第二，则是要有标杆性，所选的项目要有挑战性，进而才能产生市场说服力。如果是一个简单平常的项目，谁都能完成，也就无法获得市场的关注，影响力也就不复存在了。比如，中铁装备选择的成都项目和深圳项目，可以说都是国内的顶尖级难度，深圳更是被称为地质博物馆，标准之高、难度之大、地质之复杂可以说都是国内之最。而马来西亚业主也以挑剔著称，管理之严、标准之高在国际上也是极具代表性的。第三，在考虑示范性和标杆性的同时，也不能忽视自身的能力限制，必须考虑项目的可达成性，要量力而行，如果最终项目失败，则一切努力皆是枉然。此外，突破点的出现也具有偶然性，企业无法触及的客户和项目，也必然不在突破点的选择范围内。

　　第三步：重点突破。相比突破点的选择，有效地实施突破显得更为重要。第一，任何突破市场的机会都不会轻易能够获取，既然所选择的突破点项目和客户具有示范性和标杆性，往往也会是市场中最不易打开的点，企业在实施突破时必须有心理准备，同时也要有坚韧执着的意志。比如中铁装备的三大战役，获取机会的过程都是十分艰难曲折的，往往都需要反复沟通、一再尝试。第二，在实施市场突破的过程中，企业不能有畏惧心理，信心是第一位的，必须有破釜沉舟、背水一战的勇气和准备，才能够在实施突破时一往无前，最终夺取胜利。第三，项目最终的成败还是决定于企业的资源和能力，在突破市场的过程中，企业必须集聚资源、竭尽全力、拼死一战，才能最终保障项目的成功实施。就像中铁装备人常说的："最难忘的就是成都和深圳，那里有我们的热血青春！"

第三节　谋求上市，尝试股权多元化

中铁装备的决策层以振兴民族工业的情怀和只争朝夕的紧迫感提出了"三年占市场，五年创品牌"的战略目标，而实现这一目标，需要从生产力和生产关系两个方面同时发力。在董事长李建斌看来，抓创新是解决生产力的先进性问题，而抓外部优势资源聚集和抓内部薪酬激励就是解决生产关系的核心问题，为此开始探索股权多元化和谋求上市。

一、提出股权多元化

在高新技术领域，企业竞争拼的主要就是人才，初创企业如果不能将行业内优秀的人才集聚在一起，最终会在竞争中失败。此时的中铁装备在总体来讲还是在吃着不同层级的"大锅饭"，还没有真正形成与业绩挂钩的薪酬激励机制。如果让创业的高技术人才吃着"大锅饭"，而让引进的高技术人才拿着市场化的高薪，就有"招了女婿气走儿子"的风险。在国企工资总额调控的背景下，如果能让员工持股，既可使员工获得企业当期经营的收益分红，又可将员工预期利益与企业未来发展绑在一起，不失为内部分配改革的最佳路径。

国家对国企改革一直持鼓励和开放的态度。2012 年 5 月，国务院国有资产监督管理委员会（简称"国资委"）发布《关于国有企业改制重组中积极引入民间投资的指导意见》（国资发产权〔2012〕80 号），鼓励民间投资参与国有企业改制重组。2013 年 4 月，国资委领导讲话指出：国企改革最大的重头戏就是推动股权多元化，吸纳社会、国外等不同类型的资本进入国企领域。股权多元化包含两方面的内容：一是非上市国企的股权多元化，另一个则是上市国企的股权多元化。有关领导和专家表示，国企产权多元化包括吸引非国有经济主体参股、允许经营管理者持股，包括期权激励甚至管理层收购（MBO）、发展职工持股会、职工持股和鼓励公有产权之间互相交叉持股等。

从 2013 年上半年开始，中铁装备开展了以股权多元化改革的名义推行员工持股的讨论，公司如何估值、员工如何参股、股改以后如何管理等，争论探讨很激烈，最终，面向内部员工搞股权多元化改革的大方向还是基本达成一致。但是，公司估值成了一个关键问题点：公司估值低则有国有资产流失风险，公司估值高则员工参与度就会很低。公司估值的数值高低在改革所处的时点难有定论，而到未来某个时点就可能是一个显而易见的"事实"，而这样一个"刻舟求剑"式的"事实"就会给决策团队带来巨大的、难以承受的"罪名"或者"骂名"，可能陷入事后的追责或猜疑责难。因此，为了增强公司估值市场化并显示估值公平性，引入外部投资人则成了必然选择。就这样，为解决激励问题而提出的员工持股方案，就演变成了员工持股与外部投资人参股的真正意义上的股权多元化改革方案。

二、提出上市

在与一些投资机构调研访谈后，无论是国有企业还是私有企业投资机构，无论是财务还是产业投资人，最关注的是两点：一是关注核心管理（技术）团队的稳定性问题，解决方案都是建议管理（技术）团队持股；二是关注持股退出机制的问题，解决方案是最好能上市。如果能上市，不但有利于解决外部投资机构的退出问题，还可以让管理（技术）团队享受股权在资本市场的溢价收益。就这样，股权多元化的改革方案顺理成章地转化为了上市的改革方案。同时，上市也不仅仅是实施股权改革的方式，更是助力企业创树品牌、吸引更多优秀资源支持企业快速发展的途径。

中铁装备在综合研判了内地主板、中小板、创业板、新三板，以及中国香港与海外上市的环境、条件，并分拆了上市的相关要求后，于2013年9月22日提出了"中铁隧道装备制造有限公司关于进入新三板挂牌的请示"。当时新三板扩容是新生事物，很多监管规则正在陆续出台，还没有已上市公司采用部分资产重组进入新三板挂牌的案例，并且，基于同业竞争问题否决了中铁装备分拆上市的请示。因为集团公司管理多家制造公司，如果仅仅批准中铁装备上市，那么与其他同行业公司必然形成同业竞争，这是上市公司所不允许的。

能够上市的方案只能是"3＋H"，即新三板加香港上市，而且分拆上市的条件也不成熟。中铁装备在进行了一系列咨询之后，放弃了上市工作。不过从中学习了一些资本运作知识，为今后的发展做了前期功课。到后来，中铁装备以另外一种方式进入新的上市公司。

|第七章| 创新商业模式，实现合作共赢

一、市场扩张速度的制约因素

重点突破，以点带面是中铁装备快速扩张背后的成功逻辑。然而最终决定中铁装备能否快速跑起来的关键却是任何企业都无法忽略的两大核心能力：营销能力和生产能力。

企业要开发市场，就必须具备强大的销售网络，不论市场对品牌和产品的认可度如何，都需要企业高效地发现和识别需求，开发和培育客户，建立稳定持续的客户关系。然而这些都需要企业的销售团队和销售网络作支撑。同样，开拓市场之后，又需要高品质的产品和服务来满足需求，这背后就需要高效率的产能和严格的质量管控体系作支撑。因此，快速打造两大核心能力成为企业在创业初期实现快速增长的关键。

既然如此，似乎问题都得到了解决。事实上，这几乎是一个众所周知的"秘密"，几乎所有企业也都是这样做的。但我们似乎忽略了两个问题：高新技术企业的核心竞争力到底是什么？打造这些能力所需的资源从哪里来？毫无疑问，前一个问题的答案显然不是营销和生产，而是技术创新，这也让后一个问题变得更加无解。于是很多高新技术企业就陷入了一个怪圈：不投入技术研发产品缺乏竞争力，不投入营销和生产，技术价值又无法变现；如果两边都投入，投少了没效果，投多了又缺乏资本。

二、聚焦，做自己擅长的事

前面我们已经讨论过，面对激烈竞争的市场环境，快速开发和占领市场是高新技术企业的必然选择。然而在短期内同时打造营销、生产和研发能力又会受到企业资本的限制。面对快速变化的市场，营销和生产的投入容易造成企业产生短期内难以转移和变现的资产，比如大量劳动合同的签订和生产设备的投入，从而承担巨大的风险。那么，这个问题如何解决呢？

我们不妨思考这样一个问题，企业的价值创造是不是一定需要覆盖研产销供全价值链？答案是否定的。在互联网、云平台高速发展的今天，产业链协同发展已经成为常态，企业间按照一定商业模式，建立战略合作联盟，借助互联网平台，协同为客户创造价值。作为高新技术企业，无须在发展初期过度分散资源，去完成全产业链价值创造，而应当识别和抓住关键的价值创造点打造核心竞争力，一些非关键的价值创造环节，则可以通过战略合作，充分利用社会中已经存在的优势资源去完成，这就是轻资产发展模式。

中铁装备所用的正是轻资产发展模式。在一次访谈中，中铁装备首任董事长李建斌谈到中铁装备如何实现快速扩张的问题时说："中铁装备只做自己最擅长的事，我们研发首台国产盾构机耗时8年，投入了巨大的资金和人力，打造了一定的技术基础，也有了大量的技术积淀，这是我们的优势，更是我们的核心竞争力。但我们和国外的技术还有距离，必须不断迭代、不断创新，要牢牢抓住技术这个关键要素，把它打造成一把破开市场的利刃。而对于市场和生产，就不一定非要做强，可以去找到最强的市场伙伴和生产厂家，和他们强强联合，这样就不至于分散精力。如果又去建厂房、又去做市场，哪有那么多人才和资源？最终势必会被竞争对手赶超。只有轻资产发展，狠抓技术这一关键要素，然后与最强的市场要素结合，才能越做越强，才能有生存和发展。"

要实现"三年占市场，五年创品牌"的战略目标，第一步就得落在"占"字上。中铁装备创新了三种商业模式选择合作方：一是"生产＋营销"模式，选择既具有雄厚制造技术基础、先进生产资源，又具有区域或行业市场优势的企业合作；二是"市场＋创新"模式，与系统外具有一定实力的隧道施工承包商合作，他们往往既在区域或行业里具有一定的市场优势，同时还了解产品的运用和功能需求，可以助力中铁装备在快速开拓市场的同时，掌握用户需求从而对产品精准持续改进；三是"资本＋市场"模式，地方投资平台拥有的资本优势能够缓解中铁装备快速成长时期的资金压力，同时，也有助于拓展属地市场。在合资过程中由哪方控股，也充分尊重对方的意愿。在李建斌看来，与其与合作者在利益分配上斤斤计较，不如双方携起手来，共同创造更多价值。

中铁装备以最大的诚意，尽量满足不同合作伙伴的不同合作方式，优先请对方选择在合作公司是控股还是参股，共同商讨合资公司的管理架构，这些年来，中铁装备的合资公司无一产生不可调和的矛盾而分手。实践证明，中铁装备的轻资产模式是十分成功的。

广撒合作种子，盛开盾构机市场之花。

第一节　与当地企业合作——"生产＋营销"模式

一、合作生产扩大产能

很多企业在市场扩张过程中常常出现这样的难题：面对市场需求的骤增，却没有足够的产能去满足；订单来了，却没有产品提供，只能眼看着市场机会一点点流失。例如，1908 年福特公司的 T 型车在市场上走红，订单蜂拥而至，而当年福特公司 T 型车的产能只有 300 辆，福特公司被迫采取缓兵之计，要求经销商先付定金。然而这一举措反而加大了福特的供货压力，因为一旦无法按时供货，福特公司将会面临巨额的违约金，甚至面临破产风险。产能建设问题，一直是困扰高新技术企业的一个核心问题。首先，产能建设投入巨大，需要厂房、土地、工人等，需要占用企业大量资源；其次，生产建设具有滞后性，从投入到产出的周期长，无法及时应对倍增效应下造成的订单激增问题；再次，重资产会降低企业灵活性，一旦出现市场变化，容易造成企业风险。那么，采用代工模式（Original Equipment Manufacturer，OEM）能否彻底解决该问题呢？对于一般性企业可以。但对于高新技术企业而言，代工模式存在难以回避技术泄露风险和品质管控风险。高新技术企业以技术为核心竞争力，一旦核心技术泄露，则损失巨大，因此在生产过程不能不进行技术交底。同时，高新技术企业产品技术复杂性高，对生产过程的品质管控要求严格，且缺乏生产通用性，代工生产容易造成产品品质风险。

面对这样的两难问题，中铁装备采用了合作生产模式。按照市场需求分布，将全国划分为多个片区，并在各片区建立生产基地以辐射整个片区市场。

与厦门厦工机械股份有限公司（简称"厦工股份"）的合资合作是中铁装备实现"本土化"的典型案例，也是中铁装备迈出股权合作这种新商业模式的第一步，具有里程碑的意义。

厦工股份的前身厦门工程机械厂创建于 1951 年，1993 年 12 月改制为上市公司，是国家生产工程机械产品的重点骨干大型一类企业，也是厦门海翼集团有限公司下属商用运输设备制造板块的核心企业。厦工股份在福建厦门、三明，河南焦作以及山东泰安等地布局有生产基地，拥有现代化加工设备与自动化生产线，发展了技术领先、性能卓越的产品系列，产品广泛应用于矿山、工程、农林水利建设、港口码头等领域。厦工股份拥有先进的生产工艺，技术力量雄厚，设施配套齐全，检测试验完善。

二、优势互补，一拍即合

2012 年 6 月，中国中铁主要领导和福建省委常委、厦门市委书记于伟国就深化战略合作、加快推动厦门基础设施建设、成立装备制造基地等事宜举行了会晤。为贯彻落实此次会晤精神，同时以此为契机，通过合资合作建立中铁装备能够辐射华南区域的生产制造基地，在厦门市政府的推动下，中铁装备与厦工股份就共同成立合资公司开始了商务洽谈。洽谈过程中厦门市政府对项目推动给予了大力支持。厦门市政府相关部门积极推动厦工股份与中铁装备进行接触，中铁装备也以领先的技术优势、产品和服务品质赢得了厦工股份的青睐。之后厦工股份与中铁装备的合作项目被列入了厦门市政府重点项目，市政府领导定期关注进展情况，并且明确表示全力提供支持。

这次合作对于厦工股份来说，可以借助中铁装备产品和技术优势，拓展自身业务和市场范围，进军高端装备制造业。而对于中铁装备来说，借助厦工股份加工制造的优势，在华南地区就近组织生产，借助本土化的优势，既便于客户对产品质量进行实地考察，又能缩短与市场的距离，为后续产品服务保驾护航，有效保证了产品的服务品质，同时也带来了运输成本的节约，提升了效益。另外通过本土化的生产经营布局，也更有利于中铁装备开拓区域盾构市场，同时当地政府对于市场拓展也给予了大力支持。综合上述，双方的合作一拍即合。

三、合作落地，实现共赢

2013 年 9 月 25 日，在合作各方的共同见证下，中铁装备与厦工股份在厦门共同成立了厦门厦工中铁重型机械有限公司（简称"厦工中铁"），公司注册资本 9646.3 万元。其中厦工股份出资 4919.6 万元，持股 51%；中铁装备出资 4726.7 万元，持股 49%。

厦工中铁生产基地占地 6000 余平方米，年盾构产能达到 20 台。成立以后，厦工中铁也一直作为中铁装备在华南地区的重要生产基地之一，承接本地及周边市场的生产订单，实现了"本土化"生产制造的目的。另一方面得益于国家轨道交通建设步伐的加快以及厦工股份的制造优势，也持续助力中铁装备拓展厦门地铁市场，提升产品和服务质量。

与厦工股份的合作成功为中铁装备开辟了与制造业企业合资合作的新模式，后续中铁装备按照该模式，陆续成立了南宁中铁广发轨道装备有限公司、济南中铁重工轨道装备有限公司等，充分借助各方优势，实现合作共赢。

第二节　与盾构客户合作——"营销 + 创新"模式

一、下游客户更懂需求

隧道和地下空间开发施工装备市场具有一定的特殊性，那就是区域市场较为封闭，很多区域的地下空间开发项目有着相对固定的投资商和施工承包商，比如国内的地铁，大多是由当地的城投公司或交投公司投资建设，当地的隧道施工承包商都是中铁装备可能的重要客户。因此，施工承包商往往手里本身就掌握着市场订单，是快速进入新市场的最佳方式。同时，施工承包商更了解产品的现场功能需求，中铁装备与其合作是加速产品技术迭代、进而提升产品市场竞争力的重要途径。此外，双方的长期战略合作、协同发展，也成为中铁装备持续打造"最懂施工的装备制造商"这一品牌定位的最好诠释。就这样，与客户的协同发展，成为中铁装备持续优化设计、开拓市场的一种基本模式，从最初的依靠中国中铁开发国内市场，到"借船出海"，成功登陆马来西亚市场，再到与欧洲施工承包商合作进入欧洲市场，中铁装备一路前行，身边都少不了合作者的身影。

与广东华隧建设集团股份有限公司（简称"广东华隧"）、广东顺控城投置业有限公司（简称"广东顺控"）的合资合作是中铁装备与施工单位合作的典型案例。

广东华隧成立于 2008 年，由广东省建筑工程集团有限公司整合内部资源成立，是投资密集、技术密集及装备密集的现代化轨道交通隧道工程企业。公司依托粤港澳大湾区、珠三角区域市场，凭借超前的市场经营理念、完备的产业链条、领先的核心技术优势和先进的管理运营模式，承建各地重大工程项目数百亿，先后入选广东省国资委首批体制机制改革创新试点企业、国务院国资委"双百行动"企业。业务板块涵盖轨道交通全产业链、基础设施投资建设、重型装备制造等，是华南地区轨道交通行业的龙头企业。

二、施工经验丰富，各方优势互补

2015 年前后，中国中铁先后与广东省广州市、佛山市等地方政府签订了战略合作协议，推动了中国中铁在城市轨道交通、站场改造、市政公用工程等基础设施建设，以及装备制造、国际工程等领域开展合作。中铁装备作为中国中铁装备制造板块的重要组成部分，为落实中国中铁在广东省的战略布局，加速推进中国中铁区域产业发展规划，进一步做强做大工业企业，联合广东省及佛山市本地具备实力的施工、装备制造及地方投资平台企业进行合资合作，至此中铁装备与本地轨道交通行业的龙头企业广东华隧及广东顺控开始了合作洽谈。

此次合作符合各方的发展诉求。一是，广东华隧作为当地轨道交通行业的龙头企业，盾构施工经验丰富，通过与广东华隧合作可以在项目设计阶段，直接对接工程应用场景，获取客户真实的需求信息，了解施工的痛点和难点，以客户需求为导向，有针对性地开发产品，同时可以结合施工的痛点和难点，优化产品设计，通过设计反哺设备，优化工艺、工法，形成综合解决方案。二是，广东华隧从 2008 年成立至今，专业从事盾构施工，是华南地区拥有各类型盾构机数量最多的企业之一，并且具备盾构机自主研制能力；与中铁装备合作建立高端装备制造基地，双方可以实现优势互补，并推动双方产业链的延伸，进一步增强各自在地下工程建设及装备制造等领域的综合实力。三是，满足地方经济发展的需要。2015 年，工业和信息化部与广东省作出了省部共建珠江西岸先进装备制造产业带的战略决策，要在 5 年内打造规模超过万亿元的装备制造产业集群，并在政策上予以重点扶持。发展方向与中铁装备的主营业务发展方向完全契合。佛山市委、市政府也有意引进中铁装备在佛山当地布局发展高端地下装备制造业。

三、技术研发与施工单位深度绑定

在各方共同努力下，2016 年 4 月 6 日由广东华隧、广东顺控、中铁装备三方共同成立的合资公司——中铁华隧联合重型装备有限公司（简称"中铁华隧"）在广东省佛山市成功注册。中铁华隧注册资本15000 万元。其中：广东华隧出资 5250 万元，持股 35%；广东顺控出资 2250 万元，持股 15%；中铁装备出资 7500 万元，持股 50%。

中铁华隧的成立后，中铁装备专门在华南地区设立华南研究院，与中铁华隧合署办公，深入工程一线，不断挖掘客户真实的需求信息，了解痛点难点，实现了中铁装备借助施工单位优势，不断优化迭代产品合作的初衷，助力中铁装备打造"最懂施工的装备制造商"和"最会制造的综合服务商"业界名片。同时通过合作来支撑各方共同发展，开拓市场，完善了中铁装备全国经营布局，也让中铁华隧成为中铁装备在华南区域产业发展的重要战略支点。

后续参照此种模式，2016 年 7 月中铁装备与中国水利水电第十四工程局有限公司合作，在昆明共同成立了中铁电建重型装备制造有限公司。持续深化与客户的合资合作，推动产品迭代，实现市场与技术的共赢。

第三节　与投资平台合作——"资金+市场"模式

一、借助投资平台的资本优势

随着中铁装备的持续扩张，企业规模不断扩大，在行业的影响力和品牌力也越来越多地受到外界的关注，各地的地方政府平台也开始不断向中铁装备抛出橄榄枝，积极寻求投资合作机会。政府投资平台的优势主要表现在以下几个方面：一是政府投资平台通常拥有资金优势，能够协助企业解决在快速发展时期的资金压力；同时政府投资平台往往也能依托自身资产优势，协助企业开展轻资产运营，如厂房租赁。二是能够为企业提供政策咨询、市场开拓、税收优惠等政策支持服务，并帮助企业解决发展中的问题。三是政府投资平台公司往往能够引导产业集聚，形成规模效应和协同效应；通过与政府合作，企业可以更容易地融入当地产业链，与上下游企业建立紧密合作关系，提高整体竞争力；也更容易地进入新市场，拓展业务领域。

与浙江省经济建设投资有限公司（简称"浙江经投"）的合作是中铁装备探索与地方政府投资平台公司合作的关键一步，双方先后在掘进机生产销售和盾构租赁市场开展合作，为中铁装备提升盾构租赁市场的竞争力发挥了重要作用。

浙江经投是浙江省交通投资集团有限公司（简称"浙江交通集团"）全资子公司。浙江交通集团于 2001 年 12 月 29 日注册成立，是浙江省综合交通投融资主平台和综合交通建设主力军，统筹承担全省高速公路、铁路、重要的跨区域轨道交通和综合交通枢纽等交通基础设施的投融资、建设、运营及管理职责。

浙江经投初创于 1988 年 1 月，2008 年 11 月改制为有限责任公司，2016 年 7 月成为浙江交通集团旗下产业投资平台。浙江经投在化工、水电、装备制造、金融服务和房地产等行业，拥有丰富的产业投资和经营经验。自成立以来，先后进行了 100 多家项目投资。经过多轮改革发展，浙江经投逐步由政府投资主体转变为市场投资主体，成为具有产业投资经营核心竞争力的国有控股公司。

二、推进合资合作，拓展租赁业务

2016 年 8 月，中国中铁的主要领导拜访了浙江省副省长，省政府领导希望通过与中国中铁立足铁路、公路等具体项目推动务实合作。在此次会晤的推动下，中国中铁与浙江省政府、浙江交通集团先后签订了战略合作协议。以此为契机，2017 年 8 月中铁工业集团有限公司（简称"中铁工业"）与浙江交通集团签订合作意向书，由中铁装备作为合作主体负责相关事项的具体运作，浙江交通集团以浙江经投作为合作主体。至此为中铁装备与浙江经投的合作拉开了序幕。

与浙江经投的合作很好地契合了中铁装备的战略布局需要。当时国内盾构市场竞争日趋激烈，盾构机租赁业务逐渐成为趋势，为拓展隧道掘进机产业链条，打造新的增长点，中铁装备亟须开展租赁业务，但受限于大规模开展租赁业务对于中铁装备来说资金压力较大，不利于中铁装备的快速发展。而通过合资方式开展，可以充分发挥各方优势，实现优势互补。

三、借助资本优势，实现合作共赢

双方先后在杭州成立了以掘进机生产销售为主营业务的浙江中铁工程装备有限公司（简称"浙江中铁"）和以盾构租赁为主营业务的浙江浙商装备工程服务有限公司（简称"浙商工服"）。浙江中铁成立于 2018 年 1 月 19 日，注册资本 5000 万元。其中：浙江经投出资

1600 万元，持股 32%；中铁装备出资 3400 万元，持股 68%。浙商工服成立于 2020 年 4 月 22 日，注册资本 30000 万元。其中：浙江经投出资 21000 万元，持股 70%；中铁装备出资 9000 万元，持股 30%。

通过与浙江经投合作，一方面让中铁装备成功迈上了租赁业务发展的快车道，浙商工服成立后，双方通过浙商工服全面开展盾构租赁业务，成功拓展了盾构租赁市场，实现了股东双方的合作共赢。中铁装备也借助浙江经投的资本和资源优势，弥补自身在独立开展盾构租赁业务上资源不足的问题，进一步巩固了中铁装备行业龙头的地位。另一方面，借助浙江经投的资本优势，合资公司采用轻资产运营模式，通过浙江经投投资建设厂房，再租赁给合资公司使用，这样既保障合资公司的生产能力和品质，也减轻了合资公司本身的运营负担，让合资公司能够全力投入营销、生产和服务中去。

第八章 | 海外市场，大放异彩

中铁装备成立之初，就提出了国际化发展和品牌发展两大战略，提出了逐步实现中铁装备"装备中铁、装备中国、装备世界"的"三步走"目标。可以说，让自主研发生产的盾构机走出国门、走向世界，是中铁装备人心中强烈的愿望和远大的理想。在海外拓展的道路上，中铁盾构根据自身的条件先后选择了借助母公司出海、借助海外渠道和合作伙伴拓展、扎根海外属地化经营、兼并国际品牌全球化运营四步策略，使自己从一个国内初创的企业实现快速跃迁，成为一个享有国际声誉的世界级品牌。

第一节 借船出海

2008 年，第一台国产盾构机在河南新乡成功下线，从此中国有了自主生产的盾构机。而高瞻远瞩的中铁装备领导从一开始就提出了不仅要"装备中铁"，还要"装备中国"，进而"装备世界"的远大目标。从 2010 年开始，公司便着手组建专门的国际业务职能部门、规划国际业务蓝图、进行初步布局和渠道建设。公司从东南亚地区项目开始，向海外市场突破。

最初踏出国门，争取海外订单的中铁装备，在当时的环境下面临着极低的认可度，国际客户对中国品牌不信任，对中国生产高端复杂设备的技术水平和能力表示质疑。而当时国际市场的竞争对手是拥有上百年制造经验的老牌企业德国海瑞克公司、美国罗宾斯公司、日本小松、日本川崎等，中国品牌尚未获得国际业主的认可，几乎没有业主愿意用金额巨大的项目作为不知名的中国品牌盾构机试验场地，这对中铁装备来说是必须跨越的障碍。

中铁装备能够巧用资源、借船出海，通过借助母公司中国中铁海外施工的强大力量，与项目承包商绑定走出去，成了中铁装备内部总结出的成功经验。最终中铁装备用实力和努力打动客户，用中国产品敲开了国际市场的大门，获得了国际化第一步的成功。

2013 年 3 月 9 日，正式成立中国香港 CTE 有限公司（现更名为"中铁装备香港有限公司"），建立国际化人才团队，全面负责中铁装备产品的海外市场推广工作，为中铁装备加快走出去步伐，推进海外发展战略的实施提供海外平台。

第二节　借道拓展

继中铁装备在马来西亚成功应用之后，开始进行海外布局和机构渠道建设，跟进东南亚和亚洲其他地区项目，海外市场继续突破。

2012 年 5 月，中铁装备与新加坡麦镭特工程公司举行商务合作洽谈会，签订盾构机代理协议，这是中铁装备与新加坡的第一次接触。经过中铁装备团队和代理商的持续努力，2014 年 10 月 31 日，中铁装备中标新加坡陆路交通局新加坡地铁汤申线 T209 项目，获得 2 台泥水平衡盾构机订单，正式进入新加坡市场。这是中铁装备泥水平衡盾构机首次出口海外，项目成功地打造了标杆制造示范效应，为中铁装备进军海外高端市场奠定了坚实基础。此后，中铁装备持续巩固加强新加坡市场，于 2015 年成立新加坡分公司，实现了新加坡技术服务中心的正式运营，向客户提供全天候的服务和保障，并且增强了对周边市场的辐射效应。

以马来西亚、新加坡等东南亚高端市场为突破口，中铁装备成功树立了国际高端市场品牌基础，并以此为基础成功实现以色列市场和中东多国市场的突破。

特拉维夫是以色列第二大城市，系以色列经济文化之都。以色列特拉维夫轻轨系统由 7 条线路组成，全长 176km，总投资约 1000 亿谢克尔（折合人民币约 1900 亿元）。其中，轻轨红线是特拉维夫轻轨系统的首条线路，从策划到落地实施历经几十年，以色列举国关注。红线项目分为两个工程包，每个包涉及车站施工和盾构机隧道施工，项目投资和工程量非常大，无法单靠某一施工企业完成盾构机隧道施工投标。中铁装备作为盾构机供应商，决定采用设备带动工程方式，与中铁隧道局和以色列当地最大承包商 Solel Boneh 组成的承包商联营体共同前往以色列特拉维夫进行市场开拓活动，参与竞标。中铁装备负责盾构机针对性设计、技术和商务报价方案的准备。2015 年 5 月 20 日，中铁隧道局 + Solel Boneh 联营体收到以色列业主授标函，并从中铁装备订购了全新的专门量身定做的 6 台土压平衡盾构机用于该项目的施工。"施工 + 设备"联动经营合作模式成为中铁装备和全球施工企业的海外项目合作典范。值得一提的是，在轻轨施工完成后期的筹备运营阶段，得知以色列政府苦于没有轻轨系统的运营和管理经验，中铁装备特别将国内经验丰富的广州地铁运营经验介绍给以色列政府。可以说，中铁装备由最初的"借船出海"，转型为自主经营，成功建立了自己的品牌和口碑，并且积极成为国内相关产业的优质企业出海的带动者和铺路者！

受马来西亚、新加坡和以色列高端市场的成功经营和成功履约带动作用，中铁装备高端客户群体逐渐从国内基建承包商，拓展到韩国、日本、意大利等发达国家的客户。中铁装备接连中标黎巴嫩直径 3.5m TBM（2015 年 8 月）、老挝直径 4.0m 敞开式硬岩 TBM（2017 年 12 月 29 日）和阿联酋直径 11.05m 土压平衡盾构机（2018 年 1 月 11 日签订合同）等项目，特别是黎巴嫩项目，是中铁装备开展"借道拓展"策略的典范。

2015 年，中铁装备成功研制的世界最小直径（3.5m）TBM，被世界知名建筑承包商意大利 CMC 公司采购，被应用于黎巴嫩大贝鲁特供水项目施工。这是中国自主品牌的 TBM 首次被欧美知名承包商采用，中铁装备开始和欧洲承包商合作。通过与欧洲承包商在第三国施工的方式，建立和欧洲客户的联系，取得信任，借道中东市场，而逐步进入欧洲本土市场。2018 年中标意大利米兰高速铁路 CEPAV 项目，最终实现与欧洲本地承包商在本地市场的合作，正式进入欧洲，成为中国"智"造高端装备走向成熟的标志。

世界最小直径（3.5m）TBM 被意大利 CMC 公司采购，被应用于黎巴嫩大贝鲁特供水隧道。2017 年 5 月，首段区间实现洞穿，标志着中国掘进机企业成功立足于国际市场

在中铁装备海外经营工作会议上，将这种"借道第三国市场，最终进军欧洲市场"策略总结为"农村包围市场"的策略。即依托助推欧洲知名承包商在亚非等发展中地区项目的成功，取得客户的认可，把潜在客户发展成重要客户，把重要客户发展成战略客户，然后再跟随客户进入欧洲本土市场，进而进入全球市场。

第三节 扎根海外

在海外开展项目，需要满足各个市场不同的技术标准和当地各种特殊的要求，前期开发成本极高，对公司的适应性、人才和技术管理能力都有很高的要求。因此一旦建立业务关系，需要长期稳定发展的经营策略。对此，中铁装备给出的答案是"扎根海外，属地化经营"。

随着项目的落地，中铁装备在海外逐步实现了由项目服务团队到注册公司的转变，设立了区域性海外公司。

2014年6月11日，中铁装备正式注册成立德国全资子公司，吸纳了包括维尔特总裁在内的大批核心技术人员，还派遣中方工程师与德方相互交流学习、融合，开始实践本土化经营战略。

2015年6月，中铁装备在新加坡成立分公司，可更快捷地满足新加坡市场对盾构机售后服务的需求，为新加坡盾构市场提供全程一站式全方位的技术服务和优质的售后服务，同时也以新加坡市场为基石，逐步开拓东南亚市场和南亚市场。2015年底开始和澳大利亚公司合作。海外经营人员也实现了属地化管理，自2014年8月份起先后引进了德国、新加坡、马来西亚、英国等国家的多名外国专家加入海外营销团队，培育属地经营团队，加速了国际经营人才的成长。

国产首台出口澳大利亚单护盾 TBM 应用于澳大利亚雪山 2.0 水电站项目，隧道最大埋深732m，开挖直径11.09m。该设备于2020年6月18日出厂

到 2018 年底，中铁装备新加坡分公司已向东南亚区域中心迈出了坚实一步，业务由单一的项目售后服务逐渐覆盖经营开发和更多相关市场业务，为后续经营和与对手进行差异化竞争提供重要支撑。同时，德国子公司规模也在不断发展壮大，人员不断增加，经营能力快速提高。经过 3 年积累，在中铁装备总部的全力支持下，德国子公司作为欧洲腹地区域经营中心辐射作用日益增强，在欧洲市场十分活跃，市场开拓效果逐渐凸显。

2018 年开始正式进入欧洲本土市场，确定"属地化经营"策略。目标是通过属地化融入，实现可持续、长期、高质量的发展，推进项目管理标准化和国际化，同时实现人才团队的国际化。目前新加坡子公司和德国子公司作为区域营销中心，分别扎根于东南亚和欧洲本土，持续在属地化经营中发挥重要作用。

第四节　中铁装备，国际品牌

在全球经济一体化背景下，打响"高端装备中国制造"品牌，顺应"一带一路"倡议，是推动中铁装备快速实现国际经营突破的务实之策。中铁装备不断强化品牌引领，全面推行"价值＋超越"（V·S）的品牌培育模式。坚持"三品合一"（产品、人品、企品）的品牌价值核心，大力倡导"产品是人品、质量是道德"的品质观，以个性化设计和全过程"管家式"服务提升产品价值，带动提升客户价值、员工价值、供应商价值和社会价值，推动"中国产品"向"中国品牌"转变，实现中铁装备品牌价值的提高。

2013 年 11 月，中铁装备成功收购德国维尔特公司硬岩掘进机知识产权及品牌使用权，这是一次震惊海内外同行的对外收购。德国维尔特公司是一家成立于 1895 年，在世界硬岩掘进机领域数一数二的"百年老店"，在多家同时竞争的企业中，选中了中铁装备。"我们看中中铁装备，是他不仅有实力还有雄心，能够把维尔特的掘进机品牌继承并发扬光大。"德方对中铁装备的未来充满了信心。

2013 年 11 月 26 日，中铁装备与德国维尔特公司正式签署了 TBM、竖井钻机知识产权及相关业务收购协议，该协议的签订，意味着我国结束了不能独立自主研发 TBM 的历史

中铁装备对维尔特公司的收购，不是简单的"拿来主义"。收购之后，中铁装备扩充品牌矩阵，不断形成品牌合力和协同效应，积极利用维尔特的技术和 IP 地址数据库（IP 库）进行积极研发，积极共享维尔特的技术研发、备件库存、既有 TBM 设备和供应链体系，反哺母体，在掘进机产品外观、设计、技术、服务、营销上，积极探索更适合自身品牌特征的道路。中铁装备收购维尔特，即看中了其品牌价值。维尔特品牌在国外知名度较高，是世界掘进机三大品牌之一，且维尔特在当时近几年发展过程中布局了大量商标，申请了很多专利。通过收购其全球市场的知识产权、品牌使用权和业绩，中铁装备完成了行业布局调整，壮大了自身实力。

2016 年 4 月 11—17 日，中铁装备作为首家中国隧道掘进机企业参加了德国慕尼黑工程机械"宝马展"，吸引了来自俄罗斯、克罗地亚等国代表团参观，并进行了合作洽谈，在国际舞台上很好地展示了"中国制造、中国品牌"的形象。2017 年，中铁装备整合了对外宣传渠道，以一个面孔对外，统筹使用"中铁装备 + 维尔特"双品牌（尤其是

TBM），在国际市场打造了"CREG"品牌，通过多种渠道扩大企业品牌国际影响力，企业知名度、美誉度和关注度显著提升。

2016—2018 年，中铁装备先后派遣多批次人员赴英国、欧盟国家、澳大利亚、新加坡等地进行学术交流。2017 年 5 月，中铁装备董事长谭顺辉赴欧盟总部沟通交流；2017 年 9 月，TBM 专家韩亚丽教授赴英国皇家工程师学会交流；2018 年 10 月，韩亚丽参加新加隧道及地下建筑协会（TUCSS）主办的论坛并进行学术交流。通过有效的品牌输出和国际推广，公司品牌获得国际业界广泛认同，知名度进一步提升。

国产首台出口德国的小直径土压平衡盾构机，应用于德国汉堡热能项目，隧道埋深最大 34m，最大坡度 6%，开挖直径 4.57m

中铁装备国际业务经过 10 余年发展，目前主打产品隧道掘进机已成功进入亚洲、欧洲、美洲、大洋洲，以及中东、北非等 30 多个国家和地区，海外订单数超 100 台，是我国出口海外掘进机数量最多、市场占有率最高、品牌知名度最强的企业。中铁装备的首任董事长李建斌在采访中，高度肯定了中铁装备在拓展海外市场方面取得的优异成绩，同时对未来发展寄予了高度期望："目前我们公司虽然已经进入了欧洲本土市场，但在面对德国、日本这样具有传统工业优势的市场还并没有真正地站稳脚跟。未来如果我们的产品和品牌能够真正打入这些市场，获得成功，到那时就可以说我们的海外市场真正地'大放异彩'了！"

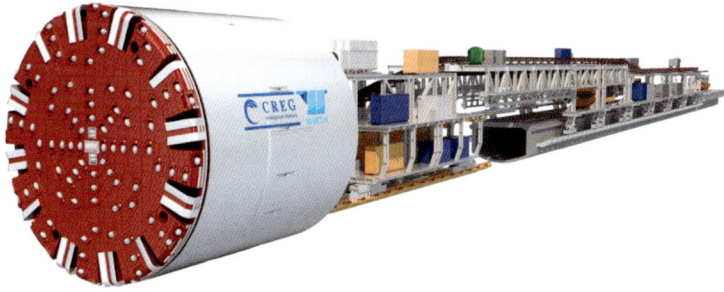

中国出口世界最大直径（15.08m）TBM，长182m，总质量3900t，是目前世界最大直径 TBM，应用于格鲁吉亚南北走廊 Kvesheti-Kobi 公路项目

第九章 从"引进"走向"引领"

作为承载着历史使命的高新技术企业，技术创新是中铁装备立足市场、击败竞争对手的力量之源，也是其占据优势、实现可持续发展的长青之基，更是其突破封锁、打造大国重器的神圣职责。回望过去，中铁装备在不足十年的发展过程中，从技术落后、不为人知的国内初创企业，一跃成为引领市场、产销第一的国际领先企业。是什么力量让中铁装备在盾构技术发展的道路上一路飞驰，实现跨越的呢？中铁装备高效技术创新的背后，又有着怎样的奥秘呢？

第一节 引进学习与创新超越

一、中铁装备的学习创新"基因"

"引进、消化、吸收、再创新"的技术创新模式，对于中铁装备而言是刻入骨髓、融入血液的创新基因。从最初的 18 人"梦之队"看图纸、译资料、钻山洞、看现场，到后来依托"863 计划"产学研、找专家、学原理、做试验，一点一滴从外壳到零部件，从基本构成到运作原理，从产品设计到生产工艺，中铁装备人经过艰苦卓绝的研究和探索，用了不到十年的时间，完成了国外发展几十年的盾构技术引进、消化和吸收，成功打造了首台具有完全知识产权的国产复合式盾构机。在这个过程中，中铁装备人形成了一套独有的学习创新思维和品质，这也成了中铁装备在后续发展过程中创建的独特学习创新模式，多次实现了产品及核心技术的跳跃性突破，快速赶超国外先进企业的重要基础。那么，这种"基因"究竟是什么呢？

我们在第三章讨论了中铁装备首台复合式盾构机的研发过程，其第一代研发人员"刨根问底""带着批判的态度学习"的特质，引起了我们的注意。正如中铁装备的前任总工程师张宁川在一次采访中所谈到的："别人怎么做，你就怎么学，那么永远都不会有创新。中铁装备的研发人员在研究过程中不盲从、不满足，总是带着质疑和批判的态度看待别国技术，遇到问题一定要刨根问底、反复思考，想不明白誓不罢休，而这种长期思考，往往会带来创新的灵感。"

在很多人看来，"质疑"和"批判"似乎并不是好的学习态度，作为学生就应当以"学"为主，还没学会怎么"抄"就开始想着怎么"改"，似乎太不务实。然而，这种"质疑""批判"的学习态度，正是中铁装备成功实施学习创新的奥秘之所在。事实也证明，在我国盾构产业化的进程中，一些企业依靠引进国外先进技术快速构建核心竞争力，盲目相信国外设计，过度依赖国外技术支持的做法，最终都没能够形成持续的竞争优势，纷纷被中铁装备反超，淹没在市场竞争的大潮中。那么，我们究竟应该如何理解中铁装备的这种"质疑"和"批判"呢？

第一，中铁装备的"质疑"与"批判"并不是建立在盲目自信的傲慢之上，而恰恰是建立在对国外技术充分研究和学习的基础之上。中铁装备人如同海绵一样，通过各种途径获取学习资料和信息，利用一切方法学习和吸收知识。比如研发首台盾构的过程中，中铁装备最初就是通过学习国外盾构的过程中，自己不断进行设计获得的 CAD 图纸，对盾构的结构和功能进行研究，看不明白、弄不懂的，就到施工现场钻进隧道里去观察设备的运行，去看国外盾构的装配和维修过程，这种执着的学习精神和强大的研究能力，一度让国外盾构企业感到"恐惧"和"担忧"，甚至拒绝让中国工程师看到 CAD 图纸，维修和装配过程也避开中国技术人员。这种学习的精神和意识被很好地传承下来，直到今天，中铁装备内依然保留着一个专门收集和翻译国际先进技术信息和情报的部门，为公司的设备研发提供学习和对标的资料。

第二，中铁装备的"质疑"与"批判"并不是漫无目的"无端猜忌"，而是建立在对客户需求痛点充分理解基础上的"有的放矢"。中铁装备在重大创新项目立项研究过程中，有一个十分重要的环节，那就是了解现有同类产品在应用中存在的问题，并将其作为创意产生和概念开发的基础是什么。而在后期的学习创新过程中，中铁装备的研发人员会带着这些问题进行学习思考，寻找这些问题产生的根源，探索可行的技术优化方案。这种看似"挑刺"的行为，为其消化吸收后的再创新过程打下了坚实的基础。

第三，中铁装备的"质疑"与"批判"并不是毫无依据的"盲目否定"，而是建立在大胆试错、试验论证基础上的"科学探索"。对于每一次的创新，无论是技术原理还是产品设计，也无论是突破性创新还是一般改进，中铁装备都保持着科学谨慎的态度。用中铁装备首任董事长李建斌的话说，那就是"没有从实验室走出来的东西都不可信"。在中铁装备人的眼里，试验就是科学，只有通过试验才能得出原理性和机理性的东西，从原理到原理、从理论到理论，那都只是空谈。在长期的研发实践过程中，中铁装备技术研发人员已经养成先大胆探索、提出假设，再理论分析、科学论证，最后进行试验测试、实践检验的基本行为模式，从不将没有验证的技术用于产品，让客户承担风险。在开发首台复合式盾构机的过程中，中铁装备就曾严格规定，对于没有彻底弄清原理的部分都要严格按照设备的原设计执行，凡是没有经过实践检验的创新都不得用于新机之上。正是这样科学严谨的态度，确保了中铁装备每次技术创新的成功，也成了中铁装备高品质产品的重要保障。

二、TBM 研发项目——中铁装备实施学习创新的典型范例

TBM 技术在掘进机行业中有着超凡的地位，它代表着掘进机设计研发的最高水平，也成为掘进机企业进军世界第一方阵的标志性技术。而从国家战略层面上来说，能自主研制出 TBM，标志着一个国家的高端装备科研水平的成熟。在中铁装备成立之初，就有了打造 TBM 自主知识产权和独立生产能力的想法，并将其纳入公司的"十二五"规划，而科学技术部也将敞开式 TBM 列入国家"863 计划"。

在历史使命的感召、公司战略的指引、国家"863 计划"和"973 计划"的支持下，中铁装备于 2011 年成立了 TBM 项目组，并于次年 5 月正式成立了 TBM 研究所，以专业的研发团队对 TMB 的设计和生产工艺技术展开探索和研究。继首台复合式盾构机研发成功之后，中铁装备又一次踏上了"引进、消化、吸收、再创新"的反向创新之路。

虽然，在之前的研究和发展过程中，中铁装备拥有了一定的技术积淀和研发能力，但此次面对的研究对象——TBM 结构更为复杂，涉及技术领域更为广泛，而可供学习对标的企业和产业也更少。整台 TBM 包含大量的设备、系统和元器件，其零部件甚至多达 3 万多个，涵盖机、电、液等多个技术领域，而当时全球具备独立生产能力，并具有自主知识产权的企业仅有三家。在研究学习基本理论和现有技术资料的基础上，中铁装备人为收集第一手资料，再次拿出顽强执着的求知精神，不畏艰辛，先后远赴西秦岭、中天山、引红济石、重庆地铁、辽西北等工程项目进行了上百次的深入调研，一路翻山越岭，住工棚、钻隧洞，一点一滴地对照图纸，了解 TBM 的构造、配置和工作原理。并通过与一线人员和部分项目施工专家的沟通交流，深度分析国外 TBM 的应用情况和存在问题。有一次，TBM 项目组的高渐宝、宁向可、周小磊、张凯、张永生等成员甚至顶着 38℃的高温，在条件恶劣

的山岭隧洞里蹲守了整整 16h。除了跑工地，TBM 项目组成员还要跑工厂，通过调研国外 TBM 在国内的加工厂家，了解 TBM 的生产工艺。

在理论研究、二手技术资料学习和施工、生产一手资料收集和分析的基础上，TBM 项目组完成了对 TBM 研发、生产的可行性研究，基本掌握了 TBM 整机的构成和工作原理，基本明确了整体概念、研发方向和路径，进而正式进入分部系统化研发阶段。项目组按照 TBM 关键部件构成，将整体研究分为控制系统、液压、流体、结构、刀盘、开挖、驱动推进等部分，分多个小组进行深入系统的研究，实现研究过程责任到人。

为了保障每一个关键部件研发的高质量落实，中铁装备要求每一个项目组制定严格的研究规划和计划，明确项目的关键环节和里程碑，把控研发过程中的每一个细节。对于研究细节的控制，中铁装备可以说是达到了近乎"苛刻"的程度：任何细节都必须先回归理论，通过文献研究进行对标和理论论证；如果论证遇到问题，则通过实验室的缩比试验进行测试。为了确保研究细节管控的最终落实，中铁装备在项目到达关键环节或里程碑时，都会组织专家进行严格评审。在评审过程中，专家必须针对每一个研发细节进行提问和质询，如果项目负责人无法提供有力依据和精准回答，则视为评审不通过，项目组必须对前一研究阶段进行重新研究。除了对每一个项目进行过程控制外，中铁装备还十分重视各项目组之间的协同研究。因为分部研究之后，各部分研究成果还要拼装成整机，任何的不协调，都可能引起整机运行的失败。那么，如何控制研发协同呢？首先就是在各项目的规划过程中，准确识别协同的关键节点，然后，通过在关键节点组织多项目组协同研发，有效控制项目的协同风险。此外，为了确保项目整体研发进度的高效推进，中铁装备还设立了专题攻关机制，当发现分部项目组出现难以解决的技术问题时，中铁装备会临时组织优势力量组建专题攻关团队，对技术难题实施专项攻关，力求在最短的时间内实现有效突破。

正在 TBM 项目研究工作如火如荼之时，一个意外的契机和助力不期而至。2013 年，由于多种原因，德国维尔特公司决定出让自己的 TBM 及竖井钻机的知识产权和品牌，他们希望找到一家企业能够传承维尔特的品牌和技术。中铁装备凭借着自己聚焦业务、务实严谨的工作作风和志存高远、勇于挑战的奋斗精神，让维尔特相信我们能够更好地传承和发展维尔特品牌。于是，在三家参与收购的企业中，维尔特毅然决然地选择了中铁装备。2013 年 11 月，中铁装备成功收购德国维尔特 TBM 及竖井钻机知识产权、品牌使用权和相关业务，使中铁装备一跃成为世界上能独立生产 TBM 并具有自主知识产权的三大企业之一，改写了我国不能自主生产 TBM 的历史。

在很多人看来，此次收购使得中铁装备在短期内具备了 TBM 的设计、制造能力，基本已经完成了公司的"十二五"规划相关目标。那么，TBM 项目组还有必要继续研究下去吗？国外的技术比国内先进，研发资源比国内丰富，中铁装备只需充分"拿来"使用即可，TBM 的设计研发工作完全可以依赖维尔特公司团队完成。然而，殊不知创新是一种能力，而不仅仅是一种资源——知识产权。如果不能将维尔特的技术优势和创新能力进行全面的消化吸收，实现中铁装备与维尔特在资源与能力层面的深度融合，双方业务就无法实现协同效应，收购维尔特公司所带来的短期的技术优势也会随着时间的推移慢慢消失，也就更不用提对维尔特品牌的传承与发展了。具备高度学习意识的中铁装备，固然深知其中的道理。

"走出去、请进来"的学习模式

为更好地对维尔特公司设计理念和技术进行消化和吸收，2014 年，中铁装备专门进行了维尔特 TBM 专业培训。一方面"走出去",组织研发人员去维尔特公司现场学习,内容涉及 TBM 选型、TBM 整机系统设计、刀盘刀具、主驱动设计等系统设计及加工制造、质量控制、售后服务等体系;另一方面"请进来",邀请维尔特公司 TBM 专家到郑州讲学,内容涉及刀具材料、热处理、加工工艺、刀盘系统设计等关键技术。

经过与维尔特公司之间的交流学习,快速加深了中铁装备科研技术人员对 TBM 技术的掌握和理解,也大幅度提升了中铁装备对 TBM 的研发、设计和创新改进能力,真正实现了知识能力的全面内化、迁移与融合。事实也证明,创新能力的内化与融合,必将带来超出想象的价值。在 2016 年宝马展会上,中铁装备展出了一台直径 3.53m 的 TBM 模型,受到全球客户热捧,该模型延续了维尔特公司的经典设计,并首次将刀具背装技术运用其中,采用了小刀间距设计和刀具非线性布置设计,极大增强了设备的破岩能力,同时,短护盾、混喷系统距离掌子面 30m,也增强了不良地质条件的及时支护能力。很显然,这是一次中铁装备地质适应性设计优势与维尔特公司 TBM 整机技术优势成功结合的完美体现,也预示着未来双方结合产生的协同效应将发挥出惊人的能量。

让我们再次回到中铁装备的 TBM 研发项目过程中,在得到维尔特公司学习提升的助力后,中铁装备 TBM 各分部项目组很快顺利完成了关键部件的研发定型,从而将总体项目推进至整机拼装和调试阶段。在这一阶段,主要是对之前分部研究的成果进行生产、组装,并在车间进行调试和优化,最后整机下线,用于工程实践。2015 年 1 月 26 日,在中铁装备盾构车间里,随着"中铁 188 号"——TBM 红白配色的巨大刀盘缓缓转动,全长 300m 以上、直径 8.03m 全断面岩石掘进机(TBM)正式下线。这台依托国家"863 计划"、"973 计划"

自主研制的 TBM 拥有多项创新：整机多系统协调控制集成技术；硬岩环境下高效破岩的刀盘高强度、非线性布置、小刀间距设计技术；不良地质条件下的高效、安全、快速支护系统设计技术；复杂多变地质条件的 TBM 三维激发极化超前地质探测预报技术。五大创新点均达到世界领先水平。显然，在此次的 TBM 研发过程中，中铁装备不仅是引进和消化了国外技术，更是再一次地对国外技术进行了改进和优化，形成了一系列独有的自主知识产权。然而，对于坚信"实践才是检验真理的唯一标准"的中铁装备人而言，整机下线只是第一步，只有经过了施工现场的检验才算是真正的成功。

中铁装备首台 TBM——"永吉号" TBM（中铁 188 号）

2015 年 5 月 30 日，由中铁装备自主研发的"中铁 188 号"——"永吉号" TBM 在吉林正式始发，标志着吉林引松供水工程建设全面进入攻坚阶段。随后，"永吉号" TBM 以其超强的地质适应性和稳定性，穿越了 7.9km 浅埋灰岩岩溶区、断层破碎带及浅埋富水沟谷带，攻克了特大涌泥涌水，创造了月掘进 1318.7m 的敞开式 TBM 连续掘进全国纪录，并提前 9 个月顺利贯通，实现了一系列国内敞开式 TBM 施工史上的重大突破。2018 年 1 月 22 日，随着"永吉号" TBM 刀盘缓缓破岩而出，吉林引松供水工程四标段实现全线安全顺利贯通，标志着中铁装备自主设计制造的 TBM 完全胜任超长距离、复杂地质岩石隧道的掘进施工，技术性能和工程适应性均达到国际一流水平。

2015 年 3 月，应用于重庆地铁 5 号线的中铁 R17 和 R18 号单护盾 TBM 在中铁装备成都基地顺利下线，实现了国内首台单护盾 TBM 及护盾式 TBM 平底步进系统独创设计；2016 年 1 月，"中铁 241 号"——兰州水源地双护盾 TBM 成功在成都基地下线。作为我国首批具有自主知识产权的双护盾 TBM，它的成功下线实现了中铁装备三种 TBM 机型的完全覆盖。2016 年 1 月，"中铁 237 号"——"丽雅号"凯式 TBM 成功在郑州基地下线；同年 2 月，"中铁 238 号"——"雅思米纳号"凯式 TBM 也在郑州基地顺利下线。作为中国首台自主研发制造的世界最小直径（3.53m）的凯式 TBM，向世界展示了中国风采；2016 年 8 月，中铁 R73 号敞开式 TBM 在越南 Dong Nai 省 Bien Hoa 市成功下线；2017 年 2 月，"中铁 287 号"——"鹏程 1 号"双护盾 TBM 顺利在深圳地铁 10 号线孖岭——雅宝区间右线始发；同年 5 月，"中铁 288 号"——"鹏程 2 号"顺利在孖岭——雅宝区间左线始发。作为国内自主知识产权 TBM 在城市地铁隧道的首次应用，完美展现装备技术实力和产品质量；2017 年 8 月，应用于新疆 EH 工程的"中铁 360 号"敞开式 TBM 以 100% 的合格率完成三方工厂验收。自此，一条全新的产品线——TBM 在中铁装备逐步成长和发展起来了，并最终成为中铁装备的一条成熟的核心产品线，为其带来了巨大的市场和持续稳定的收益。

三、解码中铁盾构的反向创新模式

通过对中铁装备 TBM 的技术研发过程，我们不难看出，其总体分为三个阶段：整体概念开发阶段、分部研发阶段和集成整合阶段。在整体项目运作大循环和分部项目小循环上，均按照引进学习、研究设计、实践验证、设计优化、最终定型的基本思路进行循环。

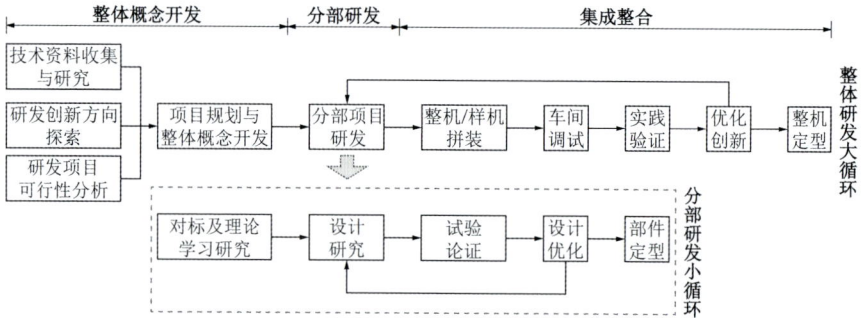

中铁装备反向创新的基本范式

在总体研发思路上，中铁装备采用"总—分—总"的布局思路，先从整体上明确国外设备的总体构成、基本原理，同时通过设备使用情况了解客户痛点，以明确创新优化方向，进而进行项目可行性分析和研发决策。随后，在此基础上对整体项目进行规划和分解，明确研发路径、关键部件和重要协同节点，进而按规划进行分部研究，研究关键部件结构原理，实施技术难点突破，完成优化设计。最后，再将各分部研发成果拼装组合，进行"整机调试"和"实践验证"，在实践中发现问题，从而推动产品整体创新和优化，直至技术成熟，整机定型。这种"总—分—总"的研发布局存在三大优势：一是风险前置。实际上，中铁装备十分重视项目规划和决策，在整体概念开发阶段会进行充分的可行性分析，尽量降低后续风险。同时，深入全面的前期研究能够更好地明确后期研发方向和识别研发过程中的关键风险控制点，也会为后期研发打造技术积淀、培育人才和积蓄力量，很大程度上提高了研发项目的成功率，所谓"胸有成竹"即是如此。二是化繁为简。面对一个复杂的机械，如果从"总体"到"总体"的研究，往往很难弄清楚每一个细节，而且容易造成研发路径不清，盲人摸象，走到哪里算哪里。如果先有规划，再按照规划分部研究，实际起到了化繁为简的作用，将复杂机械拆成多个相对简单的部分进行逐个突破，使得研发资源更为集中，也便于研发人员进行深入探索和思考。三是并行增速。分部研究的模式实际将项目研发的串行过程转变为并行，大幅度节约了研发时间。多个分部研发项目同时开展，又相互协同、相互支撑、相互验证，有助于研发效率的全面提升。

在研发总体质量管控上，中铁装备聚焦分部研发过程的管控，确保每一项分部研发项目高质量落实，并保证各项目之间的高度协同，进而串点成线、集线成面，最终保障了整机研发质量。在管控方法上，中铁装备体现了其"三重"思想，即重细节、重评审、重协同。中铁装备认为抓项目重在抓细节，要确保项目每一个研发步骤和细节都经过了严格的科学论证，只有这样才不会在最终环节上出错。事实上，这种思想十分符合复杂机械研究特点，因为一旦研发过程走到了测试整机环节，如果出现问题，很难精准定位问题的产生点，很多时候只能拆机重来，而整机生产成本极高，容易造成巨大损失。重细节的思想落实到机制上，就有了中铁装备"重评审"的项目管理机制，中铁装备不惜损耗大量的人力和时间成本，抓每一个关键环节的评审，就是为了确保项目细节的落实，也是倒逼项目实施过程严谨化、科学化。最后，为了整机集成不出问题，中铁装备在分别抓各分部项目细节的同时，还注重项目间的沟通协同机制。在措施上，除了加强分部项目间的横向沟通，还建立了关键点协同研发机制，在分部项目规划过程中就确立了关键协同点，一旦分部项目推进到协同环节，就启动跨项目协同研发机制，并在项目评审过程中加入协同性评审环节，确保项目协同质量控制的有效落实。

第二节　需求导向与持续创新

一、关于持续创新的困惑

通过引进、消化、吸收，进而实施突破性创新，固然是中铁装备实现技术飞跃的重要创新模式，但对于产品和技术的持续优化和改进，则是中铁装备逐步赶超竞争对手，最终实现技术地位扭转，更为关键的制胜"法宝"。从理论角度看，基于持续改进的连续性创新，是对以突破性为基础的非连续性创新的一种维持和延续，也是逐步扩大突破性创新成果应用范围、挖掘其内在价值、延续其生命周期的过程。突破式创新能够带给企业产品竞争力的跨越式提升，甚至打破市场现有的竞争格局，例如 TBM 的成功研发，一举将中铁装备带入行业的全球第一方阵，使其成为全球仅存的能够以自主知识产权独立生产 TBM 的企业。然而，真正帮助中铁装备不断提高核心竞争力、持续创造价值的，却是对普通盾构以及 TBM 技术和产品的不断改进，这也正是国内部分企业希图通过技术引进、高位嫁接的方法快速打造技术优势，却最终不敌中铁装备的根本原因。那么，中铁装备持续创新的制胜"法宝"背后，究竟隐藏着怎样的秘诀呢？

对于大部分企业而言，进行产品持续创新和持续改进的必要性是无须论证的，在以创新作为企业价值创造之源的知识经济时代，大量企业都会把创新提升到文化和战略层面予以关注和重视。然而，真正能够做好持续创新的企业却寥寥无几。究其原因，一是方向、二是动力、三是效率。

对于这三个问题，一直都是企业管理技术创新最为"头痛"的问题。

第一，就是创新方向问题。这个问题从某种程度上也决定着后两个问题的解决，因为创新方向决定着创新的最终价值能不能被市场和客户所认同，能不能产生经济效益，这决定了企业持续创新的动机，同时创新方向也决定着技术创新的成功率和投入产出比，也就决定了技术创新的最终效率。众所周知，既然技术创新的最终目的是实现客户价值增值，进而攫取超额利润，那么，技术创新方向势必要以客户需求痛点为导向。然而，这个几乎尽人皆知的道理，在企业实施的过程中却成为最大的难点。如何获取客户需求？如何识别需求痛点？如何将痛点转化为创新方向和创意？这些问题似乎都让人难以捉摸。

第二，就是创新动力问题。市场利益牵引固然是企业创新的主要动力之一，但利益背后的巨大风险，又常常让企业决策者们对创新望而却步。同时，市场压力的传导机制障碍，也常常让远离市场的技术人员停留于舒适区，只要技术尚未被淘汰，就必然有利可图，冒着巨大风险实施技术创新，万一失败给企业造成损失，对技术创新人员而言显然弊大于利。

第三，就是效率问题。所谓技术创新效率，一者成功率，二者创新速度。前者受到创新方向制约，也受到市场变化影响，常常难以得到有效保障，而后者主要受到企业创新机制影响，尤其是创新组织流程与决策机制。很多企业决策慢，组织流程又缺乏灵活性，好不容易发现的市场机会，就在这一来二去之间消亡殆尽。那么，中铁装备是如何解决这些问题的呢？

二、在"战场"上成长的中铁装备

如果要问中铁装备的技术为什么发展这么快？中铁装备人一定会告诉你：都是被客户需求和一个又一个的项目给"逼"出来的。下面我们就来看看，中铁装备几次典型的被市场"逼"出来的创新。

（一）重庆项目"逼"出第一台硬岩盾构机

中铁装备成立之初，为了拓展市场，时任董事长李建斌经过多次沟通汇报，拿下了重庆轨道交通 6 号线二期工程的订单。然而，该地段地层结构复杂，包括泥岩、砂岩、花岗岩、基岩及不同岩石互层等地质。这种地质的主要特点是遇水会产生"堵仓"现象，就是大量的泥土粘在刀盘上，堵住了渣土流动，堵住了滚刀的转动。过去在重庆就曾经发生过一台进口掘进机在使用过程中，因为"堵仓"严重，每一天每一个作业班都要派人进仓进行人工处理，掘进效率受到巨大影响。中铁装备为克服这一棘手问题，开发出一种集岩石掘进机技术与软土盾构技术于一体的新型盾构机，既具有硬岩快速掘进功能，又具有开挖面平衡功能，使盾构机技术与 TBM 技术相互渗透，相互融合。

为了保障施工项目的顺利进行，中铁装备积聚研发力量，快速完成了前期调研和资料收集工作，并用不到半年时间就完成了关键技术论证、总体方案设计及总体评审。随着研究过程的有序推进，项目很快进入了试生产阶段。为了解决新乡基地工位不足、资源紧张等问题，中铁装备在重庆大安镇成立硬岩盾构生产项目部，从盾构分公司抽调精兵强将，就近展开硬岩盾构机研制攻坚战。

战高温，克艰苦，为盾构

盛夏的重庆气温高达 41℃，项目部驻地距租赁的盾构组装厂房有 2km，员工们每天要顶着烈日往返于驻地与厂房之间，从天亮一直干到天黑。由于驻地条件有限，员工们只能两三个人挤在一张床上轮流休息，吃饭也经常是简单的快餐。刀盘制作小组为了尽快将科研成果转化为生产力，实行每班 12h 工作制。从突击组装到整机调试、从烦琐细微的工作准备到复杂艰巨的技术攻关，围绕硬岩盾构机的研发制造，中铁装备人宛如置身于两军冲锋的沙场，锐意前行，慷慨高歌。"当时我们个个都像打了鸡血。"说起当时的"疯癫"状态，中铁装备的员工们都很是感慨。

凭着不怕艰难、甘于奉献的拼搏精神，2010 年经过 8 个月奋战生产出的第一台硬岩盾构机"中铁 17 号"在重庆轨道交通北碚试验段工地现场组装调试，一次试投产成功。9 月份，生产步伐再次加快，一个月就生产出 3 台硬岩盾构机。12 月 1 日，最后 1 台硬岩盾构机下线，这也标志着重庆所需的 9 台硬岩盾构机全部交付甲方使用。

（二）郑州项目"逼"出了第一台超大断面矩形盾构

2012 年，郑州市政府想在中州大道与红砖路交叉路口修建一条地下人行隧道。然而，中州大道是郑州市中心城区一条贯通南北的交通大动脉，宽 100m，双向 14 个车道，还有非机动车道和人行道，两边的绿化带也各有 50m 宽，全程封闭。如果按照传统的"开膛破肚"施工办法，势必会对地面交通和周边环境造成巨大影响，引发交通拥堵。当时的郑州流传着这么一句话："郑州郑州，天天挖沟；一天不挖，不叫郑州。"这句话的背后代表着郑州百姓对市政施工带来诸多不便的抱怨，也给郑州市领导带来了巨大的压力。那么，有没有一种不"开膛破肚"的施工办法呢？无奈之下，郑州市政府有关领导找到了时任中铁装备董事长李建斌。"有！用矩形掘进机。"李建斌立即给出了答案。他知道在国外有可以掘进人行通道的小型矩形盾构，但能否自主研制一台双车道超大断面矩形盾构，这对于中铁装备而言又是一次巨大的挑战。但他很干脆地应承下来了，他要带领着团队接受挑战，迎难而上。

回到单位，李建斌立即召集设计研究总院研发人员开会讨论。面对挑战，平均年龄仅 28 岁的中铁装备研发人员竟有一种说不出的喜悦，似乎又一次找到了兴奋点。然而，高兴过后又开始犯起愁来，因为第一次设计这么大的矩形盾构机，国内外没有类似的产品参考，自身也从未设计过类似产品，工程本身难度又很大，超浅覆土、超小间距。应当如何下手呢？有人提出与国外合作。他们找到国外一家公司，希望联合设计，但国外公司听说要做这么大的矩形盾构机，认为是根本不可能的事情。国外企业的退缩，进一步激发了中铁装备人的斗志：既然没有外援，就不依靠任何人，走自主研发之路！

中铁装备很快成立了由副总经理赵华牵头的研发项目组，研发人员由中铁装备设计研究总院的贾连辉、范磊等骨干力量构成。由于没有成功的范例作参考，项目组从基础的研究开始，成立了机、电、液、信息等多学科的技术攻关小组，经过几个月的艰苦鏖战，该项目研发取得重大进展：突破了矩形断面低扰动多刀盘协同开挖系统设计技术，矩形掘进机多维度位姿测控技术，矩形薄壳体结构的载荷加载与分析技术等多项国际难题；揭示了切削系统构型对开挖面稳定性的影响规律，首次提出了多刀盘拓扑分析、层距参数化、动静结合的构型设计方法；发明了多传感器信息融合位姿的在线测量方法，提出了协同纠偏控制策略；首创了双螺旋出渣互馈与掌子面平衡顶推技术。经过一系列的研发创新，2013年12月，长10.12m、高7.27m的我国首台超大断面矩形盾构机在郑州成功下线。2014年9月，由中国中铁总承包的超大断面矩形盾构顶管隧道——郑州红专路下穿中州大道隧道4条顶管隧道全部掘通。中铁装备又一次完成了挑战，兑现了自己的承诺。

（三）蒙华铁路项目"逼"出了第一台马蹄形盾构机

2015年，为响应国家"一带一路"倡议，促进西部大开发和中部崛起，构建我国北煤南运铁路新通道，完善路网布局，减轻焦柳（焦作—柳州）铁路和由秦皇岛海运到南方港口的运输压力，我国决定开建蒙西至华中地区铁路煤运通道（建设期称"蒙华铁路"，现为"浩吉铁路"）。中铁四局集团有限公司负责承建蒙华铁路白城隧道，也是整条线路建设中难度最大的隧道之一。由于陕北地区隧道地处我国毛乌素沙漠与黄土高原，属软土软岩地质，地质以V、VI级围岩居多，穿越地层大多为风积沙、粉砂、细砂、砂质新黄土。面对这种地质和断面，如果按照传统的矿山法施工，必然是施工速度慢、安全性差、容易坍塌、综合效率低，一个月预计最快只能完成60m。

为了解决这一施工难题，李建斌又一次提出了一个大胆的设想：创造一种马蹄形断面盾构机，将成熟的地铁隧道盾构技术移植到山岭隧道施工上来，实现双线软岩隧道掘进一次施工成型。2015年7月23日，李建斌将自己这一大胆设想和中铁装备设计研究总院做出的初步设计方案，带到了在北京举行的蒙华铁路公司动员大会上，设计方案引起了蒙华铁路公司一位领导的注意，他希望中铁装备深入进行研究设计，选择合适的隧道进行试验。不过他也半开玩笑半认真地对李建斌说："如果这个项目成功，我会为你们的工法和设备做宣传推广；如果失败，你们自己拆机退场。"无疑，这又是一次难得的机遇，更是一次巨大的挑战。已经习惯了迎难而上的中铁装备人，又一次踏上了自主创新之路。

中铁装备成立了由42位年轻设计师组成的项目部，时任中铁装备设计研究总院党委书记、副院长的贾连辉牵头，顶管所工程师范磊负责方案总体设计。由于马蹄形盾构机是世界首台，项目启动初期，各部分设计师面临的最大问题就是无从参考。别说相同案例，类似案例都非常少，所有设计师只能在常规盾构机的基础上自主创新，摸索前进。专家会、评审会等大大小小会议不知道开了多少次，令人头疼的难题却接踵而至。从一颗螺栓长度、等级的选择计算，到撑靴弹簧的模拟试验和分析，再到大大小小上千条密封条沟槽尺寸的研究和论证，设计师们事无巨细，反复推敲，个中艰苦，可想而知。

首创马蹄形盾构机

因为涉及施工设计的变更，由原来设计的矿山法变更为盾构法，是新工法的创新与应用，大家都没有设计马蹄形盾构机的经验，从隧道断面的形状到管片的厚度以及管片模具的分块及设计，都需要不停地研究，管片模具设计工程师王柏松与中国铁路设计集团有限公司的土木工程师进行多次计算，最终设计出合理的管片，为今后的类似工程提供了经验。

设计不仅仅要站在设计师的角度考虑问题，也要站在生产制造、组装运输、施工维保等各个角度考虑设备的可行性。设计师范磊始终这么认为。为此，研发过程中，他夜以继日考虑方案的每个细节，做了很多人性化设计，运用 CAD 模拟设备组装拆解过程，测量了每一个组装部件的尺寸，遇到不确定或不懂的问题，他就打电话或者安排设计师去车间请教工人师傅。所设计的每一条线尺寸都精确到小数点后两位，每一道焊缝的尺寸和角度都在总方案图上明确标出。在他眼里，设计无小事，必须秉承第一代中铁装备人"如履薄冰"的设计精神，做好每一个细节，保证万无一失。在他的文件夹里，存下了以日期命名的近 100 版设计方案。

经过一年多的艰苦奋战，2016 年 7 月 17 日，马蹄形盾构机在郑州成功下线。这是世界首台最大断面马蹄形盾构掘进机，外轮廓高10.95m、宽 11.9m，整机长度 110m，质量 1300t，因盾构机刀盘呈 U 形，形似马蹄，因此得名"马蹄形盾构机"。在马蹄形盾构机的研发过程中，中铁装备成功掌握了全断面多刀盘联合分步开挖技术及适应性技术、超大断面马蹄形管片的高效管片拼装技术、适应马蹄形管片机 360°旋转且能正常吸油工作的密闭加压可变容积泵站技术、盾尾间隙实时测量技术、超大马蹄形变曲率断面土压平衡稳定性技术等关键难点。中铁装备再一次出色地完成了自主创新过程，开发出领先世界的新产品。

事实上，这三个典型案例在中铁装备的自主创新发展过程中也只是沧海一粟，但从这三个具有代表性的典型案例中，我们可以探知一些中铁装备自主创新背后的规律和奥秘。

2016 年 11 月—2018 年 1 月，马蹄形土压平衡盾构机完成了浩吉铁路白城隧道施工，达到了日最高 17.6m 的掘进速度，真正实现了马蹄形隧道机械化、自动化安全无障碍施工

三、不得不说的泥水平衡盾构机研发历程

要揭示中铁装备持续高质量自主创新的奥秘，就绝对绕不开一段围绕泥水平衡盾构机研发创新的艰辛历程。

泥水平衡盾构机虽然作为盾构掘进设备，其整体机制与复合式土压平衡盾构机有一定的相似之处，但泥水平衡盾构机多个关键技术与中铁装备曾经设计制造过的土压平衡盾构机有很大不同。例如，泥水平衡盾构机在出渣程序中起到重要作用的泥水循环系统不同于土压平衡盾构机所采用的出渣技术。因而研发泥水平衡盾构机并不比当初研发第一台复合式盾构机的难度小，但中铁装备人却依然坚决地迈出了自主研发设计泥水平衡盾构机的脚步。"为什么我们要在一个产品已经成熟可盈利的情况下去投入大量资源研发一个风险那么高的设备呢？还是因为客户有困难，市场有需求。"中铁装备高层管理人员在谈及研发泥水平衡盾构机的初衷时说道。以市场痛点和需求为创新方向，一直以来都是中铁装备自主创新的基准，而泥水平衡盾构机的研发与制造，也是一次对市场痛点的积极响应。

我国地质环境复杂，江河湖海众多，在高速发展的地下开发事业中不少项目需要过江过海，需要贯通富水地质，在这种情况下复合式土压平衡盾构机往往无法适应地质环境要求，问题频发拖延工期的情况经常出现，有时还会因此而使施工方产生大量损失。面对这种土压平衡盾构机难以运作的情况，就必须运用更适合的泥水平衡盾构机。当然，泥水平衡盾构机比土压平衡盾构机技术更复杂，设计与制造难度更大。当时我国的跨江越海隧道往往采用引进的国外泥水平衡盾构机，但国外设备也经常会出现因不适应中国特殊地质条件而造成的"水土不服"症状。出现问题的外国设备往往给施工造成很大影响，轻则故障频发增加维护成本，重则拖延工期甚至会使项目停滞。当时中国并不掌握泥水平衡盾构机技术，因此当进口设备发生故障而使项目受到影响时，施工方往往无可奈何。中国中铁也曾经有过进口设备发生故障而造成施工效率降低的经历，但不同于大多数施工企业的无奈，中铁装备毅然担负起改造"洋盾构"的责任，向进口设备水土不服的难题发起挑战，在进口设备隧道施工项目中经常主动帮助客户解决被认为难以解决的问题。例如成都地铁施工中所采用的进口泥水平衡盾构机就因"水土不服"而故障频发，甚至一度出现了堵仓问题。面对这一情况，中铁装备的研究人员深入掘进现场，主动探寻问题根源并研究问题解决的对策，最终根据成都特殊的地质条件，采取在刀盘中心加设高压喷水枪等一系列措施，彻底解决了堵仓问题。而这次对进口设备的改进技术也被以后进入成都施工的国内外各盾构机所借鉴，在刀盘中心加设高压喷水枪已经成为进入成都地质环境的盾构机标准配置。同时期，在北京地下直径线参与施工的进口泥水平衡盾构机因国外设计人员对北京地质条件了解不足，设计的盾构机刀盘中滚刀刀间距不合适，造成刀盘与地质条件的适配性不足，最终使盾构机出现趴窝情况。中铁装备针对施工工程的地质条件，对该施工设备进行了适应性调整，解决了问题，使项目顺利完成。这两次典型的进口盾构机"意外事件"是中铁装备在中国隧道施工依赖进口泥水平衡盾构机设备时期种种经历的一个缩影。

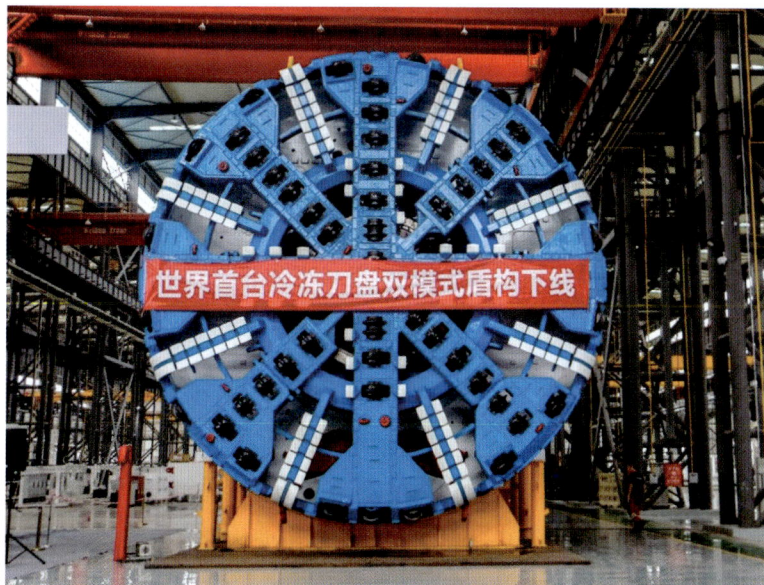

2017 年 10 月 16 日，世界首台带冷冻刀盘和复合式注浆系统的双模式盾构机成功下线，并应用于新(塘)白(云机场)广(州北)城际工程项目，盾构机开挖直径达到 9.13m，可根据地层变化，在两种不同掘进模式之间快捷切换

　　然而，进口设备改进的过程也并非一帆风顺，对于当时尚未完全掌握泥水平衡盾构机整体技术原理的中铁装备而言，每一次对进口设备的地质适应性改造，都如同是摸着石头过河，既是一次探索，也是一次挑战，经常会出现局部改进与整体系统不匹配的窘境。例如，让很多中铁装备人时至今日依然历历在目的武汉长江隧道项目就是一个典型例子。当时，两台泥水平衡盾构机因控制软件设计问题无法对动力单元多个电机进行同步控制，造成了驱动轴反复断裂的严重问题。究其原因，是在泥水平衡盾构机的关键控制程序中存在重大设计缺陷、关键部件选型错误所致。

　　也正是进口设备在中国隧道施工运用中产生的种种窘境与改进的高成本，让长期参与隧道施工项目的中铁装备人很快意识到国外进口盾构机的局限性，对国产泥水平衡盾构机需求的紧迫性有了深刻的认知。自那时起，依托着成功研制土压平衡盾构机的技术经验，以及对进口泥水平衡盾构机进行改进的种种尝试的经验总结，中铁装备开始了泥水平衡盾构机的研发新征程。

中铁装备在研发泥水平衡盾构机时组建了专项泥水平衡盾构机项目组，项目组的专家和研究人员经常深入泥水平衡盾构机的施工现场，在泥水平衡盾构机的装配和应用场地上做实地考察学习，以对泥水平衡盾构机的关键技术部分进一步进行更深层次的消化吸收。中铁装备的研究人员付出无数的汗水，在艰苦的工作环境不断学习积累，诞生了一个又一个灵感，丰满了一个又一个构想。这个过程一直持续到 2015 年 12 月，伴随着将至的新年，中铁装备第一台泥水平衡盾构机带着中铁隧道人的期待走下了装配线，通过武汉地铁 6 号线施工，向整个世界展示了属于中国、属于中铁装备的技术实力。那时，中铁装备用自主研发的直径 6.5m 泥水平衡盾构机和德国海瑞克公司的泥水平衡盾构机同台竞技，在施工过程中泥浆聚集常将整个刀盘糊住，影响到了施工效率。中铁装备的技术人员发现问题后也迅速做出响应，对刀盘设计进行了针对性的优化，最终顺利解决了这个问题。最终取得整体应用成果与海瑞克公司设备相当的圆满成绩。

但这只是开始，面对仍然困扰着中铁隧道人的技术难题，中铁装备的所有人知道前路漫漫，任重道远。当时的任务艰巨，他们不仅要面对一个个尚未回答的问题，还要直面业主投来的种种质疑。2016 年在一次广州投标后，中标的中铁装备却遭到业主的极力反对。"造小船的还想要造航母"尖锐的质疑声从业主口中发出，在场的李建斌脑海中掀起了几重地震。业主甚至做出要当面否定中铁装备技术的架势，李建斌心中自然相当生气，但同时又能够理解。当时的中铁装备所制造过的盾构机直径最大也只有 8～9m，而这一次中标的设备直径是 13.6m，比现有设备的直径要大得多，相应的技术难度也要大得多。在这种情况下，业主对中铁装备不信任也理所应当。业主的态度一度相当蛮横，无奈，中铁装备最后被迫与德国公司达成了联合制造协议。

而在这次项目施工的同期，中铁装备顺利完成了直径 11m 大型泥水平衡盾构机的独立设计和制造，并成功应用在北京望京隧道。自广州这次刻骨铭心的项目经历之后，中铁装备成功将自身装备规模提升到 12m 级，并将中铁装备的泥水平衡盾构机技术推上了更高的台阶。

依托国家"863 计划"研发的"中铁306 号"，是我国自主设计制造的第一台 15m 级超大直径泥水平衡盾构机（φ15.03m），于 2020 年 8 月 7 日成功贯通汕头海湾隧道。设备创下最高月进尺 460m、周进尺 150m、日进尺 25m 纪录

自独立研发制造的大型泥水平衡盾构机成功参与施工之后，国内各业主对中铁装备的质疑声依然没有消失。在 2017 年 10 月汕头海湾通道项目中标两台泥水平衡盾构机设备时，业主将原本中铁装备中标的两台盾构机其中的一台改用德国海瑞克盾构机，而中铁装备只设计生产一台设备。最终，这次本应中铁装备独秀的项目，又变成了中铁装备与德国海瑞克公司的同台竞技。这次施工的结果也再一次证明了中铁装备的技术能力。2017 年 12 月 26 日，德国海瑞克公司制造的盾构机开始掘进施工，而在 10 个月之后的 2018 年 10 月 23 日，中铁装备盾构机方才开始掘进施工，尽管晚开工，但两台盾构机的完成时间却相当接近，海瑞克盾构机于 2020 年 5 月 16 日完成施工，而中铁装

备盾构机于 2020 年 8 月 7 日完成施工。即在相同的地质条件下，中铁装备盾构机要比德国海瑞克盾构机工期缩短 106 天！自此，中铁装备的泥水平衡盾构机技术已经完全担当得起业主的信任，成功进入泥水平衡盾构机技术的前列。但中铁装备的泥水平衡盾构机研发之路到这里并没有结束。

在被称为中国地质博物馆的深圳春风隧道施工项目，中铁装备在整体技术获得多方认可的条件下却又受到了质疑，这种质疑是对中铁装备大型设备在如此复杂的地质条件下的可靠性的担忧和不信任。但中铁装备却在这些质疑声中更加坚定了自己的自信心。"如果这台盾构机出现问题，我引咎辞职！"时任中铁装备董事长的李建斌向上级领导表态说。中铁装备有了这份自信，所研制的中国当时最大直径泥水平衡盾构机在春风路工程中表现良好。中铁装备依托这次复杂地质工程的经验，形成了一种大型设备在复杂地层运行的可靠性塑造的更深层的理解，这种理解，一定程度上占领了泥水平衡盾构机技术最前端。

2018 年 9 月 29 日，国产最大直径泥水平衡盾构机"春风号"成功下线，将应用于深圳春风隧道工程，区间长度为 3603m，隧道主要地层为花岗岩、片岩、变质砂岩等，"春风号"盾构机成功入选中国科协"2019 年十大科技传播事件"和央企"十大创新工程"

从最初只能依赖国外进口泥水平衡盾构机设备、无奈忍受国外产品地质适应性差、服务成本奇高的窘境，到学习消化、尝试改进，进而克服种种困难,研制出中国第一台直径 6m 泥水平衡盾构机的突破;再到研发出 15m 级乃至 16m 级超大型泥水平衡盾构机,技术领先全球的成功。中铁装备通过坚持不懈地学习和创新,成功研制泥水平衡盾构机 50 余台,实现安全掘进里程 80 余千米。中铁装备以其务实求真的科学精神和艰苦卓绝的不懈奋斗,再次创造了中国工程机械发展的奇迹。而这奇迹般的发展历程,正是对中铁装备以需求为导向,持续创新的完美诠释。

泥水平衡盾构机的诞生与发展

贺开伟作为中铁装备技术中心泥水平衡盾构机项目技术负责人,从 2014 年开始带领团队一直从事泥水平衡盾构机创新研发工作。2015 年,开发了中铁装备首批应用地铁施工的直径 6m 级泥水平衡盾构机,成功应用于我国的武汉、南昌和海外的新加坡等地铁隧道建设中。2016 年,带领团队研发了中铁装备第一台直径 10m 级泥水平衡盾构机,成功应用于京沈望京隧道。2017 年,中铁装备迎来了具有里程碑意义的重大项目,国产首台直径 15m 级泥水平衡盾构机的研发任务。在该项目的研发过程中,贺开伟带领团队攻克了超大直径泥水平衡盾构机常压换刀刀盘技术、伸缩摆动主驱动技术、驱动密封压力自动补偿技术、刀具状态在线监测技术等关键技术,该设备成功应用于汕头海湾隧道项目。后续实现了超大直径泥水平衡盾构机产业化,产品先后应用于深圳春风隧道、深圳妈湾跨海通道、珠海隧道等重大工程建设中。

四、需求即方向、压力即动力、机制即效率

纵观中铁装备的自主创新之路,我们不难发现,指引中铁装备技

术创新方向的唯一指挥棒就是需求。当然，这个"需求"中包括了客户现实存在的需求，也包括了中铁装备站在客户角度，结合技术发展趋势而引领客户的需求。用中铁装备的话说："我们创新的两大驱动就是满足客户需求和引领客户需求。"

在两大创新驱动的背后，实际隐藏着中铁装备技术创新项目的两大触发方式：

第一，就是订单触发。由于中铁装备的产品具有定制化特征，每次订单所面临的地质情况、客户需求都存在个性化差异，很难用标准化产品满足不同客户需求。因此，为了更加精准地满足客户个性化需求，中铁装备往往在隧道施工设计阶段就全面参与，以识别客户需求的痛点，为客户提供定制化的专业解决方案。在提供定制化解决方案的过程中，就不可避免地会面临一些"挑战"——尚未得到有效解决的技术问题，而这些问题就成为中铁装备的技术创新方向，一旦创新成功，并在项目施工实践中得到检验，该技术就会被集成到中铁装备的产品上，用于满足更多的客户需求。

第二，就是规划触发。中铁装备会定期从三个渠道获取客户痛点信息：其一，作为中国隧道施工顶尖级企业——中国中铁的二级子公司，中铁装备利用其天然的优势，收集中国中铁在隧道施工过程中掘进装备应用的各种问题；其二，中铁装备十分注重在售后服务中收集自己产品在运作中存在的问题和不足，并与客户沟通其存在的尚未被很好解决的盾构法施工问题；其三，中铁装备还会主动参与对国外盾构机的维修和改造工作，在服务客户的同时，也会着意发现和收集国外盾构存在的不足和问题。由此可见，中铁装备获取需求信息的三个渠道均来源于施工一线，用他们的话说就是"让距离客户最近的人讲需求"。对于这三个渠道所获取的需求信息，中铁装备每年都会汇总、筛选、合并，进而结合行业发展趋势，制定下一年度的技术创新规划。通过技术创新项目的两大触发机制，中铁装备确保了每一项技术创新都以客户需求为导向，不会脱离客户的需求，从而杜绝了普遍存在的不以客户最终价值增值为目的，而是为了创新而创新的错误做法。

有了正确的技术创新方向指引，中铁装备又是如何保持无限创新动力的呢？事实上，通过前面分享的三大案例，我们发现中铁装备实际建立了以客户为中心的价值创造体系，很好地将市场压力传导至研发部门。探究其原因，主要有三个：

第一，高层领导开发市场。在中铁装备的市场开发过程中，我们经常会看到李建斌、韩亚丽等企业高管的身影，很多时候都是他们带队，亲自了解客户需求，亲自汇报方案，亲自说服客户、作出承诺。拿下订单后，也是他们亲自组织资源，与研发人员共同探讨方案。这样的市场开发模式，从某种角度增强了市场部门的内部研发资源调动能力，也提高了研发部门开展技术创新的积极性。

第二，研发人员贴近一线。在中铁装备的项目中，研发人员经常是冲在一线的，从前期需求调研，到产品研究开发，再到生产品控，最后到售后服务，可以说研产销的每一个环节都会有技术人员参与。因此中铁装备的技术人员很少出现脱离市场、脱离需求的问题，可以说这些研发人员也都是了解市场的人，那么，对于市场的压力，他们也势必是感同身受的。

第三，勇于挑战、开拓进取的文化。事实上，中铁装备的技术研发人员是一群看到挑战就两眼放光的人，他们年轻，有勇气、有担当，不拘泥于经验，敢于挑战不可能，勇于创造性地解决问题。同时，以创造、责任、荣誉、沟通为核心价值观的"同心圆文化"，让每一个中铁装备人都具备着强烈的历史使命感、企业责任感和集体荣誉感，为实现共同的目标不懈奋斗已经成为他们的共识和习惯。

除了正确的方向和强大的动力，中铁装备技术发展的高速度和技术创新的高效率相信也给大家留下了深刻的印象。重庆产品开发项目，在一年之内，从评审立项、到研制成功、再到投入使用，可以说效率惊人。那么，中铁装备如此高的技术创新效率源于哪里呢？答案是机制！经过多年的技术创新项目管理，中铁装备形成了一套精准、高效、稳定、成熟的技术创新管理机制。该机制总体可分为概念、计划、开发和迁移四个阶段。

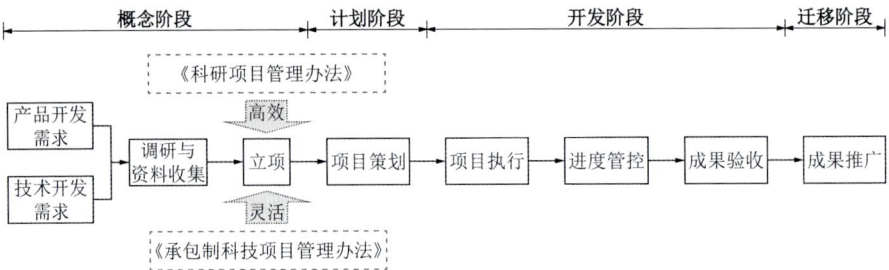

| 概念阶段 | 计划阶段 | 开发阶段 | 迁移阶段 |

《科研项目管理办法》

高效

产品开发需求 → 调研与资料收集 → 立项 → 项目策划 → 项目执行 → 进度管控 → 成果验收 → 成果推广

技术开发需求

灵活

《承包制科技项目管理办法》

中铁装备技术创新管理机制

按照一般流程，每年的 10 月份，中铁装备在对需求信息进行汇总、筛选和合并之后，会进行前期资料收集和项目可行性分析，并结合自身技术研发能力和市场发展趋势，经过立项评审会，对项目进行选择性立项；进而对立项项目纳入年度科研项目管控范畴，由设计研究总院对项目的计划和实施过程予以严格管控；项目开发完成验收之后，再将成果集成到相应产品，实施成果推广。为提高项目立项的灵活性，针对一些临时产生的紧急研发需求，中铁装备制定了《承包制科技项目管理办法》，通过临时立项、自愿揭榜、责任承包的方式实施独立化项目管理。从而形成了常规技术研发和临时性紧急技术攻关两条管理线路，集高效和灵活于一体，真正实现对需求的高效及时响应。

从基本流程上看，似乎中铁装备的技术创新管理机制与大部分企业也并无二致。然而，真正让其研发效率大幅提升的，是中铁装备在长期实践中总结出的"两聚焦、四精准"管理机制。

所谓"两聚焦"是指聚焦产业和需求。两聚焦明确了其研发的范围和导向，坚持围绕核心产业，紧紧跟随客户需求，使其研发资源高度集中，研发方向高度统一。

所谓"四精准"是指精准规划、精准决策、精准投入、精准管控。四精准体现了中铁装备对技术创新项目管理的重点。一是中铁装备十分重视技术创新规划和布局，力求能够精准识别技术的发展趋势，对技术发展路线实施提前布局，从而减少临时性需求产生的频率，进而实现引领需求；二是中铁装备注重立项、策划、验收等关键环节的评审决策，强调评审过程的科学性和细致性，以确保对项目的关键环节实现有力控制；三是在成本投入方面，中铁装备注重成本的审核，对项目实施目标成本管控，对成本实施深度分析，找出成本控制点，不断优化成本投入；四是对于项目过程管控，中铁装备依旧发扬其严谨科学的作风，重计划、重关键节点评审和控制，尽量将项目风险管控前置化，减少项目后期失败的概率，降低风险损失。

第三节　合作创新与借力突破

一、在"计划"下成长，在合作中突破

可以说中铁装备是在国家"863计划"下成长起来的企业，用李建斌的话说："我们自主研发盾构之所以这么顺利，离不开科技部的大力支持！离不开国家'863计划'！"

从2002年开始，科技部就将盾构项目列入国家高技术研究发展计划（"863计划"），2003年，由李建斌担任课题负责人的"盾构掘进机刀盘-刀具与液压驱动系统关键技术研究及其应用"项目再次列入国家"863计划"，并获得750万元经费支持。2005年，中铁隧道

局又有"大直径泥水盾构消化吸收与设计""砂砾复合地层盾构切削与测控系统关键技术研究及应用"两个课题同时列入国家"863计划"，分别获得700万元和650万元经费支持。2007年，中铁隧道局再次立项"复合盾构样机研制"课题，并获得900万经费支持。由此可见，在中铁装备首台盾构机研制过程中的各大关键节点都有国家"863计划"的支持，在关键技术突破以及研究经费支持上都起到了重要的支撑作用。在2010年之后，盾构机的产业化过程中，中铁装备又先后承接和参与了"863计划"2项，"973计划"项目1项，强基工程项目1项，国家重点研发计划项目20项。这些项目在中铁装备一些重大的突破性技术创新过程中起到了重要的支撑作用，如超大直径泥水平衡盾构的研发、TBM研发等。

近年来，在国家摆脱核心技术受制于人，实现"卡脖子"技术全面突破的号召之下，中铁装备又担负起全面突破盾构机核心零部件技术，实现盾构机100%国产化的使命，成立了重大专项研究院，在国家重点研发计划的支持下，开始了对盾构核心零部件技术的逐一突破，仅2020年一年，就立13项国家重点研发计划课题，这对于一般企业而言，实属罕见。

纵观中铁装备的技术创新历程，我们不难发现，基于国家科研计划，实施产学研合作以及企业横向合作研发，对中铁装备的技术发展，在突破关键技术、填补企业研发能力不足及提供资金支持等方面起到了至关重要的作用。中铁装备得到国家科研计划的大力支持，一方面是因为其所处的盾构产业与国家战略一致，且其在行业中占据龙头地位；另一方面也是因为中铁装备善于与国家科研计划相结合，在实现国家战略、承担历史使命的同时，有效开展合作创新，实现技术创新和突破。

二、依托计划，做实产学研

产学研合作研发模式在我国的发展由来已久，从20世纪末，我国就开始大力推动以企业为主体的产学研技术创新模式，近年来，伴随着从中国制造走向中国创造，国家和社会对技术创新的关注度快速提升，产学研合作创新模式尤其在高效连接市场需求、社会资本和创新资源方面的独特优势，越来越受到企业的青睐和重视。然而，虽经历多年探索和发展，企业对产学研合作创新模式的管理和实施能力依旧有限，导致企业创新意愿在产学研项目中屡屡受挫。那么，企业在管理和实施产学研合作项目过程中主要存在哪些问题呢？首先就是合作对象选择问题。一方面，企业对高校及科研院所了解程度有限，难以寻找到相同领域和方向的研发团队；另一方面，企业对研究单位吸引力有限，难以与高端研发团队建立合作关系，导致很多技术问题得不到根本解决。其次，企业对产学研项目的管控能力弱，也缺乏激励方式，经常是支出了研究经费，却无法按时获取有效的科研成果，最终不欢而散，甚至引发纠纷。最后，企业的参与意识不足、能力有限，导致企业对项目的主导地位丧失，最终导致产研"两张皮"，项目成果最终夭折于实验室，未能走向市场。

事实上，中铁装备在长期的产学研实践中也面临着这些问题，也在不断探索这些问题的解决之道。

多年来，中铁装备实施的产学研合作项目，大部分是以国家计划项目为依托的，只有少数紧急的技术攻关需求会采用横向委托方式。依托国家计划项目做产学研存在着很多优势。其一，产研双方有一个具体合作标的，研究目标相对明确，内容边界也相对清晰。一般情况下，企业在申请国家计划项目过程中，研究的内容都会接受严格的审核，这就倒逼企业和科研单位双方明确研究内容，并制定切实可行的计划，从而有助于在产学研合作过程中，更好地明确双方权责，也能使双方的合作研究更为聚焦。其二，使产学研项目更具吸引力，更容易准确对接到相关领域的高端团队。从本质上说，我国高校及科研院所在激励敏感性上，对经济资助的敏感性远低于对学术成就的敏感性，有了国家计划项目，尤其是"863计划""973计划"等国家重大科研计划的支持，能够更好地调动科研单位的积极性，吸引其主动参与合作研发项目。其三，国家计划项目有着严格的管控体系和政策保障，对高校及科研院所研发团队具有较高的约束性，从而间接保障了合作创新项目的研究质量，提高了产学研合作创新的成功率。然而，国家计划项目的申报和审批具有相对滞后性，这就使得企业依托国家计划开展合作研发必须具有较高程度的规划性，如果等到技术瓶颈已经产生，导致技术创新受阻停滞时才开始寻求产学研合作，则难以实现高质量的产学研合作。事实上，中铁装备就十分注重项目的规划，通过定期收集技术创新需求、提前研判技术发展方向，对技术创新项目进行有效的规划和布局，能够申报国家计划项目的就会提前申报，而对于少量临时产生的技术创新需求或不适合申报国家计划的需求，才会采用横向委托模式开展产学研合作。

当然，中铁装备能够获得国家计划项目的支持，与其所在产业存在着较大的联系，对于大多数企业并没有这样的资源。那么，没有国家计划项目支撑的产学研项目应当如何管理呢？中铁装备在其实践过程中也摸索出了一套方法，称为"阶梯控制法"。

"阶梯控制法"，顾名思义，就是将产学研项目分为多个阶段进行管控。中铁装备一般会将横向委托产学研项目划分为四个阶段，设立四个关键控制节点和里程碑，每一个控制节点都有明确的交付物和验收标准，并在项目进行到里程碑时，对项目进行严格的评审。对于评审的重视，几乎是中铁装备保障技术创新的通用法宝，管理产学研合作项目也不例外。中铁装备在阶段性评审时，一般都会安排五名以上专家，并要求项目负责人亲自汇报项目成果。只有交付成果达到阶段性验收标准，并经过专家评审通过，中铁装备才会支付下一阶段的研发费用。

"阶梯控制法"至少具备两方面的优势：其一，以研发经费为杠杆，激发研发团队的积极性，减少项目延期风险；其二，严格的阶段控制实际保障了项目最终成果，也有效地将项目风险前置，帮助企业提前发现问题，及时干预调整。

除了运行机制与流程方法管控产学研项目，中铁装备还十分重视与合作科研单位的沟通，并积极参与产学研合作项目，以发挥企业主导作用。对于每一个产学研合作项目，不论是否有国家计划支持，中铁装备都会指定专门的项目对接人，也就是企业内部的项目负责人。中铁装备的内部项目负责人首先是项目的全程参与者和跟踪者，该负责人需往返于中铁装备和科研单位之间，引导项目的研发方向，甚至参与部分关键节点的研究论证工作，以保证项目研究方向与企业需求一致。内部项目负责人也是项目过程管控主体，并以专家身份参与项目阶段性验收评审。该负责人需要汇总并初步审核项目技术资料，并发起阶段性评审会，成为中铁装备实施产学研项目进度推进和质量管控的重要抓手。除了专人对接，中铁装备还会定期组织项目研讨会，每年每个项目至少一次，以促进项目各课题组的协调沟通及企业与科研单位的交流，推动企业管理者对项目实施进度和情况的了解与掌握。同时，频繁的沟通机制可以加深企业与科研团队间的情感联系，从而建立长期合作关系。并且中铁装备很多优秀的外部科研团队，都是通过长期合作者的引荐而建立合作关系的，从而扩大了中铁装备的产学研合作范围，为中铁装备建立了稳定的产学研合作网络。例如，中铁装备借助首个"863计划"项目与浙江大学杨华勇院士团队建立了良好的合作关系，之后经杨华勇院士推荐，中铁装备又成功与多个研发团队建立合作，时至今日，中铁装备的产学研合作网络已经包含浙江大学、华中科技大学、清华大学、中南大学等在内的十多家高校和科研院所，其中不乏大量院士级高端研究团队。

三、联合开发，带动产业链发展

与供应商联合开发是中铁装备除产学研以外的另一种主要合作创新模式。尤其是在响应国家号召，大力实施盾构机关键零部件"卡脖子"技术创新突破之后，作为盾构产业链"链长"的中铁装备，依托国家重点研发计划项目，开启了一大批联合开发项目。如何管好这些项目，保障国家科研计划高质量实施，是中铁装备一直在思考和优化的问题。

在中铁装备看来，与上游供应商的合作创新是一种松散合作。从动机上分析，双方合作创新的主要动机源于创造产业链协同效应。从供应商角度看，合作创新可以实现零部件关键技术突破：一方面可以帮助自己提高核心竞争力，帮助其开拓市场；另一方面，也能使技术创新成果在中铁装备得到应用和试验，进而得到优化反馈，也使得自己的产品更加适应于中铁装备标准，从而与中铁装备建立稳定的供应关系。从中铁装备角度看：通过合作创新，拓宽了采购渠道，摆脱了国外供应商的桎梏与威胁，降低了供应链风险；同时，也提高了国产零部件与自身产品的适配程度，间接提高了盾构产品的核心竞争力。因此，对于供应商合作创新项目的管理更偏向于双方的合作共赢，而非强制管控。

在与供应商的合作创新过程中，中铁装备将自己定位为性能与功能标准的输入者和检验者：一方面积极参与研发过程，帮助供应商充分了解其标准；另一方面，将自己置于辅助者角度，不过多干预供应商的研发过程。在研发完成后，中铁装备会对研发成果和创新产品进行严格的模拟试验，进而集成到产品上使用，并将模拟试验结果和使用情况及时反映给供应商，以推动其进行技术优化。

对于合作者的选择，中铁装备向来秉持谨慎而开放的态度，尽量从长期的合作伙伴中选择，充分考虑供应商的意愿。当然，更重要的还是看供应商的实力，中铁装备希望通过强强联合，提高项目成功率的同时，也提高整条价值链的价值创造能力。

对于合作创新成果的管理，中铁装备秉持共创共享的原则，对于中铁装备提供了研发资金支持或参与了研发过程的项目，双方共享知识产权，并在保障供应商根本利益的前提下，与其建立排他性供应关系，实现产业链的协同共赢。

第四节　标准建设与行业引领

一、一切从建立"共同语言"开始

中铁装备是最早在国内乃至全球建立掘进机产品标准的企业。早在中铁装备成立之初，开拓市场之时，就希望能够开发一套行业标准，并开始思考如何去建立这样一套标准。产生这个想法的主要原因是，中铁装备发现，由于缺乏一个对不同类型盾构的官方标准定义，造成国内市场对盾构产品的认知十分混乱，容易将不同类型的盾构机弄混。比如，土压平衡盾构机、复合盾构机、泥水平衡盾构机、TBM 等这些概念，客户经常会混淆，于是在销售沟通过程中，经常出现问题。比如，在一次需求沟通过程中，客户非常坚定地说自己需要一台土压平衡盾构机，并说出了自己的设计需求，可是当销售和设计人员对其需求进行了解和分析后，才知道他们真正需要的是一台泥水平衡盾构机，而当时客户心里想的也是泥水平衡盾构机，但他们弄错了概念，说成了土压平衡盾构机。这不仅仅是盾构机类型混乱问题，一些术语和数据也存在口径不一致问题。比如，对于盾构机而言，其刀盘直径是设计的关键数据，而施工单位，对刀盘直径没有理解，只知道开挖直径，而一般开挖直径比刀盘直径略大。于是在需求沟通时就会出现误解，施工方说要直径 6.4m 盾构机，而实际上是要形成 6.4m 开挖直径，需要匹配直径 6.23m 的刀盘。试想，如果中铁装备直接按照客户的表达去设计生产了，那么，将会造成巨大的损失，也会导致中铁装备彻底失去一个客户。但是，这样的反复沟通，会延长沟通时间，可能出现沟通障碍，还有可能造成销售效率的下降等问题。为了解决这些问题，中铁装备在 2015 年开始参与建立第一个掘进机国家标准《全断面隧道掘进机　术语和商业规格》（GB/T 34354—2017），并于 2017 年颁布。从而，有效打通了盾构机行业术语与施工行业术语间的壁垒，有效实现了供需双方"语言"的统一化。

之后，伴随着中铁装备的发展，逐步实现了产品的系列化发展，形成了全断面硬岩隧道掘进机（TBM）、土压平衡盾构机、泥水平衡盾构机等多个产品序列，而标准也开始针对不同产品类型分别开发，各成体系。最终，形成了国家标准 15 项，行业标准 11 项。其中由中铁装备主编的标准有 10 项，参与编写标准的有 16 项。

二、将标准打造成难以逾越的壁垒

也许很多人无法理解，标准也是一种核心竞争力，而制定行业标准也体现着企业的行业优势地位。事实上，制定标准是企业获取市场话语权、主动权，构建行业进入壁垒的一种方式。所谓行业标准，是在没有国际标准和国家标准的情况下，对行业中产品在功能、性能、品质、技术等方面必须具备基本门槛的相关说明和规定，对行业中参与竞争的企业和产品具有较强的引导和约束作用。也就是说，不符合行业标准的产品，将得不到行业内企业和客户的认同。因此，一旦企业获得了标准制定权，就能够在一定程度上按照自己产品的特点制定标准，从而实现将一部分竞争者排除于标准之外。

当然，行业标准的制定权原则上不可能归属于一家企业独有，一般都会由行业中占据优势地位的企业牵头，多家业内企业参与共同制定。制定完成后还会由行业标准管理单位进行公示、征集意见后进行修订，并最终确立。虽然，在此过程中，各参与企业会存在一个博弈过程，也会综合体现多家行业内企业的普遍意志，但作为牵头和参与制定的企业，将在这个过程中获得更多的话语权和主动权，对标准产生更大的影响力。

中铁装备一直十分关注标准的建设，主动参加国家标准和行业标准的制定，并定期对各种相关标准的变化情况进行收集和分析，以争取在行业中的主动权。同时，中铁装备也会在自身的优势方面，尽量抬高行业标准，以抬高行业门槛，将部分低技术企业拒之门外。例如，在刀盘误差方面，中铁装备能够实现将刀具安装和刀盘直径误差控制在±2mm以内，处于行业领先水平，于是在牵头制定标准时，中铁装备就尽量提高标准，虽然经过多轮博弈，未能最终实现以误差±2mm作为标准，但也有效地提高了标准门槛。

当然，利用标准建立进入壁垒的方式，也存在一定的行业局限性，对于高新技术行业，该方式的效果尤为显著，主要是因为高新技术行业产品的采购，往往以技术参数为核心决策指标，且技术参数具有较高的刚性，一旦制定了相关标准，无法达到技术参数标准的产品将会立即面临被市场淘汰的局面。

此外，中铁装备认为标准的制定不仅可以对外构成进入壁垒，成为市场竞争的利器，对内也能产生倒逼技术创新与发展的作用。随着技术标准的制定，该技术标准就成为市场的基本准入门槛，对于定位国内领先的中铁装备而言，就会对技术部门产生一定的技术创新压力，使其不得不通过创新进一步提高标准，以保持技术的市场领先地位。在中铁装备看来，这是一种抵制惰性、传递市场压力、推动技术创新的好方法。

三、标准输出，推动国际标准建立

中铁装备在标准建设方面的下一步规划，就是推动国际标准的建立。目前，在掘进机行业中，尚不存在统一的国际标准，只有欧洲标准和美国标准，而这些标准也大多聚焦于安全方面，并非产品标准。甚至在最基本的产品分类方面，国际上都缺乏统一标准，盾构机与TBM 涵盖的产品范围依然没有统一的行业认知。那么，推进国际标准建立有什么好处呢？

在中铁装备看来，向国际输出中国标准，推进国际标准的建立有着非同一般的意义。首先，标准输出有助于对外市场的开发。事实上，国际市场上的客户对标准是十分看重的，正如最初中铁装备进入马来西亚市场，就因为产品没有执行欧洲安全标准，而受到马来西亚客户的一再冷落，最终拿下订单，也只能改变自己的产品设计和生产流程，以适应欧洲安全标准。这一次的经历，让中铁装备更加深刻地认识到，标准在国际市场开拓中的重要性。在之后的国际市场推广过程中，国外客户也经常会提出产品标准的问题，一旦得知产品没有标准作为支撑，就会对产品提出质疑，对中铁装备的市场开发产生了一定的困扰。那么，为什么国际客户会如此纠结于标准问题呢？这就涉及推进国际标准建立的另一层意义：为产品建立合法性保护。其实，标准并不是代表着技术的先进性，而是代表着技术的成熟度。因为，一般标准的建立都具有一定的滞后性，只有当技术在实践中得到反复验证，才能作为标准进行固化和推广。无论是中国标准还是欧洲标准，或是美国标准，都是经过实践检验的产物。因此，在专业程度有限的客户眼中，能够符合一定标准的产品和技术，至少是经过反复检验的成熟产品和技术，其可信度自然有所提升，也省去了企业证明自身产品和技术可靠性过程，提高了市场开发效率。当然，参与和推动国际标准的建立，也有助于打破国外优势企业所构建的市场进入壁垒，解除欧洲标准和美国标准所制造的障碍，同时，也能向世界展示中国掘进机技术的发展，体现中国掘进机的制造水平。

第五节 "973 计划"——推进掘进机
基础理论研究

在国家科研计划项目中，值得一提的是 2015 年由中铁装备牵头，以中铁装备董事长李建斌为首席科学家，浙江大学、山东大学、武汉大学等高校共同参与，由国家重点基础研究发展计划（"973 计划"）立项支持的"TBM 安全高效掘进全过程信息化智能控制与支撑软件基础研究"项目，该项目也是当年科学技术部第 154 个批准立项课题中唯一企业牵头的国家重点基础发展研究计划。TBM 具有掘进速度快、安全性高、环境友好、劳动强度低等优点，已广泛应用于水利、交通、城市轨道、矿山以及国防安全等领域。但由于 TBM 施工过程中地质条件复杂，且掘进时极其依赖掘进机司机经验，刀具异常磨损、卡机、核心部件寿命降低、工期延长等问题频繁重复发生，给现场施工带来巨大安全隐患和经济损失。关键问题在于施工中缺乏对地质环境和 TBM 自身状态的准确感知，缺乏及时科学的决策和控制，即"缺感知、缺平台、缺决策"，在这种情况下，需要进行基础理论研究，以解决"三缺"难题。

众所周知，"973 计划"不同于"863 计划"，主要聚焦于基础理论研究，一般都是由高校及科研院所主持研究，企业参与相对较少，而由企业主持牵头的"973 计划"就更是凤毛麟角。该项目的立项，标志着中铁装备已经从应用研究领域向基础科学研究领域拓展，也标志着其科研能力的跨越性提升。同时，该项目也为中铁装备在 TBM 掘进过程中实施动态地质监测、风险预警预控，实现 TBM 掘进智能控制与优化决策、保障安全高效掘进提供了科学理论支撑，也为中铁装备的技术和产品创新打下了坚实的基础。中铁装备也由此成为世界上第一个具备完整 TBM 大数据和云平台的装备制造企业。

2020 年 6 月 28 日，国家"973 计划"项目顺利通过国家验收

进入"973 计划"

研究和实现 TBM 智能控制的关键基础在于搞清楚 TBM 的岩机相互作用机理和规律。为了搞清这一国际行业问题，"973 计划"项目办公室主任荆留杰与研究团队一起打破原有研究局限，把只能在室内开展的滚刀切割试验搬到工地现场，直接利用 TBM 施工掘进，将单把滚刀的切割试验拓展为 TBM 全刀盘旋切试验，开展了贯入度连续变化和阶梯跳变的现场掘进试验，全过程记录在掘岩体和设备运行参数，不仅获得了大量宝贵试验数据，而且试验结论更符合真实情况。

利用 TBM 施工工艺特点，研究团队将每个循环的上升段数据都当成是一次独立的切割试验，在国内多个 TBM 项目上积累了海量的掘进试验数据，利用这些数据中的滚刀推力、贯入度、岩体条件三者与人-机-岩的关系规律，构建了基于二次回归的岩机互馈模型，这也打破了原来 TBM 设计方法只能借用国外已有模型的瓶颈。与此同时，荆留杰主任还和信息化团队一起开发了当时国内外首个 TBM 大数据平台，利用大数据理念进一步明确了不同岩性、不同岩体条件的岩机参数变化规律，这些都给 TBM 新机设计、智能控制提供了宝贵的基础数据。

为了实现 TBM 智能辅助控制，荆留杰主任长期驻守和跟踪多个 TBM 施工项目，学习并深入研究了不同 TBM 主司机的操作方法和参数调控规律，根据不同围岩类别不同控制原则，或追求安全，或追求高效，最后提出了一种能够用于设备自动决策控制的新方法。利用 TBM 围岩识别模型和 TBM 多模态控制模型，先根据设备运行参数识别不同围岩工况，再针对不同围岩工况实施不同的控制参数，首次实现了 TBM 的智能辅助掘进。

基于"973 计划"项目成果，基本实现了 TBM 在掘岩体和设备掘进状态的动态获取和实时评价，形成了完整的 TBM 智能掘进技术体系，实现了智能辅助掘进的阶段性目标，有效辅助司机操控 TBM。当前，集成各类感知终端预警与优化决策功能的TBM-SMART 系统已搭载于国内 30 余个重难点项目，为 TBM 掘进提供"可视化"的岩机状态信息和智能决策，实现不同地质条件下 TBM 安全高效掘进，引领 TBM 智能化技术发展方向。

第六节 精准创新，创造市场

一、研发全布局 培育新优势

中铁装备的领导班子成员都非常熟悉隧道施工及盾构机研制工作，这使得公司具有"技术＋产品＋战略"紧密结合的发展特征，并培育出技术先进、产品领先、战略清晰的发展优势，在应对挑战和自我升级中不断构筑起科技研发战略的护城河。

"因隧制宜，因岩制宜"——这是对中铁装备科技研发战略的总结和凝练。打隧道是科学技术问题，研究出适宜的产品和服务方案是产品课题，不断运用这种方法论，布局相关科研计划、制定未来产品发展规划则是战略思想。做到第一步、第二步容易，做到第三步并且长久坚持下去就变得十分困难了，这不但要求技术攻关的精准性、产品开发的精准性，还要求战略导向的精准性。

技术研发战略导向的精准性有两个突出的体现：一是技术研发方向的精准性；二是战略定力的持久性。

中铁装备在完成"进对门，走对路"的创业阶段后，没有停留在照搬照抄的低级层面，而是发挥他们在施工应用领域的优势，根据隧道地质、形状、长度、水文资料等客观因素，不断进行大胆创新和创造，在全世界通用的掘进机"老三样"（土压平衡盾构机、泥水平衡盾构机、TBM）的基础上，创新了马蹄形盾构机、全断面竖井掘进机等新的产品研发方向，满足了多样化地质隧道建设、多场景隧道建设及多样化断面隧道建设的需求。

以马蹄形盾构机为例，这一设备在软弱围岩地质中性能卓越，与常规盾构机相比，能够减少15%以上的土方开挖；与矿山法相比，在安全、效率、环保等方面优势显著，一改传统铁路隧道施工安全风险大、作业环境恶劣、施工效率低的面貌。该设备以每月掘进 200～300m 的施工进度，在浩吉铁路（原"蒙华铁路"）建设中大显身手。

竖井掘进机的研发具有同样的说服力，竖井工程是地下工程建设的难点，具有施工难度大、施工环境差、人员劳动强度大、危险系数高等特点，随着地下工程需求的增加，对高效、安全、新型竖井建造技术的渴求日益增强，中铁装备有效布局竖井掘进机研发，针对性研究特制推进技术、同步出渣技术、竖井远程控制技术，在浙江宁海抽水蓄能电站排风竖井的建设中一炮打响。

"将军赶路，不追小兔"，做艰难而正确的事情，要远比做容易而平凡的事情更有意义。在某一个具体的技术问题上做出正确的选择相对容易，坚持长久的战略定力则要困难很多，而这种心无旁骛的专注会成为竞争中的"杀手锏"。下面的数据或许可以让我们一窥中铁装备的战略定力：矩形盾构机研发用时 2 年、马蹄形盾构机研发用时 2 年、滚刀生产线用时 3 年、悬臂硬岩掘进机用时 5 年、并联机器人掘进机用时 5 年、煤矿快速掘锚一体机用时 8 年、竖井掘进机用时 10 年、混凝土湿喷机械手用时 8 年、凿岩台车用时 10 年……隧道专用设备产品可以用"十年磨剑"来形容，中铁装备于 2012 年 12 月份提出新型竖井掘进机研发目标，2013 年中铁装备将其作为科研项目，2014 年成立了由 8 人组成的竖井掘进机所，2015 年完成关键出渣技术试验台研制，并完成试验室内的竖井出渣试验，为竖井掘进的研发提供重要技术支撑，2017 年公司决策进行竖井掘进机样机投产，2018 年研制出了首台全断面硬岩竖井掘进机样机，经过多方长期的沟通、推广，于 2021 年首次应用于浙江宁海抽水蓄能电站通风竖井工程。从研发布局到产品化应用，近 10 年的时间，竖井掘进机研发团队一直在不断攻克竖井掘进机研制技术。过程中有些技术人员心都毛了，看着旁边的矩形盾构机、悬臂掘进机纷纷下线，他们内心既着急又煎熬。李建斌始终告诉他们"别着急，好饭不怕晚，正确的事情值得长久地坚持"。截至目前，已经形成了完善的竖井施工装备及相关技术储备，拥有全断面硬岩竖井掘进机（SBM）、沉井掘进机（CJM）、反井钻机（RBM）、钻井法竖井钻机（ZJM）等多系列竖井施工装备的研发、制造能力，广泛应用于矿山、市政、隧道、石油储备库、水利等领域的竖井工程，按照施工方向区分，可进行正向盲竖井、反井施工，按照施工工艺区分，可进行沉井、钻井、普通凿井施工，施工深度可达千米，适用于不同地层施工，可一次成井、也可通过扩挖完成竖井施工，根据工程地质、现场条件及竖井结构，为我国竖井工程提供机械化施工综合解决方案，推动竖井掘进机行业技术发展。

二、开发新产品 引领新市场

中铁装备是一个在隧道领域中生根发芽进而成长壮大的企业，那么企业离开隧道能不能行呢？通过企业的愿景——"建成世界一流地下工程装备研发制造及综合服务企业"可以看到，瞄准地下空间的建设，中铁装备的"雄心"远不止隧道。

掘进机涉及的技术包括机、电、液、传感、光、信息等；具备的功能包括开挖、输送、支护、测量、通风、排水、供电、导向等；相关联的学科包括地质、土木、机械、力学、液压、电气、控制、测量、通信、材料等。如此系统集成、功能齐全的产品，要找到"第二曲线"，为更多的地下工程建设创造价值，不能故步自封，把路走窄。

中铁装备最先进入的新市场是城市下穿隧道。2013年中铁装备研制出世界最大矩形盾构应用于郑州中州大道下穿隧道，开创了矩形盾构在城市下穿隧道应用的先河。成功的示范效应，让矩形盾构后来在天津、成都、嘉兴等地得到广泛应用。

矿山能源市场的开发和引领则有力证明了中铁装备在满足需求、引领需求上的硬实力。中铁装备公司里干过 TBM 的绝大多数人没见过煤矿，而矿山单位的绝大多数人没见过 TBM。弄懂了矿山能源领域对斜井、开拓大巷、高抽巷、斜坡道、采准巷道的需求后，中铁装备针对开挖直径、施工长度、岩性、适应巷道坡度、最小转弯半径等进行针对性设计研发，有效解决了该领域掘进效率低、安全事故易发、劳动力不足等痛点，在贵州、山东、河南等 10 个省市的矿山能源市场售出 100 余台设备。

水利水电领域中的抽水蓄能工程建设是中铁装备有效应用新产品开拓新市场的典型案例。我国单座抽蓄电站地下洞全长 15～20km，具有洞室种类多、单洞长度短、转弯半径小、洞径差异大等特点，中铁装备结合市场需求，解决斜坡掘进机下滑、刀具消耗、高效出渣等难题，使得施工效率和质量大为提升。应用于洛宁抽水蓄能电站引水斜井工程的"洛宁号"TBM是国产首台大直径大斜角斜井TBM，该设备以38.742°向上掘进坡度，创造了日进尺22.75m、月进尺332m的佳绩，刷新了国内斜井TBM掘进施工历史纪录。

精准把握客户需求，为客户创造真正价值，客户就会回馈价值。中铁装备用新产品引领新需求，产品在水利水电市场占有率超60%，在非煤矿山和抽水蓄能电站市场占有率均超80%。

三、占领制高点 拓展新空间

自从第一台土压平衡盾构机得到成功应用后，也是中铁装备发生质变的开始，陆续完成TBM、泥水平衡盾构机等我国急需的隧道专用设备的设计制造与市场应用，同时大胆开始创新、创造其他新型隧道设备，并取得辉煌成就。这些技术和产品具有普遍的特点——技术先进、产品首创。

先进的技术包括：

泥水平衡盾构机常压换刀技术；

TBM刀盘刀具布置技术；

异形盾构机整体技术；

地下空间CC工法（原理性创新）等。

首创的产品包括：

世界首台马蹄形盾构机；

世界最大矩形盾构机；

世界最大直径单护盾TBM；

世界第一个盾构施工地下停车场；

世界第一台双模式硬岩掘进机；

世界第一台并联机器人掘进机；

世界第一台掘进机大数据与云平台；

世界第一台联络通道盾构机；

世界第一台全断面竖井掘进机；

世界第一台盾构法地铁车站盾构机；

世界第一台三模式盾构机等。

先进的技术和首创的产品，是中铁装备对"占领世界制高点、掌控技术话语权"的生动实践。占领世界制高点，也是企业对拓展新的发展空间的精准谋划，新的发展空间不但包括市场竞争的空间，还有产业安全的空间。以上的新产品、新技术几乎都是中铁装备超前研发，带着技术闯市场而成功的。体现了中铁装备"精准创新"的强大实力和"创造市场"的非凡能力。

中铁装备从"学习者"到"超越者"再到"引领者"，依靠的是创新过硬的产品和技术。竞争的阵地从国内到国外。如果没有精准的创新能力，制造出让世界范围内的客户认可的产品，很难赢得客户的尊重并建立自己的品牌。中铁装备在国际市场的竞争中，从来都以"尊重对手、敬畏市场"的态度积极面对，致力于为全球客户提供高品质的隧道掘进解决方案，"好盾构自己会说话"，中铁装备产品远销五大洲 30 多个国家和地区，产销量连续七年居世界第一，海外新签市场份额占比突破了 30% 大关。

在百年未有之大变局下，作为央企的中铁装备要承担起产业链安全责任，为产业应对未来复杂发展环境预留缓冲空间。主轴承一直是盾构机完全国产化的"瓶颈"，2015 年 7 月，中铁装备联合国内主轴承、减速机技术优势企业——洛阳 LYC 轴承有限公司和郑州机械研究所，申报工业转型升级国家强基工程，承担盾构机/TBM 主轴承减速机工业试验平台建设项目，向着盾构关键核心技术发起攻坚。经过多年攻关，突破了盾构机主轴承关键设计、盾构机主轴承材料与热处理、盾构主轴承精密加工及检测等技术，研发了首批国产化盾构机直径 6m 级、常规盾构机直径 3m 主轴承。2022 年 4 月，首台使用国产直径 3m 级主轴承盾构机"中铁 872 号"顺利完成苏州轨道交通 6 号线项目，主轴承"卡脖子"问题得到解决。要拓展产业未来发展空间，就要引领产业未来发展方向，高端化、智能化、绿色化是一个引领者不可或缺的特质。中铁装备"全断面隧道掘进装备行业工业互联网平台""盾构产业 4.0 示范基地"在 2022 世界智能制造大会上分别入选"世界智能制造十大科技进展"和"中国智能制造十大科技进展"。在被认可的背后，是中铁装备构建工业互联网平台生态体系、整合运用智能制造技术的诸多努力。

|第十章| 产品即人品，
质量即道德

  盾构机作为一种复杂的工程机械，其质量关系着施工安全、施工质量、施工进度。相比民用产品来讲，工程机械的质量问题是比天还大的事，可以说质量就是生命，中铁装备的领导层一开始就把质量作为重中之重来抓，常抓不懈。海尔集团公司的产品质量管理是从一场"砸冰箱"事件开始的，而中铁装备的质量管理是从一场"质量警示教育现场会议"开始的。

  中铁装备自诞生之日起就承担起了中铁盾构乃至中国盾构事业发展的重要使命，承担起了打造"中铁"盾构机成为中国盾构机第一品牌的目标。但值得大家共同思索的问题是，我们如何才能在当今群雄逐鹿的中国盾构市场上争得应有席位直至独领风骚、独占鳌头呢？答案只有一个，那就是"以质量求生存、以质量求发展、以质量创品牌"。

  中铁装备的每一位员工，都要从"中铁6号"盾构机的质量事件中，深刻认识质量就是企业的生命，从灵魂上去感悟，从行动上去实施，从责任上去落实，为尊严而战，为荣誉而战，为梦想而战！

  2010年6月1日，中铁电气化局集团有限公司在对"中铁6号"盾构机进行初步测试和验收时，发现部分零件和盾构机外观存在质量问题。2010年6月2日下午，时任中铁装备总经理的韩亚丽就召集新乡的全体员工，在车间里"中铁6号"盾构机旁召开了"质量警示教育现场会议"。正是这场现场会议激发了全体员工质量意识的觉醒，也让全体员工明白了产品质量是企业发展的核心命脉。

这次事件之后，中铁装备开始逐步加强对公司产品的质量管控，建立了完善的质量管理体系、以总经理为首的四级质量保证组织体系、严格的质量责任绩效考核系统和全面的质量控制标准化体系，并逐步形成了"产品即人品，质量即道德"的品质文化，夯实了企业质量管理的基础，推动企业在质量管理方面不断取得新突破。中铁装备先后被授予"郑州市市长质量奖""河南省省长质量奖""全国质量诚信典型企业""全国产品和服务质量诚信标杆企业""全国产品和服务质量诚信示范企业""中国工业大奖"等多个奖项。

2017年4月24日，国务院批准将每年5月10日设立为"中国品牌日"，而5月10日正是习近平总书记曾经视察中铁装备的日子，这对中铁装备全体员工而言是巨大的荣誉和无限的光荣，也是对中铁装备质量管理成果和品牌化发展的最大肯定！2021年，中铁装备获得了中国质量领域最高荣誉——中国质量奖。这表明中铁装备的质量管理模式得到了全行业乃至全中国的高度认可！那么究竟是怎样的质量管理模式推动了中铁装备质量管理水平跃居全国首列？中铁装备的质量管理模式成功的经验又是什么？

第一节　同心圆质量管理模式

2014年5月10日，习近平总书记视察中铁装备时发表了重要讲话，高瞻远瞩地提出了"推动中国制造向中国创造转变、中国速度向中国质量转变、中国产品向中国品牌转变"的"三个转变"重要精神❶，点明了科技创新、质量提升和品牌培育对制造业发展的关键性作用，技术创新是制造企业解决深层次矛盾和问题的根本出路，质量和品牌

---

❶ 来源：人民网，习近平讲故事：推动中国产品向中国品牌转变。

是制造业综合实力的集中反映，这一科学思想指引中铁装备更指引中国制造业开启了高质量发展和品牌化发展的新征程。

为深入践行并落地"三个转变"，中铁装备立足企业特点与产品优势，结合"以中国梦想为圆心、以员工幸福为半径、以掘进事业为周长"的同心圆文化，形成了"同力创造、心系质量、圆梦品牌"的企业文化理念。该理念的核心在于：全体员工共同创造高质量掘进事业，以成就世界品牌为核心目标的中国梦。

为此，中铁装备明确了实现"三个转变"的三大路径：一是以科技创新驱动，实现从加工制造到自主创造的转变；二是以科学的质量管控体系，推动掘进机事业从高速度发展向高质量发展转变；三是以产品加服务的核心优势，打造世界品牌。而高端定制、卓越品质和智慧服务则成为实现这三大路径的核心驱动力。

基于此，中铁装备构建了具有鲜明特色的、基于"三个转变"的"同力创造、心系质量、圆梦品牌"质量管理模式，旨在以全员之力，打造卓越品质，最终圆梦世界品牌。

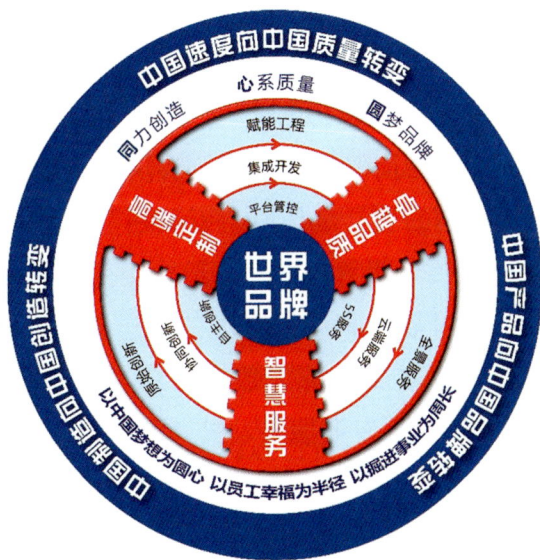

中铁装备"同心圆"质量管理模式

中铁装备成立之初便确立了"打造世界一流隧道装备综合服务商"的愿景和"三年占市场、五年创品牌"的战略目标，明确了打造世界品牌的最终目标。作为高端装备制造企业，质量是品牌价值的核心体现。中铁装备深知，质量涵盖技术先进性、产品品质与服务水平。因此，创新能力、品质管控能力与服务能力是企业开拓市场、建立品牌的核心优势，而"高端定制、卓越品质、智慧服务"正是提升这三大能力的关键抓手和根本支撑。

所谓"高端定制"是指集高端人才、高端技术、高端零部件于一体，针对客户需求进行单件小批量量身定制化研发和生产。"高端"是以高端人才、高端技术和高端零部件为基础。基于河南省掘进机院士工作站和国家博士后科研工作站，引进和培养高端人才，积聚创新人才资源；以高端人才为支撑，以国家企业技术中心、河南省地下工程装备技术创新中心和河南省盾构成套装备工程技术研究中心为载体，构建并充分利用"政产学研用"的协同创新机制，汇集外部优势创新资源，以创新驱动企业实现高端技术。通过汇集中铁装备在国际高端装备产业链中的优势资源，加强与高端供应商的合作和协同创新，从而保持组装零件的高品质，逐步以原始创新驱动企业实现关键零部件的自主掌控。"定制"则体现在对于产业链下游，秉持定制化思维，以客户需求为导向，结合不同地质岩层特点进行开发和生产。所谓"卓越品质"是指以"零缺陷"质量管理为目标，依托基于风险识别的分类分级管控平台，进行全生命周期精细化管控，打造出高安全性、高可靠性和高美誉度的掘进机。所谓"智慧服务"是指依托远程监控平台、云计算大数据平台和设备状态评估与检测平台，运用创新的"5S"（专业服务、技术培训、快速响应、状态监测、配件供应）服务模式，为客户提供智能化、全过程的超值服务和综合解决方案。

"高端定制、卓越品质、智慧服务"三者之间互为依托、循环支撑，形成一个有机整体，共同助力中铁装备成就"世界品牌"。"高端定制"为卓越品质提供基础和保障；"卓越品质"为智慧服务创造条件；"智慧服务"又能够赋能高端定制，为高端定制提供更切实的研究创新思路和更精准的客户需求。那中铁装备具体又是如何打造这三大支撑的呢？以科技创新为基础的"高端定制"在上一章已有介绍，接下来将着重阐述中铁装备是如何成就"卓越品质"和如何实现"智慧服务"的。

第二节　构建全流程产品品质控制体系

一、产品特性引发质量管理"难题"

中铁装备的核心产品是盾构机，是一种定制化的大型复杂隧道施工技术装备，具有"工程机械之王"的称号。由于其是具有定制化、大型化和复杂化的产品特性，中铁装备在产品质量管控过程中难免会遇到一些必须面对并且不可回避的问题，这些问题也为盾构机的质量管控过程提出了一系列的要求。

第一，客户需求多样，对研发和设计的要求高，质量管理难以标准化。定制化的特性决定了每一台盾构机都必须单独设计，并且严格按照客户需求进行针对性研发、生产和制造。不同客户需要盾构机进行施工的场景不同，不同场景下的地质条件也不同，这决定了盾构机的外观和构造需要针对不同客户进行不同的定制化设计，难以进行标准化设计和生产，增加了产品质量管控的难度。

第二，设计至关重要，对后续流程影响大，质量管理必须"从源头开始"。对于盾构机这类产品而言，设计过程对质量管理非常重要，如果设计本身存在缺陷，即使生产过程严格按照设计进行生产，最终质量问题也会显现出来。此时产品已经生产或投入使用了，难以进行更改。例如中铁装备曾经为了规避其他风险问题在盾构机油管上打了一个孔，就是这个孔导致油管里的油产生气泡，造成质量问题。高专业度的设计对生产过程提出了较高要求，因为设计研发过程中的一些关键点可能生产人员并不清楚，如果生产人员没有严格按照设计图纸进行生产，可能会产生质量安全问题。

第三，装备体型巨大，生产和制造流程长，质量管理必须全程化。盾构机的生产流程长、工艺多、零部件多，需要进行质量控制的地方也很多。对于标准化产品，尽管生产流程长但是生产环节和工艺是一样的，只需要在一些关键点进行标准化质量管理即可，而盾构机是一种非标准定制化产品，不同产品需要管控的地方是不同的。

第四，装备结构复杂，隐蔽工程多，质量问题难以"事后改进"。盾构机的生产过程中存在一些隐蔽工程，如果生产完成后发生质量问题，不仅需要耗费巨大精力找出问题，还会造成返工等巨大的损失；再者，生产过程中有一些操作是不可逆的，一旦发生问题只能从头开始重新制作；如果是交付使用后发现存在严重的质量问题，可能还需要耗费巨大资源将盾构机拖出隧道或者直接填埋，不仅造成资源的浪费还会导致企业形象和声誉受损。

面对种种难题，中铁装备是如何攻坚克难，成就卓越品质的呢？

对于中铁装备而言，产品品质管控主要法宝是基于控制点识别的ITP平台管控流程，解决全流程精细化的前置化质量管控难题。

二、基于控制点识别的 ITP 平台管控流程

中铁装备构建的 ITP（Inspection and Test Plan）平台化管控是指在控制点识别的基础上进行分类分级管理，实现质量管控标准平台化。总的来说是针对不同产品分类在 ITP 基础之上进行的质量控制点分级，包括产品分类、风险点识别、控制点分级、依据分类分级结果进行质量管控四个步骤。

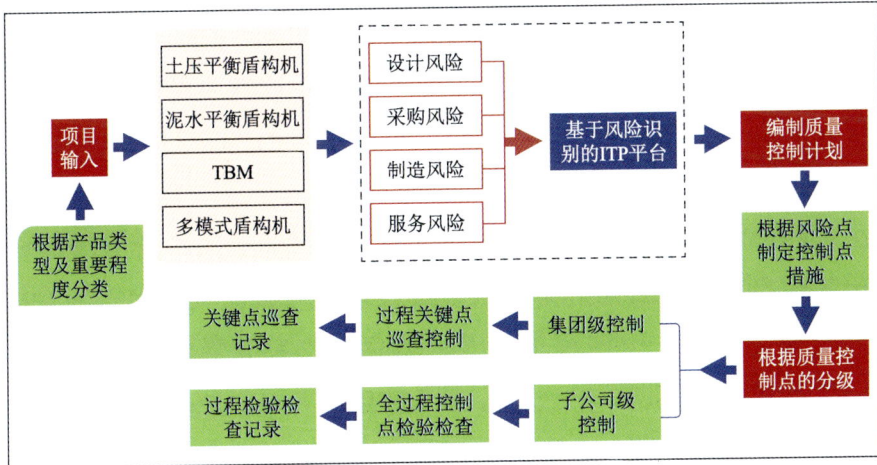

基于控制点识别的 ITP 平台管控流程

第一，先根据产品类别进行分类。对于中铁装备，产品类别包含土压平衡盾构机、泥水平衡盾构机（新机制造、维修改造、现场服务）、TBM、多模式盾构机等，再对各产品类别进行细分，包括常规和新设计等，最后再对设备的关键部件进行分类。

第二，借助 ITP 平台，中铁装备要针对各类别产品识别出包括设计风险、采购风险、制造风险和服务风险等在内的覆盖全流程的所有风险，然后依据所有风险点编制质量控制计划。

中铁装备的设计风险识别从对设计人员的"一书、三清单"审核开始。"一书"是指作业指导书；"三清单"包括审核要素清单、接口确认清单和三维模拟清单。审核完成出图后，开始进行工艺编制审核。工艺包括两种：一是设计可制造性工艺，即设计图能否成功制作出来以及制造过程中难以控制的关键点在哪里；二是制造环节中的加工工艺，即如何通过设计图一步步制造出成品的具体工艺。工艺编制完成审核后，基于编制的工艺制定质量管控计划。

第三，在风险点的基础上进行控制点识别和分级，中铁装备一直以来采用的是三级管控，即将控制点分为三级：一级控制点是指一旦发生质量问题，会引起重大事故并且无法修复，进而造成企业形象严重受损的风险控制点；二级控制点是指对于特定厂区，在组装过程中可能会发生问题需要全程监测的风险控制点，以及一些隐蔽工程中的风险控制点；三级控制点是指按照正常操作规范进行生产就不会出现问题的风险控制点。

第四，根据产品及质量控制点分类分级结果，集团公司与各子分公司之间、各子分公司内部的质量管控按照分类分级情况实施管控。针对一级控制点，中铁装备要求必须有专业人员全程进行监测和管控；针对二级控制点，中铁装备会安排指定人员驻场监控，全程管控质量，至于隐蔽工程，中铁装备要求质检人员必须在施工前充分了解情况，施工中全程进行监管，施工后还需要对工程进行检查；针对三级控制点，中铁装备需要不断对操作人员进行技能培训，提升其规范操作意识和操作能力，操作完成后再进行自检以及班组内互检。经过三级管控，中铁装备做到了整机验收合格率逐年上升，并保持每年上升幅度达10%。

中铁装备通过产品分类，实现了对每一个产品中的每一个零件的质量管控。同时，借助ITP平台识别出每一个产品从研发、生产、制造到组装的全流程的风险点，实现了全流程的风险识别。根据质量管控计划，以关键控制点为抓手，在生产和制造前或制造中，安排对应人员实时进行监控和检测，预防风险的发生，避免质量问题。对于部分生产过程中的一级控制点，设计人员直接进行检查，检查生产结果是否达到预期效果。

基于控制点识别的ITP平台管控流程，具有以下优势：第一，保证了全流程的精细化质量管控；第二，确保了质量管控的前置化；第三，确保了设计和生产流程质量管控的有效结合，为卓越品质提供了坚实保障。

除此之外，在产品整个品质管控流程中，ITP还能为品质提升提供支撑。销售人员通过与客户对接了解客户需求；产品开发环节围绕客户需求进行开发；生产制造环节对关键控制点进行严格质量管控；交付使用之后，服务人员在基于开发和生产制造环节中的关键控制点进行服务，收集客户意见并反馈到销售和研发人员，从而引导客户需求升级，推动产品品质再提升。

第三节　打造智能化服务支撑平台

从"打造世界一流的隧道装备综合服务商"这一愿景中可以看出，中铁装备一直将自身定位于隧道装备的综合服务商而非制造商，旨在通过提供优质服务提高顾客的满意度。事实上，服务优势也一直是中铁装备的核心竞争优势，是其开拓市场和打造品牌的利刃之一。为了持续保持服务竞争优势，服务质量管控成为中铁装备无法回避的重要问题。

"以盾构为核心的隧道装备生产制造及服务"的业务领域决定了中铁装备的服务范围贯穿于营销、设计、制造、施工全流程。售前服务，包括营销和设计环节的技术服务。营销过程中会有技术人员跟随销售营销人员为客户提供技术服务，引导客户需求，并将客户需求反馈给设计人员，从而结合不同施工环境以及客户需求设计和生产出对应的产品。售后服务：从产品交付开始到施工完成之前，工地装配环节会有技术人员帮助客户进行组装；正式施工前会有技术人员对操作人员进行培训，避免出现操作问题；正式施工过程中，中铁装备会安排专业的驻场人员提供售后服务，一方面日常进行维修和保养，另一方面遇到问题及时响应及时解决。经过全流程贴心式的服务，中铁装备旨在为客户提供一条好的隧道而不是一台盾构机。

然而，在实际售后服务过程中，操作人员操作失误经常导致盾构机出现故障。现场服务人员由于专业水平不足，往往不能快速识别和准确解决问题，这可能使得盾构机出现更严重的故障。一旦盾构机在施工过程中出现严重故障问题，不仅需要耗费巨大资源将其拖离隧道进行处理，还会导致施工被迫中断，进而影响整个工程进度，甚至损害企业形象和声誉。显然，事后改进式的服务模式对于中铁装备而言不利于中铁装备进行质量管控。

基于以上服务内容和服务特点，中铁装备提出了"服务全程化、服务前置化、服务标准化和服务专业化"的解决方案，实现及时响应，快速服务，让顾客满意。一方面，借助信息化手段在全流程提供预警式服务，通过加强监测及时预警，提高服务响应速度，尽量避免严重故障问题的出现；另一方面，通过提高服务人员的服务能力，确保出现问题后能够高效专业地解决问题。

一、服务全程化

为了提高服务的附加值，中铁装备不断扩大服务范围，尽可能地为客户提供全面多样的服务。以信息化、智能化为手段，中铁装备搭建了覆盖从配件供应、技术服务、状态监测、加工制造、维修改造、设备租赁、再制造、工程施工等全业务流程与活动的产品全景服务管理体系，切实实现全程化服务，满足客户多样化要求，提高服务价值和服务质量。

二、服务前置化

为了实现服务前置化，中铁装备借助信息化手段打造了装备云平台。通过加强监测尽量避免故障的发生，做到服务前置化。装备云是由中铁装备自主研发的掘进机远程监控服务平台，深度融合了数字传感技术、工业互联网、大数据分析、人工智能、虚拟现实、增强现实等新一代信息技术，具有隧道掘进机集群的远程实时监控、业务管理及掘进机临境化虚拟交互、现场三维可视化模拟等功能。打造了风险管控、故障诊断、地面沉降监控、掘进管理、三维可视化监控、设备数据监控、工程地质管理、智能数据分析、场景漫游、虚拟交互、虚拟教学实训平台等重要功能模块。通过装备云平台能实时跟踪了解盾构机的运行状态和施工情况，足不出户掌握设备运行信息，凭借装备云平台强大的数据分析功能，还可以预测施工过程中存在的安全风险、进度风险、质量风险，不仅使管理人员能快速直观地掌握现场动态，同时还为设备安全高效掘进提供了依据，为服务前置化提供了重要支撑。

三、服务标准化

不同的服务人员提供的服务质量有所差异，为了控制服务水平和提高服务效率，中铁装备打造了标准化的服务流程和标准化的解决方案。

第一，服务流程标准化，2009 年中铁装备从技术服务团队的形象标准化入手，2013 年形成了"5S"服务理念，即专业服务、技术培训、快速响应、状态监测、配件供应，2018 年技术服务流程标准化全面推行，围绕每个施工项目，聚集不同专业人员成立跟随盾构机服务的项目小组，实施驻点服务，实现及时响应、及时服务，并逐步形成了"中铁盾服"品牌。

第二，问题解决标准化，中铁装备还打造了运维云平台，旨在为一线服务人员提供标准化解决方案，提高服务效率。运维云是基于互联网技术、移动互联网技术、大数据技术的盾构大数据服务平台。包括盾构机运行、报警、远程诊断与维修保养，隧道工程进度、风险、资料、安防管理平台，盾构数据服务平台、智能化掘进基础数据库。基于大数据把常见问题汇编成问题解决手册，让基层服务人员能够准确快速地识别并且精确地解决问题，提高服务效率。

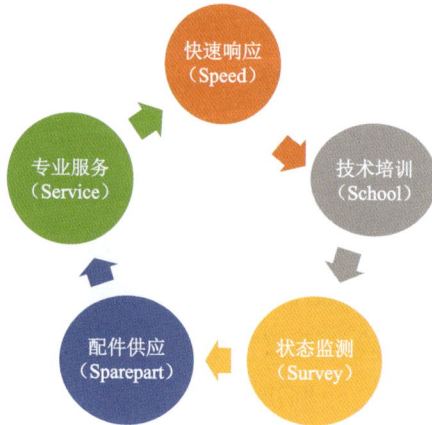

中铁装备"5S"服务模式

四、服务专业化

　　首先，中铁装备从组织机构上凸显对专业服务的重视程度，在公司创建之初就建立了"技术服务部"，并随后创建了中铁装备集团技术服务有限公司，只为更好地进行服务管理工作以及提供专业的技术服务。其次，中铁装备通过对操作服务人员培训赋能，提高其操作技能和操作能力，从而提供专业化服务。2018 年 4 月，中铁装备成立了隧道掘进设备操作人员及维保人员职业技能鉴定和能力水平评价鉴定站，为盾构机/TBM 司机及维保人员提供了专业化、系统化的培训，培训学员通过技能鉴定与能力水平评价获得工程机械维修工、盾构机操作工职业等级及评价证书，获得证书才能进行操作，保证服务人员的基础专业水平。最后，标准化的解决方案本身就保障了一线服务人员可以提供专业的服务，但是由于客观环境，如客户需求、地理环境及一些不可抗力因素的影响，标准化的解决方案也可能存在解决不了的问题，这时可以借助远程诊断和调试系统让更专业的人员例如工程师和设计师在线上解决，如果线上仍然解决不了问题，中铁装备还会安排专业项目团队前往施工现场。

例如，在以色列某项目中，中铁装备为客户提供的一台盾构机出现双液注浆系统堵塞故障，当时该盾构机的主要设计研发人员陈昆鹏协调公司各个部门前往现场，针对问题进行调查并分析问题存在的主要原因，创造性地提出解决方案，成功解决了施工障碍。

第四节　实施全员质量赋能工程

质量管理的两大关键要素是质量管理机制和人，二者的有效结合才是中铁装备实现高质量发展目标的核心所在。一方面，同心圆质量管理模式、产品品质控制体系、智能化服务支撑平台这些最终都需要靠人来搭建和实施；另一方面，管理机制也无法覆盖生产过程中发生的所有问题，多数情况下必须依靠人的有效管理与决策，一些关键控制点也需要靠人的经验去准确识别和管控。因此除了建立科学先进的质量管理模式和质量管理体系，如何发挥人在质量管理上的主观能动性，是中铁装备高质量发展道路上必须解决的问题。那具体应该从人的哪些方面着手提供质量保障呢？

第一，牢固树立质量意识。质量意识是质量保障的前提条件，优良的质量意识是质量赋能工程的基础和一切质量管理工作的开端。对于中铁装备而言，之所以需要员工树立质量意识，来自内外两方面的压力。在企业内部，员工质量意识来源于中铁装备高管层对质量问题的重视和质量提升的决心，如本章开头所说，韩亚丽总经理的"质量警示教育现场会议"唤起了全体员工质量意识的觉醒，自此以后，质量第一成为全体员工工作的首要准则。在企业外部，市场特性和产品特性倒逼中铁装备不得不将质量当作是悬在头上的"达摩克利斯之剑"。在市场特性方面，在中铁装备诞生以前，中国的盾构机市场一直被外国企业垄断，作为一个新兴的国产品牌，中铁装备的一次失败就可能击垮人们对于其自身乃至于所有国产品牌的信心，导致其永远失去市场，失去"生命"；在产品特性方面，盾构机作为大型复杂装备，一旦发生严重质量问题，不仅会影响项目工期，还会影响企业形象和声誉，因此全体员工必须秉持"质量就是生命"的宗旨，将质量意识放在第一位。

第二，不断提升质量能力。质量能力是质量保障的基础支撑，员工的质量管控能力也是打造质量赋能工程中不可或缺的重要环节。首先，主观意识的实现还需要以客观条件为依托，仅有质量意识没有质量能力会让员工"心有余而力不足"；其次，盾构结构复杂精密，整机制造涉及多领域、多学科交叉，对设计、生产、制造和操作人员的技能提出了较高要求。因此中铁装备在确立了员工质量意识的基础上还需要帮助员工提升质量能力，例如了解基本的操作规范和专业的操作技能，从而确保工作能够正常进行，进而避免质量问题的出现。

第三，有效管理质量行为。质量行为是质量意识和质量能力的外在表现，建立激励与约束机制是质量保障的有效举措。即使具备质量意识和质量能力，部分员工也有可能不按照质量要求进行工作。因此需要建立有效的质量激励与约束机制来确保员工的行为朝着中铁装备期望的质量目标前进。以质量激励机制激发员工的主动性和创造性，激励员工将中铁装备的质量目标当作个人发展目标而主动争取实现，以约束机制规范员工行为。当员工出现一些偏离中铁装备质量目标的行为时，用一些惩罚手段让员工回归到正确的质量目标实现路径上。

基于此，为了打造一支"视质量如生命"的员工队伍，中铁装备从人的意识、能力和行为三方面着手：以质量诚信文化驱动员工的质量意识，以赋能工程提升员工的质量控制能力，以激励和约束机制引导员工实施质量控制行为。

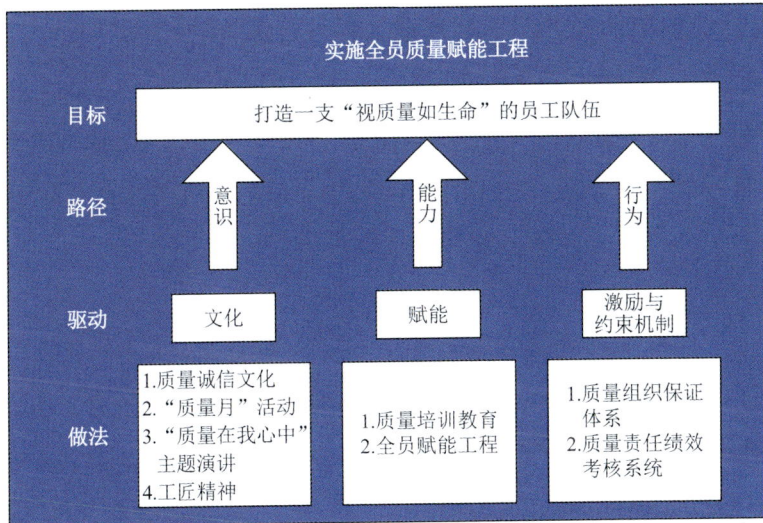

中铁装备实施全员赋能工程

一、质量诚信文化

中铁装备的质量诚信文化是指"在企业的经营活动中，长期坚持可靠的价值观，积极倡导诚信经营、公平竞争、信守承诺，用诚信及过硬的产品质量赢得客户"。为了准确向客户传达企业的质量诚信文化，中铁装备还提出了"产品是人品、质量是道德"的质量诚信承诺，并从产品、准时交付、供应商和优质的售后服务多方面践行质量诚信承诺。

为了切实落实质量诚信文化，提高员工质量诚信意识，中铁装备以企业质量诚信体系建设为载体，以质量意识和诚信意识教育为主要内容，不断加强企业质量诚信文化宣传和教育，引导和推动企业和员工弘扬诚信传统美德，增强企业责任意识、质量诚信意识。为了进一步营造质量诚信文化氛围，公司积极组织开展"质量月"活动，本着"发现问题、解决问题"的原则，召开跨部门研讨会，针对性地开展质量检查、分析、整改工作，扎实开展质量问题整治，有效提升产品质量。同时，在广大员工中开展"质量在我心中"主题演讲，宣传"全员质量意识"的理念，增强全员质量意识，营造诚实守信、讲质量、重视质量的良好氛围。除此之外，基于"匠人工程"，在企业内着重打造工匠精神，靠质量标杆、标兵、工匠这种榜样力量，实现标杆引领，进一步提升和强化员工的质量意识，激励员工向榜样学习。

二、全员赋能工程

为了增强员工的质量能力，中铁装备从质量培训教育和赋能工程两方面实现全员的质量能力提升。

（一）质量培训教育方面

中铁装备每年广泛开展各种质量体系系列培训及活动，实行全员、全过程、全方位、多层次的培训。一是分层级、分岗位开展有针对性的质量培训。基于组织对员工的能力需要、绩效提升需要，以岗位要求、职业发展通道、任职资格能力标准为牵引，分层级、分岗位对不同人员进行培训要点规划，然后参照对不同层级、不同岗位人员的培训规划，实施相应的培训课程。二是开展全员参与的质量培训活动。内容包括质量管理体系培训，以及从质量体系、生产体系、营销体系、技术体系等方面开展各条块的质量培训活动，从而提高员工对相关标准要求的熟悉度。除此之外，还有 QC（质量控制）活动培训，帮助全员学习质量关改进工具与方法，解决自身工作中遇到的质量管理难题。

（二）赋能工程方面

中铁装备通过高质量的管理和业务培训，显著提升员工业务水平和综合能力。针对管理人员，开展战略思维、领导力提升等业务培训和对标学习；针对技术人员和资格认证人员，组织新技术、新工艺应用等专项业务培训；针对技能操作人员，实施"匠人工程"方案，通过班组长赋能培训，显著提升员工技能水平和职业发展空间。

三、激励与引导机制

为了有效激励和约束员工的质量行为，中铁装备建立了以总经理为首的质量保证组织体系和严格的质量责任绩效考核系统。

质量保证组织体系共有五级：

一级是集团公司总经理。总经理是公司质量第一责任人，对公司产品质量负全责，以及对公司质量战略、质量目标的批准等负责。

二级是集团公司分管质量副总经理。负责组织建立质量责任体系和倡导、培育公司质量责任文件，推进相关的文化建设工作等工作，除此之外，还负责定期向公司总经理汇报公司产品质量目标完成情况、产品质量状况、重大质量事故及处理决定。

三级是质量与服务管理部。负责建立公司质量责任体系评价和考核制度、各类与质量有关的工作流程及质量责任考核标准等具体的质量管理工作。

四级包括设计质量、采购质量、制造质量、包装运输质量和售后服务质量。

五级则是四级对应的各个单位或机构。

在五级质量保证组织体系下，每位领导者或员工都需要对自己的贡献负责，一旦发生问题会追溯到相关负责人，从而有效约束质量问题的出现。

在质量保证组织体系的基础上，中铁装备还建立了严格的质量责任绩效考核系统，通过设定一系列的质量目标，将绩效结果与个人的绩效考核结果挂钩。公司制定的一系列的绩效管理、奖励和惩罚管理制度包括"中铁工程装备集团有限公司业绩（含质量）考核制度""中铁工程装备集团有限公司产品质量管理制度"等。通过质量责任绩效考核系统，一方面引导员工向企业所倡导的质量行为靠齐，另一方面将质量责任与惩罚措施挂钩，又进一步约束了员工在质量管理方面的行为。

第五节　大国工匠

中铁装备研制了盾构机这样的大国重器,也培养了像李刚、吴毅、彭军洪等一批大国工匠。

缺乏工匠和工匠精神是不能制造出质量优良的高端装备的。

在中铁工程装备集团的盾构机制造领域,李刚无疑是一位杰出的"大国工匠"。他凭借卓越的技术才能和无私的奉献精神,为国产盾构机的研发和生产作出了巨大的贡献。李刚的职业生涯开始于中铁隧道局修理厂,后来调入盾构制造公司。恰逢其时,国家"863计划"盾构机模拟试验平台落户公司。李刚从零开始,夜以继日地学习、摸索,最终使"盾构机模拟试验平台"通过国家验收。以此为起点,他投身于第一台国产盾构机的制造,并成功负责其电气系统,使国产盾构机顺利下线并应用于天津地铁隧道,为盾构机国产化拉开了序幕。然而,李刚并没有止步于此。他深知,只有不断完善国产盾构机的内部构件,优化其性能,才能真正走向世界。于是,他带领团队攻克了一个又一个技术难题,研发出了具有自主知识产权的液位传感器、模块化接线盒等核心部件,打破了国外企业的技术垄断。李刚的成功并非偶然,他勤奋好学,勇于挑战,对待工作一丝不苟,同时他还非常注重团队建设,将自己的技术毫无保留地传授给徒弟,培养了一批批优秀的技术人员。如今,李刚已经成为中铁装备的特级技师和"大国工匠",他的事迹激励着更多的年轻人投身到盾构机制造事业中,为中国制造的发展贡献自己的力量。

吴毅,是首台国产盾构机刀盘焊接的操盘手。他虽然只有初中学历,但他凭借努力和才华,成长为了高级技师,并带出了多名焊接技师和高级焊工。在盾构机的制造过程中，焊接是非常关键的一环，而吴毅的技术和经验，为国产盾构机的质量提供了有力保障。

彭军洪，是一位杰出的高级技师，被誉为盾构机"心脏"的理疗师。作为中铁工程装备集团盾构制造有限公司液压车间主任，长期致力于液压系统技术的研发，解决了多项生产技术难题。自 2010 年以来，彭军洪参与主持了 800 余台盾构机的组装和调试工作，这些产品不仅在国内市场上占据着重要的地位，还出口到了马来西亚、新加坡、黎巴嫩等多个国家。他对于盾构机液压系统的理解和技艺，已经达到了炉火纯青的地步。在面对新型设计和复杂技术难题时，彭军洪总是能够与时俱进，不断完善自身知识架构，带领团队攻克难关。例如，在主持完成出口新加坡的"中铁 209 号""中铁 210 号"泥水平衡盾构机整机液压系统的组装、调试工作时，他展现出了非凡的技术能力和团队协作精神。

中铁装备的大国工匠们，是在长期的实践和学习中逐渐成长和产生的。他们的产生，离不开个人的努力、企业的培养以及社会的支持。大国工匠具备高超的技能水平，他们通过长期的学习和实践，掌握了一门精湛的手艺或技术。他们的工作往往要求极高的精确度和专注度，每一个细节都力求完美，不容许有丝毫的马虎和敷衍。这种对盾构技术的极致追求，体现了他们对盾构的尊重和热爱。

|第十一章| 人才是创新之源

技术创新、市场拓展、国际化、质量管理，无一不需要一流人才的保障。与许多初创企业一样，中铁装备在吸引人才方面也面临客观挑战，因此不断解放思想，在人才管理方面突破传统，实施了一系列大胆创新。通过校园招聘、社会招聘、海外引进等多种渠道并举的多元化人才引进方式，不拘一格选拔人才。敢于向关键人才倾斜的薪酬、培训等资源分配制度，公开透明、以能力业绩为导向的选拔晋升机制，以及包容失败、鼓励创新的企业文化，中铁装备在国有体制背景下创新性地培育出了一大批具有奋斗精神和创新精神的人才队伍，有力推动了企业技术创新和市场拓展，支撑企业实现了国际化战略目标。

第一节　多管齐下，广纳良才

成立之初的中铁装备拥有着良好的发展机遇，和同样显著的人才缺口，人员总量不足，专业人才缺失、长短期人才需求不能得到满足等结构性问题。同时面对这个初创企业的，还有知名度不高、新兴产业不易吸引人才的困难。而中铁装备的领导，通过长短期结合、多种渠道并举的思维，亲自上阵、礼贤下士，总结出了一系列招聘选人的原则和理念，成功地补足了人才缺口，为企业发展奠定人才基础。

一、宏图将展，人才奇缺

中铁装备成立之初，员工仅有 108 人（戏称"108 条好汉"），其中设计研发人员约占 60%，制造人员占 20%，管理人员占 20%。人员班底主要来自中铁隧道局，而中铁隧道局作为施工企业，并不拥有足够的机械设计和机械制造人才。仅有的二三十名管理人员基本是中高层管理者，经常出现一个管理者需要兼任几个部门部长的情况。从集团公司的内部单位，转型成为独立对外经营的企业，中铁装备的任务是在较短的时间形成年产 20 台（套）盾构机制造及维修改造的生产能力，建成"国内领先、国际先进"的盾构机制造基地。公司的"108 条好汉"可谓任务艰巨，责任重大。

盾构产业化带来的是前所未有发展机遇，而新成立的公司面临着人员总量及结构化的巨大人员缺口。从短期来看，需要技术和市场两个方面的"尖兵"快速突围。既需要具有研发经验和能力的人，承担技术攻关的重任；又需要具备营销能力的人员，实现销售，拓展市场。从长期来看，公司需要大量长期与公司共同成长的人才，在各个岗位承担核心角色，成为支撑公司发展的中流砥柱；也需要大量的一线作业层的人员，完成劳动密集的基层工作。可以说，中铁装备迫切需要打造一支结构合理、战斗力强的员工队伍，实现公司快速发展的战略目标。

二、开放多元，巧补缺口

根据公司人才结构化缺口的特点，中铁装备的领导高度重视，开阔思路，打破传统单一的人才引进方式，采用多种渠道并举，长短期结合的方式，制定了针对性的、符合需求的人才引进策略。

最适合公司长期引进和培养的人才对象是应届毕业生，主要渠道是校园招聘。通过应届毕业生的引进和培养，完成公司的长期人才储备，打造多层次的人才梯队。经过讨论，招聘时公司重点关注的是毕业生的综合素质和培养潜力，侧重于高学历、重点院校、相关专业。招聘对象为高等院校硕士及以上学历，以及以机械、电气等专业的应届毕业生。针对公司初创期，招聘时遇到的种种困难，公司采取"请进来、走出去"的策略。"请进来"是指请对盾构掘进机行业感兴趣的目标学生到中铁装备参观，或进行暑期社会实践实习。由中铁装备出具课题和费用，与高校合作科研项目，并设立"中铁装备奖学金"，为毕业生提供了解行业和参与实践的机会。"走出去"是指主动拜访各高校，介绍企业和招聘人才。在一些毕业生质量较高的重点院校，中铁装备主动接近，甚至将招聘海报贴到了宿舍门口。就这样，2009—2014 年，中铁装备逐渐与包括郑州大学、山东大学、浙江大学、西南交通大学、中南大学、重庆大学在内的全国重点院校建立了合作的关系。通过毕业生师兄弟之间口口相传，形成品牌效应。中铁装备的招聘会从一开始的冷冷清清、无人问津，到 5 年后成为招聘优势单位，比同样招聘的工程局单位都受欢迎，公司的品牌已经在高校和行业之间建立起来。

打造技术和市场能力，进行骨干力量、中层管理干部的快速补充是中铁装备的另一项重要任务。通常培养一名毕业生成为生产骨干需要 8 年左右的时间周期，而中铁装备需要迅速打造中坚核心力量。当时，不仅中铁装备，整个中国的盾构行业都处于一个起步阶段，这种成熟的人才在社会上是稀缺的。中铁装备的领导通过摸索后决定，"系统内部"和"社会招聘"并举，全员招聘。

面向中铁隧道局系统内单位，及内部其他使用过盾构机的单位发起招聘，通过内部推荐和发布信息的方式吸纳人才。中铁隧道局是国内主要的施工单位，人才存量较大，并且与中铁装备同宗同源，文化相通，从业务能力到企业制度适应性方面都比较合适，引入后可以直接委以重任。当时的中铁装备已经转制成为中国中铁的二级单位，薪酬待遇在体系内比较优厚，加上对盾构产业良好的发展前景的判断，一大批中铁隧道局内部的人才成功加入中铁装备的新平台。这部分人在中铁装备的发展中都承担了重要的工作，成为中坚力量，发挥了很大的作用。

在机械技术方面具备成熟经验的人才仍然缺乏，公司决定通过社会招聘来补充。盾构行业属于小众行业，一部分外资企业是行业龙头，于是从通用机械制造行业的企业，引进了一批机械设计和机械制造的专业技术人才，他们在生产、研发、设计、质量，以及售后服务等方面的成熟经验可以快速为我所用，补充了中铁装备技术人才的缺口。2013年，中铁装备收购了德国企业维尔特的知识产权，并且引进了相关的海外技术专家和人员。在之后的发展过程中，引入了行业内企业在沈阳、上海的整个团队。

此外，一线作业层和售后服务需求大量人员，而在成立之初，公司工资总额和人员总数受到上级限制，针对这一矛盾，中铁装备采取了利用劳务派遣的方式引进和运营作业层的员工。每年会对超过工资总额的部分向上级请示一次追加。劳务工有的学历较低，经过三五年之后的工作锻炼，渐渐有一定的技术水平。公司于2014年解决了劳务派遣工的同工同酬问题，又于2016年解决了公积金的问题。管理上完全按照公司的普通管理进行，也就是与正式员工同时、同步、同学、同考核，没有区别。按照比例逐年选拔一部分转为正式员工。通过这样的方式，补充了一线作业层的员工，很多员工也实现了个人职业的成长和生活的转变。

优秀劳务工能"转正"

王保利就是典型代表，他是中国中铁盾构技能大赛一等奖的获得者，同时他也获得了国务院政府特殊津贴，当时中铁装备只有两名享受国务院政府特殊津贴的员工，一位是董事长李建斌，另外一位就是王保利。

　　由此可见，中铁装备通过应届毕业生招聘引进长期人才，向社会和系统内部招聘快速补充中层和核心骨干人才，并灵活使用劳务派遣补充了一线作业层人员的方式，及时地补充了人力资源总量，并且打造了结构型的人才队伍，成为一种科学、有效的模式。公司员工人数从不到200人发展到几千人，有效地支撑了公司的发展。

人才培养与引进双管齐下

　　中铁装备培养了一大批技术骨干，如卓兴建、贾连辉、贾要伟、孙志洪、林福龙、宁向可、周小磊、高渐宝、姜礼杰、薛广记、王全胜、程永龙、李洋、叶蕾、叶超、文勇亮、张啸、李鹏宇、徐受天、龚廷民、郑永光、朱永超、许顺海、姚晶、王静、蒋鹏鹏、张鹏、齐志冲、庞培彦、张昊、高林照、李楠、徐姣姣、张世伟、赵茜、曹明飞、施云龙、赵云辉、夏建峰、杨兴亚、董磊……从社会招聘的很多人才成为企业中坚力量，王锴、袁文征、于太彰、孙恒、霍磊、陈新建等，各个专业的出类拔萃者众多。有的从事结构设计、有的从事电气设计、有的从事液压设计，还有的从事土木技术研究和软件开发、科技情报、盾构销售、售后服务、工厂制造、科技管理、动画制作。

　　中铁装备为了尽快打开海外市场，把中国盾构机技术推广到全世界的隧道项目，聘请了在国外公司工作多年的精英人才，如吴晓波、吕晓明、雷曼（德国）、Don Hall（英国）、李潮、南好人（日本）等，这些人员一直工作在中铁装备的海外机构，为中铁装备盾构机打开当地市场，发挥了很大作用。

三、求贤若渴，礼贤下士

　　校园招聘作为最重要的补充人才方式，也是中铁装备最重要的人才引进渠道。当时作为一个成立不久的企业，中铁装备发现人才招聘起来困难重重。招聘组不远千里来到校园，招聘会吸引到的往往只有三三两两的参与者，会场冷冷清清，无人问津。公司招聘人员询问了一些同学不愿意来受聘的原因，主要是企业知名度低、没有品牌。虽然中国中铁是知名企业，但是中铁装备这个公司并不知名；作为施工企业之下的装备制造企业，有些同学担心自己所从事的专业在系统内是否是主流，是否存在日后向上发展的局限；此外，盾构机制造在当时是新兴产业，了解和熟悉行业的人并不多，没有前辈学长的传帮带和口碑背书，发展前景不明确，并且还存在厂址位于河南新乡，地点相对偏远的现实因素等。面对这种局面，董事长李建斌高度重视，将人才工作列入重点，成立了公司招聘工作小组，他担任招聘工作组长亲力亲为地进行招聘。他从内心充满对人才的尊重和重视，在公司树立尊重人才的文化，他的很多做法可谓虚怀若谷，礼贤下士，在中铁装备人中产生深远的影响，为公司的人才政策打下良好基础。

作为企业董事长、党委书记的李建斌，成立之初的连续多年，秋季招聘的时候亲自带队去相关高校。他亲自宣讲，并且当场进行一对一面试。学校的领导和同学见到企业的一把手是如此尊重人才，那么企业能不重视人才吗？参与的学校领导和应聘的同学都深受感动。

主动出击，广揽英才

中铁装备前人力资源部部长郑昌盛回忆道："2011 年的 9 月份，我们去传统的铁路院校：中南大学、西南交通大学、兰州交通大学招聘，因为那个时候企业知名度小，刚成立，公司地址还在新乡，地理位置比较偏远，领导亲力亲为带我们去选人。那时候铁路系统的企业比较讲究，到了以后宣讲，有的校领导都参加了，帮做个动员，同学就来得不少。我们领导舍不得粗放式地筛选人，就一个接一个地见。一个人按 10 分钟算，几百人你想需要多少小时。中午没时间吃饭，领导说不去学校的招待所，领导带着我们一人一盒泡面、一个卤蛋、一根火腿肠，就在旁边小卖部吃了，然后接着干活，就这样逐个见。有些学生一看就感觉不是公司需要的人，可李董事长还是非常耐心地面试完，没有直接拒绝。我们对他这种尊重人的做法都非常感动，学校里领导都表示很难想象。日后我们到其他学校的招聘，都是如此进行。"

"对社会人才的招聘，有时候人力部门三三两两地引进人到企业来参观、进行双向选择，只要是李董事长在，他都要亲自见一见，哪怕一个人只有几分钟，他都要谈几句话，问几个问题，之后还要问专业组的意见。李董事长还规定了招聘规矩：凡是现场能定的就现场决定，现场定不了回去商量，三天之内给人家回复，不要占用大家时间。不可以像有些单位一个月两个月都没消息。只要邀约来面试的，中铁装备都报销路费。"

由此可见，董事长李建斌对人才把关是非常严格的。他对人才方面的重视和投入，以及对人才的尊重，都为中铁装备的人才策略的成功起到了关键的积极作用。李建斌亲自面试并且招聘来的中铁装备的早期员工，很多人日后走上了管理岗位，他们对于李建斌董事长选人"很有魄力，大胆招聘任用"的特点都甚为佩服。

领导的个人魅力在吸引人才时也会发挥巨大作用。在对社会有经验人士和系统内部人才引进时，李建斌经常亲自打电话给候选人，亲自号召。而来自领导的尊重和认可，很能调动人内心的内驱力和斗志，"我不知道企业未来怎样，但是我就觉得愿意跟你干，觉得有意义、有奔头。"这就是领导者创造的影响力，让人愿意追随。可以说，领导个人魅力的影响，也为中铁装备吸引了一批优秀的成熟人才。

四、务实诚恳，严格筛选

在招聘环节，除了公司领导倡导尊重人才的文化，并以身示范礼贤下士的做法以外，中铁装备还具有一系列选人的理念和原则。

"实事求是地表达企业的实际情况，才能筛选出真正适合企业的人才"，访谈中铁装备第一任人力资源部部长王俊龙时他这样说道。"说实话、交实底，描绘前景不要夸大，这样避免日后感觉受骗上当引起的离职率。"反映了企业务实诚恳的态度和原则。

另外一个显著特点是"用价值观筛选志同道合者"，即在招聘时候强调，该企业的聘用是有严格的筛选和考核的，只有通过了考核期才能留下，否则就会劝退或者终止合同。与通常对国有企业"铁饭碗"的认知不同，中铁装备新入职的毕业生有时一年内劝退七八个的都有，力争做到"能进能出"。这在内部形成了一种"奋斗者文化"。只有愿意奋斗、肯于奋斗的人才能留下，和企业一起成长，共同发展。

中铁装备有拥抱"五湖四海、四面八方"的选人理念，含义就是防止本土文化主导，聚集四面八方人才。"任人唯贤"，不论学历、背景、出处，只要有企业需要的能力。鼓励选人多元化，同时防止内部形成山头主义。

除了理念和文化的吸引，招聘环节难以回避的就是现实待遇和福利问题。在这个问题上，中铁装备的领导直面现实，尊重人性。除了企业改制升级成为中国中铁二级单位，对于系统内发展有显而易见的好处外，对于新员工在企业未来的发展的实际好处，更是给出了"三年买车、五年买房"这样的承诺。这对于刚毕业不久的年轻人来说是非常有吸引力的。妙的是，在郑州这样的经济环境和中铁装备接下来几年业务高速增长的情境下，当时的承诺也得到了兑现。

正是这些选人理念和方法的成功运用，使得中铁装备在招聘环节战胜困难，逆势取胜，成功地补足了人才缺口，为打造人才梯队和培育队伍，提供了基础。

第二节　打造队伍，共创共享

中铁装备人才工作的下一个重点，便是聚焦核心需求，打造核心队伍。面对毕业生招聘为主、年轻人居多的情况，公司能够有效地发现和培育人才，给予人才成长机会。对于绝大多数员工，能够关注其根本利益，使他们与公司共同成长。用人原则可以总结为：着力将资源聚焦，提拔一批、培育一批、带动一批。让优秀的人才脱颖而出，让普通人才实现共同发展。

一、打造三支队伍，聚焦核心人才

在资源相对紧张，人力资源相对缺乏的实际情况下，中铁装备领导明确了"抓主要矛盾，解决关键问题"的基本原则。明确了公司的核心竞争要素在于研发、营销、服务的能力，即倾斜资源于着力打造研发、营销、服务三支队伍，聚焦企业核心人才。并且通过人员投放比例调控、薪酬机制、发展机会等手段，体现公司对人才发展的导向。

在人才投放计划的调控方面，这三个领域人员的招募比例占到总招募人数 60%～70%，工作重心和重点同时向这三个领域倾斜，包括内部举荐及外部猎头等多种渠道，也主要围绕这三支队伍的目标进行。

在薪酬机制的设置上，中铁装备实行岗位薪酬制，将人才分为四个序列，即技术序列、管理序列、营销序列和生产序列。而技术序列人员的岗位薪酬比其他序列同级别岗位平均要高 10%～20%，比管理序列的平均要高出半档。这与一般企业相比是相当明显的区别，体现了公司对技术研发人才资源倾斜的机制。此外，对技术研发人员的重视还体现在企业荣誉、奖金（包括项目奖、经营奖等），甚至分房子这样的福利政策。公司第一任人力资源部部长王俊龙书记在访谈中说道："习近平总书记来视察的时候，所有的领导都站到后头，在现场最前面的除了两位领导以外，都是技术口与营销口的人，要不就是车间工人，所谓中层领导全都在后面靠边上。"这体现了公司对技术人员的关爱，让员工能感觉到在企业里得到尊重。

从人才的发展机会方面，公司的设计研究院是一个人才池，是技术人才培养和重点人才梯队的核心源头。很多新入职的高校毕业生会在研究院培养几年，逐渐成为企业的骨干和管理人才。公司成立初期设计研究院输出了一大批人才，现在有更多单位加入人才池的计划中。技术人才不但在技术序列可以得到发展，而且可以"多通道"发展，可以在管理序列获得管理岗位的发展机会。

二、大胆任用，用而不乱

在核心人才队伍的打造之外，就是对优秀人才的识别和选拔。中铁装备人才选拔和干部晋升机制的基本原则是"从企业发展的需要和人才发展需要两个角度结合"，体现了"以岗位需求为导向，以人才发展为根本"的理念。

中铁装备干部队伍的一大特点是年轻人比较多。企业本身是"年轻"的，平台比较高，发展比较快。因此在前期任用干部、人才选拔过程中，时常发生没有很多成熟的候选人的状况。在这种情况下，中铁装备领导作出决定，大胆信任和培养年轻人，大胆起用年轻人。在用人的过程中拣选人、识别人、培育人。这个过程的成功，主要有三个原因。第一是信任包容的文化，即企业领导对员工的信任和包容，容许试错和成长的理念；第二是企业整体的氛围，公司里面年轻人居多，大家没有缩手缩脚，而是具有勇于挑战的信心，这反过来也更加坚定了管理层的信心；第三就是注重指导和教练职能，在关键岗位以老带新，用机制控制风险，大胆用人而不会用乱。这三点可以说是中铁装备用人年轻化的经验，也是中铁装备"大胆用人，用而不乱"的秘诀。

中铁装备在用人选拔的风气方面，秉持公平、公正、公开的氛围，鼓励大家"脱颖而出，风气清正"，在各自的岗位上不断创优争先、崭露头角，组织根据才能和贡献进行选拔，形成了"领导用人任人唯贤，政治关系比较简单"的普遍认知。

可以说，中铁装备的晋升机制与其他国有企业并无较大差异，但是从领导层面认同公平公正的用人理念，并且能够做到忠实执行，保持公司上下用人风气清正。这对于企业健康良性发展至关重要，也是难能可贵的。

三、造就产业，造就人才

除了对优秀人才的选拔和培育之外，对于大多数普通员工，做到对其根本利益的关注，对其培育和共同成长负有责任。

对于普通员工的关注和关爱，很多人提到了食堂就餐安排的例子。最早的时候公司是有小食堂的，后来遵照对员工平等和尊重的原则，领导决定把小食堂全部取消。领导跟员工一起去排队吃饭，吃同样的饭，排同样队，找不到座位时同样站着吃。对员工关爱的事例还有很多，普通员工可以感受到自己是企业的主人、受到平等对待和尊重的企业文化。

还比如，领导贴近一线，走近青年人的事例广受好评。首任董事长李建斌不仅仅是管理者，在技术方面也是"大牛"。公司成立初期，他经常深入基层一线，与大家共同工作，和年轻人一起搞研发，看项目进度，优化设计方案，提出创新想法等。他也关心大家的思想和生活，行政方面的事务很多人找到李建斌董事长直接办理，很多新员工的名字他都记得。领导的关注和认可，对普通员工来说无疑是巨大的鼓舞和激励，也是最能够激发员工内心动力和热情的。

中铁装备强调行政层级弱化和领导员工平等化，直接行为便是减少国企行政事务方面的繁文缛节，办事流程尽量简单，办事效率提高。有时一些刚入职的见习生，遇到问题都可以直接跑到总经理、董事长那里汇报请示。领导不官僚、不教条的作风，让员工对公司更有信心。

在关爱员工、平等尊重的良好企业氛围下，很多员工不但创造了优异的效益，更得以与企业共同成长。有很多员工通过几年的工作，提高了技能，获得了相应的奖励报酬，也得到了职位和岗位提升，收获了个人职业成长和幸福的生活。

第三节　培育赋能，引导发展

对于人才的培养和赋能，是中铁装备一直重视的方面。集团公司于 2016 年底成立了培训中心，统筹管理集团公司及各子分公司的培训工作，将培训工作与企业及员工实际需求紧密结合，制定完善了培训有关制度，强化培训计划落地，打造了符合公司人才发展需要的培训体系。

中铁装备人才培训赋能坚持两大指导思路：

一是"抓两头、带中间"的聚焦式培训赋能。"抓两头"是指领导干部群体赋能、一线技能群体赋能；"中间"指公司关键岗位的关键人才赋能。通过对两头核心人才的体系化、项目制赋能，开阔核心人才视野，完善其知识体系，发挥该群体"领头羊"效应，营造持续学习、不断提升的氛围。同时，关注公司关键岗位关键人才成长，以践行集团公司战略方针为目标，以岗位技能提升为着力点，查缺补漏，增强关键人才综合素质，最终促进公司人才成长。

二是连"点"成"面"项目化运作的教育模式赋能。即将"短期、片段式"培训班次具备变为"长期、项目式"教育，以业务为落脚点，围绕学以致用组织教学资源，设计教学模式，最终促进学习成果满足工作需求，发挥培训赋能价值。

基于这样的理念，中铁装备制定了"向内挖潜，变增量为增效""向上拓展，打造赋能标杆"的机制。"向内挖潜"是按照人才序列和岗位职能，定向为人才赋能，促进人员效能的提升和转化；而"向上拓展"是体现集团层面统筹管理，打造培训赋能体系，利用具体的项目和机制，提升整体素质、打造人才梯队。

一、向内挖潜，变增量为增效

一是与干部任用提拔结合，提前重点培训，为关键人才赋能，有利于打造一支高素质干部团队。打造多通道发展体系，管理岗位、技术岗位、技能岗位等不同岗位的员工可以通过不同的通道晋升。不同通道之间也可根据自身及企业发展的需要产生流转，横向及纵向发展通道完全畅通。

二是与管理人员成长结合，融入教育的功能，以职业规划支撑，有利于建设一支高水平的管理队伍。持续开展领导力提升系列研修班，通过与中铁党校、清华大学等多个平台合作，长期、持续、系统地培训领导干部；以项目制推进为抓手，综合提升干部队伍的素质。目前开展的主要是面向公司中层及以上管理人员，通过与清华大学继续教育学院合作的领导力提升项目，同时通过挂职、轮岗等多种方式，增加领导干部的实践经验，丰富领导干部的管理阅历，帮助大家在干中学、学中干，提炼经验，提升能力。

三是与技术人员发展相结合，从事设计研发工作的岗位，按技术等级评定职称。辅以培育机制，职位晋升与技术岗位等级评定挂钩，凭借突出的专业技术能力可以获得快速的晋升机会。技术人员同时可以通过多通道发展的机制，向管理通道岗位发展。

四是与技能人员提升结合，打牢制造基础。以匠人工程依托，夯实高技能人才队伍基础，确保质量控制在制造环节，高质量交付客户，助力市场经营。集团公司每年举办内部和外部的全员技能大赛，引导员工技能水平自我提升。积极稳步推进技能人才鉴定和高技能人才评价，并通过能力导向，对现有工种进行能力再认定。通过搭建技能夜校平台，发挥技能工作室带徒、科研作用，等等，推动技能人才复合成长，形成中铁装备特有的技能人才培养品牌。

二、向上拓展，打造赋能标杆

一是做知识管理。建立内部知识体系，搭建培训师队伍，做好内部知识梳理、萃取和传承，做好"精品课程开发"专项项目，并对外部客户培训输出。

二是做队伍建设。以岗前赋能、岗位赋能、转岗赋能为依托，进行员工职业生涯规划，建设全周期人才队伍。针对毕业生建立轮岗制、见习制、导师带徒制，让新员工快速了解适应公司业务的不同层面，帮助大学毕业生完成从学生到员工角色的转变。

三是打造培训品牌。发挥好"匠人工程"技能培训品牌，逐步打造更多优秀培训项目，形成培训品牌。

四是助力人才流动。整合调水工程"资源池"，人力资源中心，让人才池蓄满"活水"，趁势流动起来。

五是久久为功，长期持续深入。以项目制为主线，抓重点人群，抓重点培训。短期培训解决问题，长期培训重在提升。中铁装备的培训体系仍在不断地发展和完善，培训不但是人员赋能的主要方式，更是企业理念和价值观宣导统一思想体系的重要阵地。培训既是人员培育发展的重要形式，也是公司实现管理思想的重要工具。

第四节 包容失败，鼓励创新

中铁装备的企业的核心文化价值观"创造、责任、荣誉、沟通"，其中排序第一的就是"创造"。可以说，中铁装备不但做到了新技术、新产品、新模式的自我超越、不断迭代，而且还打造了"包容失败、鼓励创新"的企业文化和氛围，使得创新的理念和文化深入人心。不但关键岗位的研发人员勇于创造、攻坚克难，连平凡岗位的技术人员都在创新，而且取得了突出的成绩。

创新激励机制：

在物质层面，有科研奖励和创新奖励，即取得科技创新的成果、专利、获奖的研发团队可以得到相应比例的优厚奖励。每年经过选拔评定的聘期制科技拔尖人才，可以获得每月津贴。实现销售的新产品相对应的技术团队可以获得对应比例的"新产品奖金"奖励。

在精神层面，企业的荣誉、公司的关注和关心倾注在技术研发人员身上。领导带头倡导的自立自强，勇往直前的创新精神更是鼓舞着中铁装备人自主创新、主动求变。

十几年的发展中，涌现出大量优秀的创新典型个人和团体，他们是普通的中铁装备人，然而在自己的岗位上常年如一日，勇于探索、攻坚克难，发挥着中铁装备人先工作、后生活，敢于拼搏、勇于进取的精神，在研发的项目上，作出了突出的贡献，鼓舞着一代又一代装备人。

科研骨干，攻坚突破创佳绩

设计研究总院矿山装备分院副院长肖威，是一位长期奋战在新产品研发一线的杰出工程师。

新产品的研发工作充满挑战，国际权威统计数据显示，新产品提案的成功率极低：在所有新产品提案中，仅有 6.5% 能够最终制造成产品，其中实现商品化的不足 15%，而即使商品化后的产品，进入市场后也有近半数难逃被市场淘汰的命运。可以说从一个新产品提案，到变成成功商品的概率只有约 0.6%。

然而肖威并没有被这些艰辛和困难吓倒。他继承了老一辈开创者勤奋、坚韧、正直、细心、耐心的优秀品质。潜心研究新产品、新技术，在缺乏参考和经验，且经历了无数次被否定和质疑的前提下，还在一直坚持，从不言弃。

研发竖井钻机可以说是一个世界难题，很多先进的企业，如维尔特、海瑞克、罗宾斯等研究了三十多年，但发展并不尽如人意。经过肖威及其团队的不懈努力，经历了多少不眠之夜，终获回报，2018 年，竖井项目开花结果，世界首台竖井掘进机（SBM）在郑州工厂试掘进取得圆满成功，始发、掘进、出渣各环节试验效果超出预期目标，中铁装备终于有了自己的竖井掘进机。

5 年间，竖井团队创造性地研发了钻爆法竖井钻机、钻井法竖井钻机、泥水法竖井钻机、旋挖竖井钻机（CJM）等七大系列竖井装备，为公司的多元化发展储备了数十种竖井施工装备和工法。之后，竖井团队根据市场形势分别研制了水平螺旋钻机、U 型盾构机、矩形硬岩掘进机等一批新产品和新技术。十年的时间，竖井团队的成员从一群刚毕业的学生成长为一批能够支撑起装备重大科研项目的真正工程师；项目负责人肖威，也从二十多岁的见习生，成长为公司的业务骨干。在公司新成立的矿山装备分院，他勇挑重担出任副院长并主持工作，未来的征途上，他必将继续不畏艰辛，砥砺前行，为开拓中铁装备的新领域而持续奋战。

竖井掘进机

"刀手"传奇，不甘平凡勇创新

李刚，1992年参加工作，进入到盾构机国产化的攻坚浪潮中，成长为当前国内最顶尖的盾构机电气高级技师。经过二十年在电气方面的摸爬滚打，他获得了"刀手"这个绰号，寓意在于解决盾构机电气问题时的快、稳、准、狠。2003年，李刚进入盾构机制造公司，恰逢"盾构机模拟试验平台"国家"863计划"开展实施，李刚从一名最基础电气工入手，开始介入到这个项目的实施中，当时国内外市场均被"洋盾构"所垄断，"盾构机模拟试验平台"就是制造国产盾构机的起步计划，他从图纸开始，梳理每个系统、每个电缆走势，每个接头对接。从零开始，从陌生到熟悉，从熟悉到熟稔于胸，这个过程他用了整整五年。2007年，"盾构机模拟试验平台"通过国家"863计划"专家评审组验收。随后，他又投身到第一台国产盾构机的制造之中，负责盾构机的电气系统，2008年第一台盾构机顺利下线，拉开了盾构机国产化的大门。中铁装备的盾构机不仅用于地铁、山岭隧道、水利工程施工，更走出国门，在新加坡、马来西亚、印度、黎巴嫩等国际市场大显身手，李刚就是这些设备的电气系统"操盘手"。

"不要想技术创新是设计研发人员的事情，我们作为一线工人，在创新方面也有很多可以做的工作"，作为中铁工程装备集团盾构制造有限公司（简称"中铁装备盾构公司"）电气车间主任的李刚平常总这么教育自己车间的员工。由于"中铁152号"泥水平衡盾构机项目采购不到液位传感器，李刚和同事们在查阅大量资料的基础上，自主研发液位传感器，保障了仓体的密闭性，并在使用过程中性能比同行所使用传感器更加完美；"中铁188号"TBM是一个全新项目，电缆走向与常规盾构机完全不同，李刚带领电气车间同事，查资料、制定方案，经过论证试验，完美解决了电缆走向的规整问题；同样是"中铁188号"，如何提高传感器感应测量皮带输送机的准确性，他提出将传感器的位置进行优化改进，将传感器用管卡固定在皮带输送机滚轴上，使滚轴和传感器成为一个整体。优化后，传感器及其感应点与滚轴的相对位置不会发生改变，在解决准确性的同时，也延长了传感器的使用寿命。在中铁装备创新设计大赛上他频获嘉奖，先后荣获两次三等奖，一次二等奖，在2015年还获得了中铁装备"十佳科技标兵"称号。在"五小"创新创效活动中，他和他带领的电气车间也成为出"作品"最多的车间。

躬耕装备，奉献光热

世界最大断面的矩形顶管机"中铁 88 号"施工的中州大道项目——红专路隧道顺利贯通，吸引了中央电视台、新华网等众多媒体争相报道。当年 29 岁的范磊是这个工程背后矩形盾构机项目组设计团队的主要成员。

中州大道项目，工程断面大，覆土浅，所面临的风险可想而知。为了把工作做好，范磊开始外出考察学习，跑工地、做记录、勘察测量、分析思考、制定顶管机设计方案。一次一次地修改，又一次一次地被否定。方案终于定型，开始设计施工图进行制造，他又开始跑生产工厂进行质量检测，等零部件来到组装车间，他又亲自参与组装、调试。别看坐在办公室的他，动起手来毫不含糊，每件事都要事无巨细，事必躬亲。经过几个月的努力奋战，矩形顶管机终于下线了。设备工厂调试顺利，准备面对项目实践的检验。在工厂一切正常运转的大家伙，在项目实践上却出了问题，诸多参数不匹配。他和团队马上动起手来，在第二天早上解决了一切问题。后来，为了保证设备的正常运行，他索性长期蹲守在工地上，这一蹲便是 3 个月。春节没过几天，当大家还陪在家人身边时，他早已来到了工地上。最终，工程如期完成，矩形顶管表现良好，矩形顶管机项目组获得了中国中铁的重大科技进步奖和众多荣誉称号。项目组成员都深受鼓舞。由制造向创造转变，这条路注定是坎坷的。而范磊，如同千百奋战在一线的中铁装备人一样，被这份事业所感召，勇于担当、真诚、努力。在中铁装备的隧道掘进事业里，留下了自己努力耕耘、躬身为业的身影！

巾帼英雄，奋斗不息

朱英，中铁工程装备集团有限公司设计研究总院创新研究分院的高级工程师，从事机械设计研发 17 年。参与申报国家专利 29 项，曾参与 23 项国家级和省级等各类科研项目。在男多女少的机械行业中绽放出新时代新女性的光彩，是中铁装备女职工的榜样。

朱英 2010 年进入中铁装备，是装备创新发展的参与者。2014 年 7 月，在山东潍坊矩形顶管机投标和俄罗斯液驱 DN2400 顶管机设计与技术协调的关键时期，她突发阑尾炎，忍着剧烈的腹痛坚守在工作岗位上，将手头的工作处理完毕，直到几天后才入院治疗。阑尾切除手术后，经过短暂的恢复，她立马投入紧张的设计工作中去。当年 10 月初，剧烈腹痛和呕吐使她不得不又进入医院，并且开始禁食治疗，几天水米未进。当时正是公司第一台液驱顶管机方案设计的关键阶段。为避免液压成为整个项目工期的瓶颈，她硬撑着投入紧张设计工作中，河南省中医院的主治医生都责怪她"为了工作，连身体都不顾了，太拼命了。"12 月份，她又不远几千里来到云南山区，坐 9 个小时大巴，通过崎岖山路深入云南乌东德水电站工业试验现场。"专注、坚持"是朱英的代名词。专注液压设计、隧道掘进设备研发，坚持 17 年做好这件事。她说，女同志在这个行业其实并不比男同志差，在如今大步发展的时代下，设计更关注细节，已从宏观转向微观，我们女同志更容易关注细节不失误，更容易沉下心用心做好设计这项事业。倾情付出，换来累累硕果。在广阔的科研舞台上，她用自己实实在在的行动，诠释了科研工作者对事业的忠诚与热爱；她用艰苦探索与不懈努力，让精彩的梦想绽放在科研岗位上，演绎出一段又一段精彩的乐章。

邢泊，中铁装备专用设备研究院院长，长期从事矿山法隧道机械化配套施工工艺及产品研发工作，其基于"矿山法隧道软硬岩成套"和"隧道智慧建造一张网"理念，陆续主持开发了凿岩台车、锚注台车、拱架台车、悬臂掘进机等隧道成套化、智能化产品，并拓展研究了钻爆法精控开挖、双系统新型装药、多工序综合效率监测及调控、非爆法异性硬岩切削等制约施工工效、经济性和安全性的核心技术，均取得一定成果，打破了国外制造商对关键核心技术的垄断。

15 年来，邢泊带领团队创新开拓，先后主持中国国家铁路集团有限公司、河南省等省部级课题 8 项，获得河南省科学技术进步奖等各类奖励荣誉 33 项，申请专利 150 余项，编写铁路行业标准 1 项，研究的产品均已形成产业化并全面应用于国内交通、水利、矿山等项目，助力了我国隧道施工机械化换人、自动化减人、智能化无人的发展进程。

第五节　党建文化，凝聚人心

企业文化是企业在生产经营实践中逐步形成的、为整体团队所认同并遵守的价值观、经营理念和企业精神，以及在此基础上形成的行为规范。企业文化是企业的灵魂，渗透于企业的一切经营管理活动之中，是推动企业持续发展的不竭动力。中铁装备在发展过程中，逐渐形成了具有行业特点、产品特性、员工特色的"同心圆"文化，并通过高效的组织体系、科学的顶层设计、丰富的实践载体等系统方式实现企业文化的建设和落地。同时，中铁装备通过科学、积极、富有特色的党建工作，凝聚人心、统一思想，在推动企业生产经营和管理增效、密切党群关系、增强员工的幸福感、助力企业腾飞等方面，发挥了明显作用。

一、"同心圆"文化

中铁装备的发展史是一部中国盾构的创新史，更是中铁装备人的奋斗史。中铁装备自成立以来，始终把企业文化塑造作为一项重要工作，逐步培育形成了具有行业特点、产品特性、员工特色的"同心圆"文化，这种文化追求的是员工、客户、企业与相关利益方的共盈、共赢和共荣，它具有鲜明的时代特点，体现的是一种中国梦想和中国精神，这样一个拼搏的团队始终把自身发展和中国的盾构梦想结合起来，充满了对民族的责任感和使命感，在科技攻关的道路上，勇攀高峰，用地下工程的轨迹验证着那种无私无畏的创新精神，并不断实现着"中铁装备、装备中国、装备世界"的梦想。

中铁装备的"同心圆"文化核心内容是"以中国梦想为圆心、以员工幸福为半径、以掘进机事业为周长"。这一文化形似盾构掘进的轨迹，秉承一往无前的盾构精神。圆心既是出发点又是归宿点，他体现的是中国梦、装备梦、个人梦的三位一体。半径是梦想和事业最好的承接，体现的是对员工价值的尊重，关注的是人最本质的精神追求。周长是有限和无限的统一，诠释的是用有限的资源创造无限的价值，从而最终在幸福中成就梦想。

"同心圆"文化本质上是人本文化，客观上回答了企业依靠谁来发展，怎么样科学发展，如何实现人、企业、事业和心灵幸福四者和谐发展的问题。用文化的塑造和实践来实现中国梦、企业梦和员工梦的统一、企业发展目标和个人目标的统一、企业价值理念与员工个人价值观的统一、企业发展与员工成长的统一、企业兴旺与员工幸福的统一。

"同心圆"文化熔铸了"和衷共济"的团队理念。纵观中铁装备"同心圆"文化的形成及发展，可清晰地看到对中铁装备"团结起来，共创辉煌"团队文化建设的继承和凝练。在这个团队中，所有成员树立共同的价值观念，明确各个团队成员的角色扮演，强化团队成员个人发展和诉求，和衷共济、众志成城，为了共同的梦想，用团队文化凝心聚力，不断实现小圆的串联，从而把个人和团队紧紧地熔铸在一起，实现了公司的快速发展。

"同心圆"文化注重顶层设计和员工创造的融合。企业文化的形成不是巧合，而是在不断总结凝练的基础上应运而生；企业文化不仅是顶层的口号，更是对员工创造最直观反应，顶层设计不是闭门造车，而是和员工创造基层实践的相互融合，只有把两者相互统一，在顶层设计的过程中，坚持融入员工、惠及员工，接地气，听民声，才能让企业文化更有活力、更有生命力。

"同心圆"文化体现了盾构产品的特征。不难发现，盾构产品的外形以及适用范围所表现出的特征更直观地表现"同心圆"文化的内涵，而同时作为重型装备，每一道工序、每一项技术控制都直接决定着产品的性能，只有牢牢控制每一个风险环节，环环相扣，"好产品才能自己会说话"，这个圆才能串联得更加紧密，也如其特性一般"勇往直前"。

"同心圆"文化建设主要从以下几个方面开展。

（一）高效的组织体系为"同心圆"文化提供坚实保障

中铁装备企业文化建设从健全组织机构入手，企业文化部门与党委工作部门合署办公，分别对总经理和党委书记负责，工作中明确企业文化部门的职能分工及定位，下辖各基层单位党委、党总支、党支部的相应行政、政工部门直接参与企业文化建设，形成了各层面互动、互补的基本格局。呈现党政主要领导亲自抓、分管领导靠上抓、责任部门具体抓，党政齐抓共管、干群协力推进的良好局面。同时，企业文化建设工作与生产经营工作做到同安排、同部署、同考核、同奖惩。坚持做到"三个优先"，即人员上优先支持、资金上优先保证、工作上优先安排，以此促进企业文化建设工作建设扎实有效地开展。

（二）科学的顶层设计为"同心圆"文化提供方向指引

企业文化践行落地离不开公司高层领导的关注和支持，公司党委、董事会和两届领导班子历来重视企业文化建设，把企业文化建设切实纳入党政"一把手"工程，作为一项重要的政治任务来抓，公司领导在制定企业文化行为的过程中，融入自己艰苦奋斗的优良作风和严谨求实的科学态度，融入对中国掘进机事业的无限追求之中，结合自身实际，针对企业的特色，领导班子提出了企业使命、企业愿景、企业方针及科技观、品质观、发展观等，直接为公司企业文化的塑造提供支持。

（三）正确的价值体系为"同心圆"文化提供激励驱动

价值理念是企业文化的核心和灵魂。培育核心价值理念，并引导全体员工认同和自觉奉行核心价值理念。实践中企业文化确定：企业核心价值观为"创造、责任、荣誉、沟通"；企业精神为"勇于跨越、追求卓越"；企业使命为"让隧道施工更快、更好、更安全"；企业愿景为"打造世界一流工程装备综合服务商"；企业方针为"专业制造、专业服务"；企业发展观为"造就人才、造就产业"；企业品质观为"产品是人品、质量是道德"；企业科技观为"技术创新、学术自由"；企业经营观为"以技术服务先行、靠顾客信任发展"；企业团队观为"团结起来、共创辉煌"；企业安全观为"盾四方平安、构万家幸福"；企业廉洁观为"公正、诚信、守法"。

（四）无缝的文化对接让"同心圆"文化实现有效传承

企业亚文化是属于各个部门、各个系统的文化，是在遵循公司主文化的前提下，建设的符合各自属性，利于实现共同价值目标的文化。中铁装备在建设好主流企业文化的基础上，十分重视母子文化的对接，发动全员参与企业文化建设，使中铁装备主流文化全面落地。

（五）丰富的实践载体为"同心圆"文化提供共享平台

中铁装备在"同心圆"文化的建设中，用载体实践推动文化实践，用有形化的形象展示提升广大员工对文化的学习和辨识度。编制《企业文化手册》，做到人手一册，通过组织系统学习和企业文化知识大赛等，让企业文化理念入心入脑。出版《中铁装备》内刊，为企业的生产经营活动、文化建设和发展服务。根据企业文化有形有色的展示需求，两次改版公司中英文网站，发挥网站在提升企业品牌形象，展示企业文化，沟通外部信息方面的积极作用。建设掘进机 3D 体验馆，拉近受众与产品和企业的距离，增强现场感受和视觉体验。充分运用互联网思维，先后建立了"企业微博""装备青年""中铁装备""同心圆"等微信公众服务平台，强化对企业的宣传，厂区内部还设有宣传栏、墙报、管理看板等在文化建设、制度建设、先进人物、政务公开、班组文化、生产进度等方面起到了很好的宣传作用。

同时，中铁装备的载体实践还体现在对员工思想的引导方面，中铁装备专门建设了可以容纳 300 人的报告厅，通过"装备讲堂""领导干部培训""职工文化沙龙""讲故事大赛"等形式，提升广大员工的思想意识，特别是把文化建设的触角放到基层，为广大员工提供共享平台。

二、蜂巢式党建

2014 年，中铁工程装备集团隧道设备制造有限公司书记赵建国无意中发现办公楼外有个蜂巢，考虑到蜜蜂会蜇人，就用竹竿将其捅掉，可是过了几天，同样的位置又出现了一个新的蜂巢。经过三四次的尝试后，他发现只要那个蜂巢的痕迹还在，蜜蜂们就能在原处重建一个完整的蜂巢。蜂巢强大的生命力和蜜蜂团结协作、共筑家园的精神给他以启发，我们的企业要像蜂巢一样稳固、具有顽强的生命力，只要组织在，阵地就在；我们的党员更要像蜜蜂一样紧紧地凝聚在一起，团结广大群众，为企业发展创新创效。由此，中铁装备党委开展了"蜂巢式"党建工作，将党组织、党员形象地比喻为"蜂巢"和"蜜蜂"，通过党员主动联系群众，密切了党群关系，党员和群众反响非常好。

　　中铁装备党委进行理论升华,在充分调研的基础上提出了"蜂巢式"党建工作法。2015 年 4 月, 发布了《关于全面推行"蜂巢式"党建工作的实施意见》, 将这一工作方法正式命名为"蜂巢式"党建, 在全集团广泛推广。2016 年 5 月, 研究制定了《中铁装备"蜂巢式"党建五年规划（2016—2020）》, 提出要经过打基础深探索、建制度立体系、出效益创品牌三个阶段深入推进, 全面打造企业特色党建工作品牌。

> 　　提高党的建设质量,既要坚持和发扬我们党加强自身建设形成的优良传统和成功经验,又要根据党的建设面临的新情况新问题大力推进改革创新,用新的思路、举措、办法解决新的矛盾和问题。
> 　　　　　　　　　　——习近平在全国组织工作会议上的讲话
> 　　　　　　　　　　　　　　　　　　　　（2018 年 7 月 3 日[❶]）

"蜂巢式"党建标志

三、"蜂巢式"党建工作内容

　　"蜂巢式"党建是以党员为"蜜蜂", 以党员责任区为"蜂孔", 以党组织为"蜂巢", 以"党员心中有群众, 群众身边有党员"为核心。

[❶] 来源: 共产党员网, 习近平在全国组织工作会议上的讲话。

中铁装备党委以习近平新时代中国特色社会主义思想为指导，在长期探索和实践的基础上，不断丰富"蜂巢式"党建工作内涵，以改革创新精神全面加强党的建设，提高党建工作质量。近五年来，党建工作的主要内容围绕以下展开。

（一）践行"三个转变"

创新驱动，推动"中国制造"向"中国创造"转变。"中国创造"，靠的是"人无我有"的创新能力。管理革新，推动"中国速度"向"中国质量"转变。"中国质量"，靠的正是"人有我优"的工匠精神。文化引领，推动"中国产品"向"中国品牌"转变。"中国品牌"，靠的是"人优我精"的执着追求。

为深入贯彻落实"三个转变"重要指示精神，中铁装备党委成立了"三个转变"工作领导小组，并于 2020 年中国品牌日期间，成立了"三个转变"研究院。研究院以更高站位、更深理解、更实举措，推动"三个转变"精神落地生根，切实转化为企业竞争力和生产力。

（二）做到"三个坚持"

党的政治建设是党的根本性建设，开展"蜂巢式"党建以来，中铁装备党委认真贯彻党中央全面从严治党的战略部署，不断加强政治建设。在加快企业发展的同时，努力增加职工收入，积极改善职工生产生活条件。做到了坚持和加强党的全面领导，坚持党要管党、全面从严治党，坚持员工幸福和掘进机事业相统一。

（三）实施"三大工程"

"筑巢引蜂"，加强基层党组织建设。建立健全各级基层党组织，坚持"四同步"原则，在新成立的控股公司、全资子公司和二级单位同步成立党组织，配置专兼职党务工作者，将党组织工作经费列入年度预算，确保党的领导、党的建设在企业改革中得到体现和加强。

"强蜂提质"，加强干部队伍和党员队伍建设。坚持学以致用，不断改进党委理论学习中心组学习质量，进一步提高党员领导干部战略决策、把握市场、推动创新和抓班子带队伍的能力。

"培孔增产",加强"蜂巢式"党员责任区建设。以党员为"蜜蜂",由一名党员分包联系五六名群众组成党员责任区,以党员责任区为"蜂孔",以党组织为"蜂巢",以"党员心中有群众,群众身边有党员"为核心,实施责任区建设,党员深入基层,真诚服务群众,互相学习、紧密合作。

(四)开展"654"工作

各级党委层面做好"6件事"。一是落实党建进章程;二是党委会研究讨论企业重大经营管理事项;三是中心组学习;四是"三型"党组织建设;五是党风廉政建设和特色党建品牌建设过程中;六是切实抓好加强党的政治建设、思想建设、组织建设、作风建设、纪律建设和制度建设。

党支部层面做好"5件事"。

一是按照民主集中分工负责原则,促进支委班子团结协作,实现支部班子建设标准化。

二是加强基本制度、基本资料、基本能力,信息化"三基一化"建设,实现制度建设标准化。

三是完善党员教育管理流程、党建活动流程、业务工作流程,制作"蜂巢式"党建党支部手册,实现工作流程标准化。

四是建设"蜂巢式"党建活动室、党建宣传栏和党务公开栏,构建多种形式党建家园,实现阵地建设标准化。

五是各党支部把解决企业生产经营中的难题作为党组织活动的重点,推动支部工作与生产经营工作融合化,实现支部作用发挥多样化。

党员责任区层面党员做好"4件事"。

一是由一名党员联系五六名群众,建立党员责任区,及时了解群众情况。

二是建立党员牵头的问题解决和反馈机制，根据问题内容和性质及时反映给各级党组织，积极解决群众困难。

三是做好责任区内的思想工作，凝聚集体力量。

四是带领责任区内群众互相学习、紧密合作，发挥党员示范引领作用。

（五）实现"三创目标"

创新是不竭动力。中铁装备党委培育创新文化，增强创新意识，连续多年开展创新设计大赛、五小创新创效、金点子等活动，通过激发技术创新、管理创新、模式创新和制度创新等，驱动企业全面创新发展，从而引领市场、引领未来。创业将永葆激情。面对企业改革发展稳定而繁重的任务，弘扬领导干部和广大员工敢于担当、勇于拼搏、奋发向上的主人翁精神，永葆干事创业的"精气神"，大力开展"二次创业"，推动产业升级发展，创造时代业绩。创效是目标追求。创造效益是每个企业追求的首要目标，对于制造企业来说，更应坚持质量第一、效益优先的发展原则，提升企业创效能力。

四、"蜂巢式"党建的创新特性

"蜂巢式"党建是中铁装备党委在新形势下加强和改进国企党建工作的创新之举，既是在加强前提下的创新，也是在继承基础上的创新。

（一）创新性

"蜂巢式"党建将党员、党员责任区、党组织比喻为"蜜蜂""蜂孔"和"蜂巢"，其中关系一目了然，既高度凝练了党建工作的精髓，又形象生动，通俗易懂，实现了概念上的创新；"蜂巢式"党建是社会网格化管理在企业党建工作中的运用，由一名先进党员结对五六名群众，组建党员责任区，打破了传统的条块分割的管理模式，实现了党员与群众之间、支部与支部之间的联动，同时也实现了平台的创新；

"蜂巢式"党建改变了传统的党员教育枯燥、单一的方式，采取开放、互动、网络化的方式，制作动画版解说片、党员形象宣传片和党建短片等，联合河南省《党的生活》杂志成立"蜂巢式"党建理论研究基地，实现了宣教形式的创新；"蜂巢式"党建采取众筹思维，打破了党建与群建的区分，使党工团工作深度融入，相互支撑，开创了党群工作的新局面，实现了理念的创新。

（二）时代性

"蜂巢式"党建以习近平新时代中国特色社会主义思想为引领，以"三个转变"为指导，以创新、创业、创效为目标，以坚持和加强党的全面领导、坚持全面从严治党、坚持员工幸福与掘进机事业相统一为主线，在开展过程中突出党组织的政治功能，不断加强基层党支部的组织力建设，体现了"党要管党、全面从严治党"的时代要求。

（三）融合性

"蜂巢式"党建是学习型、创新型、服务型"三型"党组织建设的新平台，是党的群众路线教育实践活动有力抓手，是"两学一做"学习教育常态化制度化的新平台，整合了系统职能工作的资源和能力，构建"大党建"格局。建设"三型"党组织，学习是前提和基础，服务是宗旨和核心，创新是追求和动力。中铁装备党委把"蜂巢式"党建放到推动企业改革创新、转型升级、实现企业新跨越的发展大局中去谋划，不断使"蜂巢式"党建工作走向深入，真正成为企业发展的内生动力。

（四）外延性

"蜂巢式"党建推进实施过程中，除规定动作外，各基层党委还结合自身实际，开展形式多样的自选动作，创造具有单位特色的品牌活动。如中铁装备的设计研究总院深度挖掘"党建结对共建"内涵，先后与业主、供应商、兄弟单位开展结对共建交流，"结对共建"成为化解物资采购、产品经营、技术服务、沟通协调等方面问题的"助推器"

和"润滑剂";中铁装备盾构公司立足于企业生产，开展"党员示范岗""党员突击队"创建工作，发挥党员先锋模范作用，让党建工作成为企业生产力；技术服务公司围绕"以人为本"开展了员工关爱计划、标准化服务中心建设等一系列"暖心"工作，彰显党建思想政治工作新魅力。实践证明，"蜂巢式"党建以其特有的优势在推动企业生产经营和管理增效、提升党建工作水平、强化党员教育、促进党群关系和谐中发挥了明显的作用，"蜂巢式"党建成为密切党群关系的"黏合剂"，增强员工幸福的"催化剂"，助力企业腾飞的"推进剂"。

第六节　未来可期，持续创新

自中铁装备成立以来，经过十几年的发展，公司从不到200人的中小型企业发展到拥有几千人团队的规模企业。至2020年企业营业额超过70亿元。为了适应公司扩大规模后的管理需求，中铁装备正在不断进行管理体制的优化。

从人事管理角度，实施人力资源"调水工程"，在设计研究总院、盾构公司、技术服务公司建立集团公司"人力资源池"，提高人力资源效率，加快集团公司人才队伍建设。并提出通过优化公司的奖惩管理体系，有效激励奋斗者，以价值创造为导向，按贡献进行区分，构建更加公平的分配机制。

为完善晋升机制，制定了《中铁工程装备集团有限公司技术岗位等级评定管理办法》，要求各设计研究总院自行制定技术岗位等级评定办法，并对技术岗位聘任实行聘期制，进行年度考核和聘期考核。同时，出台了系列文件，包括《中铁工程装备集团有限公司职业技能鉴定管理办法》《中铁工程装备集团有限公司专业技术职务任职资格评审实施办法》《中铁工程装备集团有限公司竞争上岗实施方案》《中铁工程装备集团有限公司领导人员管理办法》等，以规范人才选拔和任用。

在培训方面，提出三年时间打造"匠人工程"作为技能人才培养的新模式，优化现有员工教育培训框架和培训赋能机制。

并且从 2021 年起，落实国资委、中国中铁股份有限公司、中铁高新工业股份有限公司关于"科改示范行动"市场化选聘、契约化管理工作要求，相继出台了《中铁工程装备集团有限公司子分公司负责人薪酬管理办法》《中铁工程装备集团有限公司子分公司全面预算（目标）管理和业绩考核管理办法》《中铁工程装备集团有限公司所属单位负责人任期制和契约化管理办法》等文件。

这一系列政策的出台，体现了中铁装备在人才管理机制上的持续创新和自我突破，政策指向更加先进、科学，符合国家关于国有企业市场化改革的总体要求。这些举措不仅延续了中铁装备已有的成功经验，更推动了其向规模化和现代化转型，为未来的辉煌发展奠定了坚实的基础。

第十二章 | 中国的盾构经验

　　"天有神舟翱翔，海有蛟龙探秘，地有盾构穿行"。盾构机❶，是开拓地下空间的利器，不仅是国家实力的象征，更是大国建设中不可或缺的先锋设备。中国盾构产业的崛起之路波澜壮阔，从白手起家、自主创新，到扬帆远航、闪耀世界舞台；再到突破重重技术封锁，让国产盾构装备搭载上"中国芯"。每一步都凝聚着无数艰辛与荣耀。这背后，是自力更生、从零起步的自主创新精神，是攻克核心技术、引领技术升级的坚韧毅力；是短短十数年间"井喷式"发展、广泛应用带来的产业腾飞，使我国一跃成为世界上最大的盾构机生产国和使用国；更是需求引领、产学研用紧密结合、精准施策的创新模式的成功实践。

　　在风雨兼程中，中国盾构发展经历了以下三个主要阶段：

　　一是引进使用阶段。主要通过引进国外的盾构机技术，进行消化和吸收，学习和理解国外的先进技术，通过实际操作和维修，积累经验，为后续的再创新打下基础。

　　二是大修进口设备阶段。对进口盾构机进行维修、改造（如：北京地下直径线盾构机改造、引洮供水 TBM 改造、秦岭隧道 TBM 改造、南京长江隧道盾构机刀具改造等），不仅提高了对盾构机内部结构的理解，还增强了自身的维修和技术改进能力，通过这一阶段的努

---

❶ 本章盾构机系泛指，不做特别强调时，其含义涵盖盾构机与 TBM。

力，逐渐减少了对外部技术的依赖，增强了自身的自主性。

三是自主创新阶段。根据市场需求、隧道地质和工程特点，创新研发盾构机，填补了国内在该产品领域的空白，新型盾构机不仅满足了国内市场的需求，还在国际市场上展示了中国的工程技术实力。实现了从无到有、从弱到强、从强到卓越的非凡跨越。这不仅是一部技术逆袭史，更是一部中国企业坚持自主创新主动求变、自立自强勇往直前的奋斗史诗。

《人民日报》(海外版)《这就是中国的"盾构经验"》❶一文中讲述了以中铁装备为代表的中国盾构人突破国外技术封锁、产品垄断，凭借广大科研人员的不懈奋斗中国在盾构机领域把"卡脖之手"的手指一根根掰了开来，把核心技术紧紧掌握在自己手里，让自主创新的种子开花结果。

第一节　强大来自自主创新

盾构技术包括机械、电气、液压、传感、光学、信息等。

盾构功能包括开挖、输送、支护、测量、通风、排水、供电、导向、平衡等。

盾构涉及的学科包括地质、土木、机械、力学、液压、电气、控制、测量、通信、材料等。

这种十分复杂的高端装备以其独特的开挖切削土体、输送土渣、拼装隧道衬砌、测量导向纠偏等功能，广泛应用于地铁、铁路、公路、市政、水电等隧道工程中。长期以来，全球盾构机制造技术被德国、美国、日本等国垄断，但中铁装备的盾构机却以其强大的自主创新能力，打破了这一局面，不仅在国内市场占据领先地位，更在国际舞台

---

❶ 来源:《人民日报》(海外版),《这就是中国的"盾构经验"》发表于 2020 年 10 月 9 日第 10 版。

上赢得了广泛赞誉。

中铁装备认为"没有创新的队伍就是包工队"。因此在自主创新的过程中，中铁装备始终坚持以盾构"国家队"要求自己，构建"产学研用"高效高质协同创新机制。他们根据客户个性化需求，量身定制盾构机，实现了从设计、制造再到服务的全过程质量控制。中铁装备创新建立了"同力创造、心系质量、圆梦品牌"的"同心圆"质量管理模式，以"高端定制，精准创新，卓越品质，智慧服务"循环驱动为支撑，不断提升产品质量和服务水平。正是凭借这种对自主创新的执着追求和对产品质量的严格把控，中铁装备的盾构机在国内外市场上赢得了广泛认可。从 2012 年国产盾构出口马来西亚开始，中铁装备的盾构机已经出口到新加坡、黎巴嫩、阿尔及利亚、法国、德国等 30 多个国家和地区。在海外项目中，中铁装备的盾构机凭借其优异的性能和服务，创造了多个施工纪录，赢得了客户的高度赞扬。如今，中铁装备的盾构机已经成为中国高端制造的金名片。它不仅满足了国家重大工程建设的需求，也为中国装备制造业的整体水平和国际竞争力的提升作出了重大贡献。未来，中铁装备将继续坚持自主创新，不断提升技术实力和服务水平，为推动中国由制造大国迈向制造强国贡献更大力量。中铁装备研发的三款盾构机分别在 2018 年、2023 年、2024 年获得国际隧道协会（ITA）的产品与设备创新奖，彰显了中铁装备的强大的自主创新能力。

从进口到出口，从仿造到创新，从零开始到填补多项技术和产品空白，中铁装备的盾构机发展之路，是一条自主创新的道路，也是一条不断超越的道路。在这条道路上，中铁装备用实际行动践行着"中国盾构、装备中国、装备世界"的梦想。已经形成了"质量上去、价格下来，数量上去、进口下来，技术上去、竞争有力，出口上去、名列前茅"的良好局面。

第二节　创造盾构价值最大化

在当今飞速发展的现代城市建设以及规模宏大的隧道工程领域中，盾构技术宛如一颗璀璨的明珠，散发着耀眼的光芒。盾构机是用于地下隧道挖掘的特种工程机械，如同一条强大的地下钢铁巨龙，在黑暗的地底世界中奋勇前行。隧道挖掘作业时，盾构机展现出令人惊叹的强大能力，在掘进的同时高效地构建隧道结构，真正实现连续、高效的施工模式，极大地缩短了工期，为各类工程项目带来了前所未有的高效施工体验，极大地提高了施工效率和安全性。其价值的最大化体现可谓是多维度、全方位的。

一、创造隧道工程施工价值

与传统矿山法相比，盾构法施工在工期方面的优势极为显著。盾构法通过机械化、自动化施工这一先进方式，能够以惊人的速度实现快速掘进，并且同步进行隧道衬砌作业，高效而有序地推进工程进度。盾构机所具备的高度自动化程度且在施工过程中完全不受天气等外界因素的干扰与影响，施工进度得到最为有效的保障，可大大提高施工效率，显著缩短工程周期。这对于那些迫切需要快速通车的交通项目，或者是在繁忙城市区域进行的重大工程项目来说意义非凡。更少的交通中断时间，不仅能够极大地缓解城市交通压力，还能使项目更快地得到投资回报，为城市的发展和经济的增长注入强劲动力。

早期地铁建设多采用明挖法，需要拆除大量的地表建筑，长时间封闭道路，影响交通通行和城市正常生活秩序，施工周期长，一条地铁线从开工到完工也需要数年时间。如北京地铁 1 号线建设，仅一期工程就历时 4 年多。随着技术发展，盾构法施工逐渐成为主流，盾构法施工速度相对稳定且较快，一般每天可掘进数米至数十米，且在施工过程中几乎不产生噪声和振动，无须大面积对地表"开膛破肚"，对周边建筑物和居民生活的影响极小。得益于上述优势，盾构技术在隧道建设中得到了广泛应用，据统计仅广东地区最多的时候地下就有200多台盾构机在同时掘进，有力地推动了地铁、铁路、公路、水利工程的快速建设。

敞开明挖施工

　　在城市轨道交通工程中，盾构法以其安全高效的施工特点，在城市轨道交通工程中得到了广泛应用，有力推动了城市轨道交通建设。截至2023年底，我国大陆地区（不含港澳台）共有59个城市开通城市轨道交通运营线路338条，运营线路总长度11224.54km❶。十年间增长了近十倍。正是得益于盾构法，城市轨道交通建设才能以惊人的速度推进，在短时间内实现通车运行，为城市交通带来巨大便利。

　　在水利工程中，硬岩盾构机/TBM设备发挥了重要作用。它能够快速、高效地掘进隧道，如在南水北调等一些大型水利工程的输水隧洞建设中，TBM的应用大大加快了工程进度，减少了施工对周边环境的影响，保证了工程质量和供水的及时性。

---

❶ 来源：中国城市轨道交通协会，《城市轨道交通2023年度统计和分析报告》，发布于2024年3月29日。

在穿江越海工程中，盾构机更是表现出色。如汕头海湾海底隧道、深圳妈湾跨海通道等工程，盾构机能够在高水压、复杂地质的海底环境下稳定掘进。它具备良好的密封性能和掘进能力，能够有效控制地层变形和海水渗漏等问题，可确保隧道施工的安全和质量，为跨江跨海的交通基础设施建设提供了有力支撑。

在铁路工程中，盾构机的应用也越来越广泛，如太西铁路、珠肇高铁、深江铁路等工程。盾构法在铁路隧道施工中，能够适应不同的地质条件，提高施工效率，保证隧道的精度和质量，对于加快铁路建设进度、完善铁路网布局具有重要意义。

在质量控制方面，盾构机更是表现出众。盾构机推进系统能够实时进行监测和精准调整，确保挖出的隧道同设计的线形高度一致；同时，衬砌拼装系统将工厂标准化预制的管片搭积木一般进行隧道衬砌安装，确保了隧道成型质量的可控，恰似一位技艺精湛的工匠，精心雕琢着每一寸隧道。相比之下，传统施工方法中人工操作往往会带来较大的施工误差，而盾构机的优势则有效地避免了这种情况的发生。通过先进的技术手段，盾构机为隧道工程提供了更稳定、更可靠的隧道结构，为后续的使用和维护奠定了坚实的基础。

从经济效益的角度来看，尽管盾构机的初期投资相对较高，但是从长远的角度进行考虑，其施工效率高和维护成本低的特点将凸显出来。在长期施工过程中，盾构法总体成本较低。一方面，盾构机的高效掘进速度能够大大缩短施工时间，从而减少了人工成本和设备租赁成本等间接费用，在节省成本的同时创造着巨大的价值；另一方面，其低维护成本也为工程项目节省了大量的资金。相比传统施工方法，盾构法在经济效益方面的优势随着时间的推移会越来越明显。

安全是盾构法施工的另一大突出亮点。盾构机在地下封闭环境中进行作业，极大地减少了工人与危险环境的直接接触，从而可有效地降低施工风险，就像为工人打造了一个坚固的地下安全堡垒。在传统施工方法中，工人往往面临着各种潜在的安全隐患，如隧道坍塌、岩爆、涌水等。盾构法施工对地面的扰动极小，避免了地面沉降等安全隐患的发生。这对于保护周边建筑物和基础设施的安全至关重要，也为城市的稳定和可持续发展提供了有力保障。

在环境保护方面，盾构法的表现同样出色。盾构法在施工过程中产生的噪声和振动对周边建筑物和居民生活的影响极小。在城市建设中，这一点尤为重要。它能够最大限度地减少施工对居民生活的干扰。此外，盾构法施工产生的废渣经过严格的无害化处理，减少了对城市环境的不利影响。与传统施工方法相比，盾构法施工在环境保护方面的优势显而易见，符合现代社会对绿色施工、可持续发展的要求。

盾构法施工的价值最大化不仅体现在其卓越的技术优势上，还深刻地体现在其对社会进步的强大推动作用以及为客户提供个性化解决方案的非凡能力上。通过不断地创新和持续完善，盾构法施工将继续在基础设施建设中发挥至关重要的核心作用，为人类社会的发展作出更加巨大的贡献。盾构法恰似一座坚实的桥梁，连接着过去与未来，推动着人类社会不断向前迈进。

实现盾构价值的最大化，需要不断推动技术创新。科技的进步无疑是提升盾构机性能和效率的关键所在。当前的盾构机正朝着智能化的方向迅猛发展。通过引入先进的传感器和强大的数据分析技术，盾构机能够实时监测地质条件的细微变化，并且能够自动调整掘进参数，从而极大地提高施工速度；同时可减少故障率，就像一位拥有智慧大脑的地下探险家，能够敏锐地感知周围环境的变化并做出准确的反应。此外，新材料的广泛应用也能够显著增强盾构机的耐用性和适应性，延长设备的使用寿命，降低维护成本。这些技术创新不仅为盾构施工法带来了更高的价值，也为整个隧道工程行业的发展注入了新的活力。

盾构价值的最大化，离不开精益求精的项目管理。有效的项目管理能够实现资源的优化配置，最大限度地减少施工延误，确保工程按计划顺利进行。这需要对工程进度、质量和成本的进行全面控制，以及加强各施工部门之间的沟通协调。通过推行现代化的项目管理模式，实现产品研发过程中的高效协作、严格的质量控制、科学的风险管理和显著的成本效益，从而帮助企业在激烈的市场竞争中立于不败之地，如同为企业打造了一艘坚固的战舰，在市场的海洋中乘风破浪，勇往直前。

二、盾构物有所值

盾构法的广泛应用有力地推动了技术进步和社会进步。盾构机的使用不仅极大地提高了隧道施工的效率，还促进了相关产业的蓬勃发展。盾构机的制造、维修和保养等领域都需要大量的专业人才，可为社会提供丰富的就业岗位，就像一个巨大的就业蓄水池，为社会经济的稳定发展提供有力支撑。此外，盾构法的成功应用充分证明了人类通过创新和技术进步能够克服自然障碍，实现基础设施建设的宏伟目标。它为人类探索地下空间、拓展城市发展空间提供了强有力的技术支持。

盾构设备具有持续稳定的掘进能力，同时进行出土、支护、管片拼装等多项工作，实现了施工工序的流水化作业，大大提高了施工效率；而人工开挖隧道受施工人员的体力、技术水平等多方面因素限制，施工进度缓慢。在硬岩、软弱地层、流砂等复杂地质条件下，人工开挖的速度会大大降低，甚至无法进行施工。在硬岩地层中，可以选用 TBM 施工，利用滚刀进行破岩；在软弱地层中，可以选用土压平衡盾构机或泥水平衡盾构机进行掘进，保证施工的安全和稳定。同时，盾构机还配备了通风、照明、排水等系统，为施工人员提供了良好的工作条件，改善传统的人工开挖需要施工人员在狭小、潮湿、昏暗的隧道内进行高强度的体力劳动，施工人员可在良好的环境中有尊严地工作。

三、盾构技术不断丰富和创新，为客户创造最大价值

要使盾构法成为客户的首选，就必须确保其能够为客户创造足够的价值。这意味着需要根据不同的工程需求和地质条件，精心选择合适的盾构机和施工方法，以有效地解决客户在隧道施工中可能遇到的各种问题。此外，盾构法还应能够适应各种隧道形状和尺寸的需求，以满足不同工程的个性化需求。通过为客户提供个性化的解决方案，盾构法能够更好地满足客户的需求，提高客户的满意度，从而在市场竞争中占据优势地位。盾构当之无愧地成为隧道工程的优选技术，可为客户创造较高的经济价值。在未来的发展中，盾构法将继续发挥其巨大的优势，为人类社会的基础设施建设做出更加卓越的贡献。

盾构机作为现代隧道施工的关键设备，其高效、安全的特点极大地推动了城市地下空间开发的进程。

然而，如何在盾构的全生命周期内实现其价值的最大化？

（一）技术创新提升盾构效能

技术创新是推动盾构价值最大化的核心动力。近年来，随着人工智能、大数据和物联网等技术的不断发展，盾构机的智能化水平也在不断提升。引入先进的传感器和数据分析技术，盾构机能够实时监测施工环境，自动调整施工参数，从而提高施工效率和安全性。例如，盾构机通过智能控制系统，实现掘进速度的自动调节，相比传统设备，施工效率可提高 20%。

（二）管理优化延长盾构机寿命

科学的管理和维护是延长盾构机使用寿命、提高其经济效益的重要手段。建立完善的设备管理和维护体系，定期对盾构机进行保养和检修，及时更换损坏的零部件，可以有效降低设备的故障率，延长其使用寿命。同时，通过培训操作人员，提高其技术水平和操作规范性，

也可以减少因操作不当导致的设备损坏。例如，某施工单位通过建立严格的设备管理制度，将盾构机的平均使用寿命延长了15%。

（三）产业链协同实现资源优化配置

盾构价值的实现不仅仅依赖于单一企业或环节的努力，更需要产业链上下游的协同合作。通过建立完善的产业链协同机制，实现信息共享、资源优化配置，可以有效降低盾构机的采购、运输、维护等成本，提高整体效益。盾构机制造企业与施工单位合作，通过信息共享和协同调度，将盾构机的运输时间缩短了30%，大大降低了运输成本。

（四）创造盾构价值的最大化需要

创造盾构价值的最大化需要技术创新、管理优化和产业链协同共同努力。只有通过不断的技术创新提升盾构效能，科学的管理优化延长盾构机寿命，以及产业链协同实现资源优化配置，才能在盾构机的全生命周期内实现其价值的最大化，从而推动城市地下空间开发事业的可持续发展。

第三节　把盾构原理发挥到极致

盾构机一般可分为刀盘、盾壳、推进、管片拼装、出渣等几大部分。其中，刀盘有点像一把巨大的电动剃须刀，通过旋转刀盘将前部的泥土和岩石打碎，刀盘每转一圈，就会切削下不少渣土。盾壳是盾构机外部的圆柱体壳体，作为支护可以防止地层的坍塌。推进系统是用液压缸推动刀盘和盾壳前进。管片拼装机可快速安装管片，形成支护系统。出渣系统是将刀盘切下来的泥土或石块输送到盾构机后方，然后运到隧道外❶。

目前，盾构机在城市隧道施工技术装备中已经占据了稳固的统治

---

❶ TBM 工作原理与软土盾构机有所区别，本章不做专业性探讨。

地位，成为一种必不可少的通用隧道施工技术装备。现在的隧道科技研究工作者正致力于更先进的、全机械化的、计算机控制的、智能化的，以及适于地下大深度及特殊断面、特殊功能的盾构机的开发和研究。

在现代工程建设中，盾构技术的重要性日益凸显。充分发挥盾构原理的极致作用，从方法论、矛盾统一体特性及多维度影响等方面进行深入探讨。

一、中铁装备盾构方法论

中铁装备一直在研究盾构方法论，形成一套自己的研究成果，并在盾构机试验研究、盾构机营销、新型盾构机研制等方面获得巨大收获。盾构方法论是根据过去的隧道施工与盾构应用的经验和教训，针对存在的不足，利用各种思想方法和工作方法进行研究，发明新的适应性更强的盾构机和工艺技术。中铁装备在盾构方法论方面取得了一系列研究成果，为工程提供了多种多样的盾构机。盾构方法论主要包括思想方法和工作方法如下。

（一）思想方法

1. 直线思维

在盾构原理的应用中，直线思维可以理解为按照既有技术和经验，直接进行盾构设计与制造，这样可以节省大量的设计时间，但直线思维会对创新产生不利影响。

2. 发散思维

发散思维有助于拓展盾构技术的应用领域和创新方向，鼓励从一个问题出发，探索多种可能的解决方案。不仅局限于传统的圆形盾构机，还可以思考其他形状的盾构机，如椭圆形、半圆形、马蹄形及箱形等，以适应不同的地质条件和工程需求。同时，发散思维也可以促使人们探索盾构机在城市地下空间开发中的更多可能性，如用于地下停车场、综合管廊等场景。

3. 逆向思维

创新逆向思维在盾构原理中可以表现为从问题的反面去思考解决方案。在盾构施工中，逆向思维可促使工程师们思考如何从隧道内部反向挖掘，或者如何利用隧道周围的地质压力来辅助盾构推进。

4. 融合思维

融合思维强调将不同的技术、理念和方法融合到盾构技术中，将不同领域的知识和技术融合在一起，创造更强大的盾构解决方案。比如，将机械工程、材料科学、自动化控制等领域的先进技术与盾构技术相结合，提升盾构机的性能和智能化水平。同时，也可以借鉴其他施工方法的优点，融合到盾构法施工中，提高施工效率和质量，比如将矿山法和盾构法相结合，开发出稳定地层更具经济优势的敞开式盾构机。

5. 借鉴思维

借鉴思维是借鉴其他领域的成功经验和技术，为盾构技术的创新发展提供启示。例如，将钻爆法隧道成熟的技术搭载在盾构机上，增强盾构机的功能和适应性等。

6. 形象思维

形象思维可以更直观地理解盾构的工作原理和结构。例如，通过绘制盾构机的示意图、制作模型、演示动画等方式，形象地展示盾构机的各个组成部分及其功能，有助于设计人员和施工人员更好地掌握盾构技术。

（二）工作方法

1. 调查研究

在设计盾构机之前，进行充分的调查研究是至关重要的。包括对施工区域的地质条件、水文情况、周边环境等进行详细的勘察和分析。通过调查研究，了解地层的稳定性、地下水的分布、周边建筑物和管线的位置等信息，为盾构机的选型、设计和施工提供依据。

2. 科学试验

科学试验是验证盾构技术可行性和优化设计的重要手段。可以通过模拟不同的地质条件和施工工况，对盾构机关键核心部件或系统的性能进行测试和评估。例如，进行热光电磁新型破岩试验、主轴承可靠性试验、土压平衡试验、泥水压力试验等，以确定最佳的设计参数和技术方案。

3. 跨界应用

盾构技术的发展可以借鉴其他领域的先进技术和经验。从航空航天领域引入先进的材料和制造工艺，提高盾构机的强度和耐用性；从自动化控制领域引入智能控制系统，实现盾构机的自动化操作和远程监控。

4. 观察分析

在盾构机施工过程中，持续地观察分析是保证施工质量和安全的关键。通过对盾构机的掘进参数、地面沉降、隧道变形等进行实时监测和分析，及时发现问题并采取相应的措施。

5. 数理统计

数理统计方法可以用于对盾构法施工数据的分析和处理。通过对大量的施工数据进行统计分析，找出数据的分布规律和趋势，反馈优化盾构机各系统设计参数，同时也为优化施工参数和预测施工风险提供依据。

针对现有盾构机及工艺技术在特定地质条件下的局限性，盾构方法论通过总结隧道施工及盾构应用的经验教训，研究并创新更具适应性的装备与工艺。中铁装备在盾构方法论方面取得了一系列的研究成果，为工程提供了多种多样的盾构机。中铁装备在主轴承、减速机等关键部件的国产化方面取得重大突破，成功研发了国产盾构机/TBM主轴承、减速机，标志着我国盾构核心部件国产化进程取得新的重大进展。中铁装备在矩形盾构机技术领域不断创新,从世界最大断面矩形盾构机的研制,到曲线掘进技术的突破,再到组合式矩形盾构机的应用,引领世界矩形盾构机技术的发展。同时,还不断探索超大直径盾构机技术,解决了"换刀难、出渣难、控制难"的行业难题,创造了多项国内和世界第一,为国家基础设施建设和"一带一路"建设作出了重大贡献。

二、盾构机是矛盾统一体

盾构机是"矛盾"统一体,刀具是"矛",盾壳是"盾"。既要发挥矛的优势,又要保持盾的长处。盾构机中刀具作为"矛"负责突破前方的岩土障碍,盾壳作为"盾"提供保护和支撑。以刀破岩,以盾护人,矛与盾相互依存、互不矛盾。盾构机作为矛盾的统一体,刀具和盾壳在盾构施工中各自发挥着重要的作用。既要充分发挥刀具的优势,提高切削效率和适应性,又要保持盾壳的长处,为施工提供安全的保障和稳定的支撑。通过材料创新、优化设计、智能监测与管理等策略,可以实现刀具与盾壳的协同工作,提高盾构法施工的质量和效率。在未来的地下工程建设中,随着科技的不断进步,盾构技术将不断创新和发展,为人类创造更加美好的生活环境,为隧道建设的发展做出更大贡献。

三、刀具的自转与公转实现高效破岩

刀具的自转与公转协同作用是高效破岩的关键。通过精确的设计与控制,刀具能根据不同的岩石硬度和地质条件进行调整,实现最优破岩。充分发挥盾构原理,通过刀具的自转与公转,可极大地提升掘进速度,展现出惊人的施工效率,一次次刷新掘进纪录。这充分展现了中铁装备在盾构机设计制造领域的创新能力,以及应对复杂地质和环境条件下隧道施工的技术实力。

　　"永宁号"：国产首台大直径大倾角斜井 TBM，在洛宁抽水蓄能电站 2 号引水斜井施工中，创下最高日进尺 22.75m、月进尺 332m 的佳绩，刷新了国内斜井 TBM 掘进速度纪录。

"永宁号"斜井 TBM

　　"龙源号"：世界首台锂矿矿用 TBM 在湖南大中赫锂矿施工现场表现强劲，3 天累计掘进进尺突破 105.4m，一举打破了全国矿山行业 30m² 以上大断面岩巷单日及单班掘进进尺双纪录；单月最高进尺突破 1101m，再次刷新矿业岩巷掘进的新纪录；实现"连续 3 个月，月均进尺破千米"的行业壮举，为我国矿用 TBM 技术的发展树立了新标杆。

"龙源号"矿用 TBM

基于盾构的基本原理，中铁装备也在不断丰富和发展着盾构原理，开挖从单一刀盘回转切削到多刀盘协同切削，成型断面从单一隧道到大跨地下空间，盾构原理得到了极大的提升和扩展。比如，为满足工程对不同隧道形状和功能的多样化需求，中铁装备突破传统圆形盾构机的设计，通过多刀盘的前后分层布置拟合开挖出异形隧道断面，研制出矩形盾构机、马蹄形盾构机等异形盾构机，广泛应用于城市地铁出入口、过街通道、山岭公路铁路隧道等对空间利用率要求较高的工程。再比如，创新开发出可分体组合密贴施工的矩形盾构机，先密贴施工多条隧道，然后通过梁柱体系转换将各隧道间隔墙打通形成大跨地下空间，使地下停车场、地铁车站、地下商场的掘进机暗挖建造成为可能。

"蒙华号"：世界首台马蹄形盾构机，开挖断面宽 11.9m、高 10.95m，通过前后两层九刀盘组合布置形式实现马蹄形断面开挖，成功应用于浩吉铁路白城隧道，开创了将异形盾构机应用于山岭隧道的先河。

"蒙华号"马蹄形盾构机

"掘进号"：世界首台全断面硬岩矩形盾构机，开挖断面宽 10.42m，高 7.57m，采用两层六刀盘组合布置形式，搭配上下左右共 6 个截割滚筒的切削补充，切削区域相互交叉，断面开挖覆盖率达 100%，是一台真正的全断面多刀盘矩形盾构机。

"掘进号"矩形盾构机

"双子星号"：分体组合式盾构机，由两台 2.87m×5.02m 小矩形盾构机拼装组合到一起，形成一台 5.74m×5.02m 大矩形盾构机，既能实现组合模式推进，也能实现分体推进，根据断面尺寸灵活组合，成功应用于我国首个盾构法地下停车场工程。

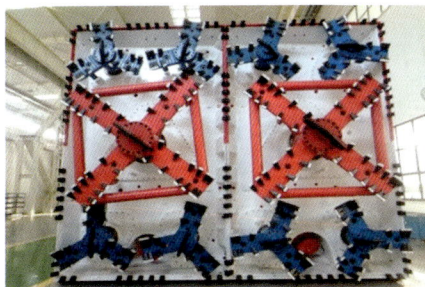

"双子星号"分体组合式盾构机

中铁装备始终认为：只要原理没有错误，一切盾构技术都可以进行试验，一切盾构产品都可以进行尝试与改进。在这种思想的驱动下，中铁装备的盾构事业迅猛发展，同时也为我国地铁、水利、铁路、公路的发展起到了巨大的推动作用。

从哲学角度来看：盾构的主要作用是矛，以矛穿石；次要作用是盾，以盾护人，然而却被叫作盾构，矛盾同体，互不矛盾，前矛后盾，实实在在是一个"矛盾机"。

从科学的角度来看：盾构是集机、电、液、通信、信号于一体的最复杂的工程机械，实现工厂化施工，达到人、机、岩合一。

从社会学角度来看：盾构代表先进生产力。盾构机越多，从事高级劳动的人就越多，缩小了岗位差距。工作环境的改变，提高了劳动者的尊严，更加有利于社会的稳定。

从经济学角度来看：盾构属于资源优化配置的典型，实现了"机器换人"，不仅带来了制造业的技术的创新，也促进了建筑业的革新，缩短了工程总工期，实现了工程经济价值最大化。

在现代工程建设的浪潮中，盾构技术以其独特的魅力和强大的实力不断开拓着新的领域。从矛盾统一的巧妙设计，到多种创新思维与工作方法的融合运用，盾构技术的发展始终秉持着追求极致的理念。

刀具与盾壳的完美配合，自转与公转带来的高效破岩，见证了盾构在复杂地质条件下的卓越表现。以刀破岩，以盾护人，这一核心原理不仅成为隧道施工的共识，更是推动着整个行业不断向前迈进。不断创造出适应各种工程需求的先进盾构设备，为中国乃至世界的地铁、水利、铁路、公路等重大工程带来了巨大的推动作用。从哲学的矛盾统一到科学的高度集成，从社会学的先进生产力代表到经济学的资源优化典型，盾构技术全方位地展现出其不可替代的价值。

发挥盾构原理到极致，意味着要持续创新，不断探索新的技术路径和应用场景。在未来，随着科技的不断进步，有理由相信，盾构技术将继续书写辉煌，为人类建设更加美好的世界贡献更多的力量。

第四节　只有创新力才能使盾构具有生命力

2014 年 5 月，在中铁装备盾构总装车间，习近平总书记通过模型了解盾构机整体构造和工作原理，然后登上一座 85m 长的盾构机装配平台，察看了装配情况。他向现场科技人员和职工问好，对他们攻克科研难题、突破盾构机系统集成技术壁垒的自主创新给予肯定❶。这既是对中铁盾构团队风雨兼程创业之路的肯定，也是对坚持创新驱动发展、打造民族盾构品牌的认可。时刻践行"三个转变"作为自己的使命和目标，努力以中国创造、中国设计、中国标准打造真正的世界盾构机品牌。牢牢把握创新主动权，突出科技创新先导地位，构建高效的研发体系，对产品设计与研发、配套工法研究、智能制造进行统筹协调，形成自主可控的技术产品体系。面向产业技术发展前沿，构建完善"重点支撑、多点突破"的技术创新布局。在创新实践的征程中，以"中铁装备，装备中国，装备世界"为使命，用技术创新、产品创新和服务创新，为世界地下工程建设贡献"中国智慧"。

一、技术创新实现"0"的突破

2008 年，我国第一台拥有自主知识产权的复合式土压平衡盾构机——"中铁 1 号"下线，并在天津地铁 3 号线施工项目中应用。我国盾构机实现了从 0 到 1 的突破。

二、技术创新接连首创

我国幅员辽阔，地理地质复杂，需要多种类型的盾构机，盾构机是根据地质条件和施工要求"量身定制"的非标特种大型设备。可以说，在千变万化的市场中，技术创新能力和产品定制化水平是盾构企业生存的重中之重。创新团队攻克了一道又一道的难关，解决了一个又一个的难题，"锚定了信念就绝不放松，再难再苦也不发怵，在坚守中攻克难关。"针对传统的地铁常规盾构，中铁装备已经得心应手，但相较于市场层出不穷的需求，还有一些差距。聚焦补技术短板，坚持自主创新，抓住研发投入这个"牛鼻子"，研发投入每年保持在 9%左右，接

---

❶ 来源：人民网，习近平讲故事：推动中国产品向中国品牌转变。

连突破了超前地质探测、常压换刀、刀具磨损检测等核心技术，成功研制了一系列填补国内外空白的产品。类似的创新成果还有很多，世界首台马蹄形盾构机、世界最大直径 TBM、世界首台超小转弯半径 TBM、全断面硬岩竖井掘进机、矿用硬岩掘进机、会爬坡的盾构机等。团队解锁了一个又一个"小目标"，实现了一项又一项"大突破"。团队也先后荣获了国家科技进步奖一等奖、二等奖，中国优秀工业设计奖金奖等多项重大科技奖项，带动整个中国掘进机技术进步和产业发展。

"中原1号"首台最大断面矩形盾构机

"中铁237号"首台最小直径的 TBM

"永宁号"首台大直径大倾角斜井 TBM

"雄安号"首创绿色装配式综合管廊
U 盾架管机

三、技术创新提升性能

刀圈作为盾构机的关键部件，直接影响着盾构机的掘进效率和使用寿命，研发新型高性能刀圈，提高盾构机"牙齿"的锋利度和持久性。中铁工程装备集团隧道设备制造有限公司与东北大学展开深入合作，共同致力于新型高性能刀圈的研发。通过对材料的优化选择和制造工艺的改进，显著提高了刀圈的锋利度，使其在切削岩石和土壤时更加高效。同时，增强了刀圈的持久性，减少了因磨损而频繁更换刀圈的情况，降低了施工成本，提高了施工效率。攻克的关键技术难题包括盾构机换刀技术、高压换刀还是带压换刀等。盾构机在掘进过程中，刀具的磨损是不可避免的，因此换刀技术成为关键。在高压换刀和带压换刀等技术选择上，科研人员进行了深入研究和实践。高压换刀需要在较高的压力环境下进行，这对设备性能和操作人员的技术水平要求较高，但换刀速度相对较快。带压换刀则可以在一定的压力下进行，安全性相对较高。科研人员根据不同的地质条件和施工要求，选择适宜的换刀技术，确保了盾构机的连续掘进，提高了施工效率和安全性。

四、技术创新走出国门

中铁装备坚定不移推动国际化战略实施，早在 2012 年就将目光投向海外市场，经过多次深入沟通和现场考察，同马来西亚客户签下两台盾构机。2021 年"中铁 783 号"单护盾 TBM 执行澳大利亚 Snowy2.0 抽水蓄能电站项目；2021 年"中铁 977 号""中铁 978 号"两台超大直径（12.5m）土压平衡盾构机出口意大利那不勒斯；2023 年"中铁 1207 号"盾构机出口巴西圣保罗，用于圣保罗地铁 2 号线项目；2024 年"中铁 1294 号"出口土耳其伊斯坦布尔，用于 Sarıyer-Kilyos 高速公路隧道项目；2024 年"中铁 1419 号"等 5 台盾构机集群下线，将出口意大利，用于萨拉诺项目等。

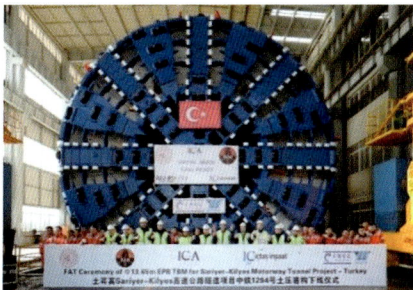

"中铁 1294 号"盾构用于土耳其 Sarıyer-Kilyos 高速公路隧道项目

"中铁 1419 号"用于意大利萨拉诺项目

中铁装备凭借先进的技术和过硬的质量，盾构机成功出口到马来西亚、新加坡、意大利、土耳其等国家，助力当地的交通建设。中铁装备的盾构机以其高效的掘进能力和稳定的性能，在国外赢得了客户的高度认可，得到当地建设部门的大力支持，为我国盾构机拓展国际市场树立了良好的口碑。同时，也为世界轨道交通建设提供了中国装备、中国方案和中国智慧。

中国盾构机在技术创新、质量控制和成本效益等方面具有独特优势，能够满足不同国家和地区的建设需求。通过出口盾构机和技术合作，我国与世界各国分享了盾构机技术和经验，为推动全球轨道交通建设作出了积极贡献。同时，也在国际市场上不断学习和借鉴先进技术和管理经验，进一步提升了自身的竞争力。创新驱动，支撑"中国创造"。坚持面向国家重大战略需求，相继攻克超大直径、超小直径、极限工况下盾构机的设计及制造关键技术，一批世界首台、国内首创、代表行业先进水平的盾构机相继成功问世。创新力是盾构发展的核心动力，对盾构的重要性不言而喻。从技术创新提升性能，到推动产业发展，再到拓展国际市场，创新力贯穿于盾构机发展的各个环节。

盾构机创新的发展方向充满了机遇与挑战，发展空间巨大，创新空间无限。盾构机创新将朝着更加智能化、绿色化、高效化的方向发展。智能化方面，将进一步应用物联网、大数据、云计算、人工智能、机器学习等技术，实现盾构装备的全自动化控制和智能决策。绿色化方面，研发和应用新型的排放处理系统，优化能源利用，探索利用可再生能源为盾构机提供辅助动力，减少对环境的影响。高效化方面，不断提高盾构机的掘进速度和施工效率，降低施工成本。

盾构的发展将促进建筑格局的变化，促进社会文明的进步，成为开发地球最重要的装备之一，也可能未来成为月球隧道盾构机。

对过去技术的否定就叫"颠覆"。

对未来技术的发明就叫"创造"。

对现有技术的改革就叫"创新"。

创新盾构机，创造盾构机，颠覆盾构机就是中铁装备的光荣使命。

五、盾构活了，隧道施工就好干了

目前隧道施工中应用，盾构机普及率还很低，这就意味着盾构创新还有非常大的空间，在隧道施工速度、施工质量、施工安全、施工效应等方面，盾构还没有发挥应有的作用，这就意味着盾构的种类需要更多更广，甚至全面覆盖隧道施工。对于任意一座隧道，都应该有对应的盾构，形象地说，盾构应该是一个"百变金刚"，也应该说，没有盾构技术的进步便没有隧道技术的发展。这就是挑战，这就是市场，这就是盾构的未来。只有不断创新，盾构才能具有强大的生命力，才能为我国乃至世界的工程建设作出更大贡献。在未来的发展中，中铁装备紧紧围绕创新这一核心主题，加强技术研发，注重工程实践，推进智能化发展，不断提升盾构的性能和质量，拓展盾构的应用领域，为实现基础设施建设的高质量发展贡献力量。

第五节　中铁装备盾构为什么行

"是故形而上者谓之道，形而下者谓之器。"

——《周易　系辞》

中铁装备盾构，大国重器。当我们要探寻中铁装备盾构为何能成功，成为大国重器？必然要往上寻，站在"道"的高度去俯瞰全景，只有这样，得出来的结论才能够更加客观、准确、全面，且便于理解。

自世界上第一台盾构机面世后的 200 年时间里，欧洲主要国家、美国、日本等是盾构机发展的中心。而进入 21 世纪后，形成了"世界盾构看中国，中国盾构看中铁装备"的局面，中铁装备盾构的成功，具备"国家支持、内需强劲、企业敢闯、市场接纳"的内外部因素。

钱七虎院士称"21世纪是地下空间开发利用的世纪",这一评价高屋建瓴地指出了盾构机能够成为"工程机械之王"的根本原因。大基建时代下,以城市地铁、山岭隧道为主的地下空间开发建设,为盾构机提供了丰富的应用场景和用武之地,这是市场给中国盾构的成长机遇。中国盾构人经过引进消化吸收再创新,在买盾构机、用盾构机、修盾构机、造盾构机的路径升级中,掌握了与盾构研制相关的关键技术,随着技术积累的成熟,中国盾构研制也具备了基础条件。

如果用全球视野来看,制造之宜不仅仅给了中铁装备,世界上有很多企业具备更好的条件,但中国的特殊条件为中铁装备盾构的成长提供了沃土。中国地大物博,特别是地质复杂,向来有"地质博物馆"的称号,复杂的地质条件,对世界上任何一个成熟的盾构企业来说都是不小的挑战,地质适应性成为决定成败的关键因素,"水土不服"成为外国盾构机的通病;而中国第一批造盾构机的人也是第一批使用盾构机的人,他们更懂得什么样的盾构机适用什么样的工程,又能够在最短的时间内提供最高效的解决方案,这是中国给中铁装备盾构第一个有利的支持。依托举国体制的优势,科技部从2001年开始,通过国家"863计划""973计划",连续多年支持盾构机关键核心技术的研发,构建了产学研用的完整创新生态,为中铁盾构机研制技术的攻关提供了资金、技术和人才的支撑,这是中国给中铁装备盾构第二个有力的支持。从"有利"到"有力"支持,便成就了中铁装备的迅猛发展。

为何中铁装备盾构能够成为领跑者呢?人才因素发挥了巨大作用。首当其冲的是核心团队,脱胎于隧道施工企业,多年的盾构施工经验为研制盾构机奠定了基础,用盾构机的专家成为造盾构机的专家,工程施工和机械制造的跨界优势、懂业务懂技术懂趋势的创业团队,成为中铁装备盾构产品打开局面的敲门砖;核心团队又不断影响全体员工在创新的文化和融洽的氛围中轻装上阵,激情满满地干事创业，成为中铁装备盾构不可或缺的发展动力。

我们从盾构技术之外的三个维度剖析中铁装备盾构机为什么行，这也是我们总结的中铁装备盾构之"道"。

一、做得好，懂施工，成为最懂施工的制造商

做得好，泛指制造的盾构机好用。盾构机属于量身定做产品，几乎没有一模一样的，每个工程的地质条件也不一样，因此在设计制造盾构机时，分析地质特点、水文资料成为第一要务，设计者都要亲自到现场进行地质勘察。掌握这些资料后，才能进行盾构机的初步设计，乃至今后与客户进行若干次方案交流，最终确定盾构机的功能、参数等。缺少隧道施工经验，无法为客户提供最合适的盾构机。中国的盾构机制造商从最开始的 30 多家，到目前仅存几家。这些倒闭的盾构机制造商并不是他们制造能力差，大抵是因为不太懂得隧道施工的原因。而中铁装备成立之初就招聘了多名土木专业技术人才。如果盾构机适应地质，隧道能够快速掘进，那么盾构机就是最好的，所以有客户这样称赞中铁装备"最懂施工的制造商"，这是中铁装备的特殊"功夫"。时任董事长李建斌为中铁装备提出了发展方向："精准创新，改变隧道"。盾构机是因隧道而产生，隧道因盾构机而进步。懂隧道才能懂盾构，而懂盾构不一定懂隧道。中铁装备做足了隧道这个"功夫"，因而盾构才做得"好用"。中铁装备对产品和技术也有自己的理解："只有饱和的产品，没有饱和的市场，只有落后的技术，没有落后的需求""有核心技术，客户依赖。有市场品牌，客户信赖"，这些带有企业理念色彩的观点已经深入中铁装备的广大员工心里，全员创新成为中铁装备的鲜明特色。

二、做得强，敢创新，培养"习惯创新者"

强与弱是竞争中对比程度而言。做得强，是指盾构机广泛应用到

不同的隧道工程、不同的工程领域。中铁装备已成为世界上盾构机种类最齐全的制造商。盾构机适用范围：从穿路过楼到穿山越岭，再到穿江越海；从地铁隧道到高铁隧道；从水工隧洞到矿山隧道；从软岩到硬岩；从上软下硬到岩爆；从水平方向到垂直方向。盾构机断面：从圆形到异形。每一台盾构机都是一个故事，每一台盾构机都凝结着中铁装备工程师的智慧和艰辛。中铁装备的创新文化伴随着企业的成长逐步形成具有鲜明特色的企业文化，"成功源于创造"是中铁装备创新文化的核心。李建斌有自己的创新观点："谁掌握核心技术，谁就是甲方"，"在技术上有多大的话语权，在市场上就有多大的竞争力"，"成熟即落后"。所以，中铁装备一直不遗余力地去进行技术创新，成功研制出了多台具有里程碑意义的盾构机，这些成果就是创新实力的例证。中铁装备突出的创新文化，形成一个浓厚的创新氛围。在"渴求变革、倾力创造"的中铁装备创新氛围中培育了一大批"习惯创新者"，从创新星火到创新热潮推动中铁装备不断发展壮大。中铁装备研究总院每年都要举办创新大赛和概念大赛，以鼓励员工积极投入到盾构机创新中来。中铁装备在 2018 年、2023 年、2024 年累计三次获得国际隧道协会（ITA）设备创新奖，从而证明了中铁装备的创新能力和创新力度。李建斌关于企业发展提出："强在创新，不在巧取；优在质量，不在夸张。"

三、做得优，抓质量，质量是品牌的脊梁

做得优，是指盾构机的质量可靠。这是中铁装备骨子里的铁律。中铁装备盾构机品牌主要是靠优秀的质量打造出来的。盾构机掘进速度快，故障率低，这是客户最基本的要求，也是最高要求。市场营销的最高手段就是通过创立品牌而实现，中铁装备成立至今，出厂盾构机超过 1000 台，设计上无一失误。中铁装备的质量观是："产品是人品，质量是道德""质量是品牌的脊梁，品牌是市场的证书"。手工业

讲究的是手艺，制造业讲究的是工艺，巧手艺和好工艺体现的是生产细节，保证的是的内在质量。中铁装备认为：盾构机能不能用看对隧道地质的认识水平，好不好用看盾构机的功能配置，可不可靠看盾构机的工艺制造。

中铁装备既创造了盾构之道，也创新了盾构之器。

四、盾构之器，大国重器

（一）技术优势

中铁装备具备直径 2～18m 隧道掘进机研发制造能力，并逐渐向微型化和超大型化方向扩展，整机技术实现了多个国内乃至世界之最。关键技术不断实现创新突破，"卡脖子"技术成果持续巩固，自主创新水平不断提升。

（二）全产业链服务

中铁装备提供从研发、制造、再制造、工程服务到配套产品的全产业链环节服务，能够为客户提供多样化、成套化和智能化的隧道施工装备及全方位的技术支持。

（三）智能化水平高

中铁装备自主开发了刀具状态智能监测与诊断技术、开挖仓可视化监控系统等，致力于开发智能掘进系统，构建盾构掘进过程信息化、智能化整体技术架构，提高施工效率和质量。

（四）地质适应能力强

中铁装备的盾构机具备强大的地质适应能力，可以针对不同地层提供集合最前沿高精尖科学技术的专业隧道掘进设备，满足各种复杂地质条件下的施工需求。

（五）海外市场认可度高

中铁装备的盾构机已经出口至多个国家和地区，占海外市场销售率将近四分之一。产品性能在海外客户评价中名列前茅，积累了丰富的业绩和国际行业认可度。

中铁装备的盾构机凭借技术优势、全产业链服务、高智能化水平、强地质适应能力和海外市场认可度高等多方面优势，成为隧道掘进领域的佼佼者。

第六节　中铁装备模式

中铁装备模式可以总结为：以"高端定制、精准创新、卓越品质、智慧服务"为循环驱动支撑；以"创造市场，引领需求"为发展理念，依托研发、制造、服务三大体系来保障的一个综合性模式。具体来说，中铁装备坚持创新驱动，面向产业技术发展前沿，深度参与国家重大科技专项和重点研发计划，勇于突破关键核心技术，抢占掘进机技术世界制高点，形成了具有自主知识产权的核心技术体系。在产品质量上，中铁装备注重技术攻关、细节把控、精益生产，全面保障产品品质，探索形成了"同心圆"质量管理模式和质量管控体系。同时，中铁装备还构建了以 5S 服务为基础的产品全生命周期服务管理体系，提供包括工程装备咨询、掘进服务、维修改造、再制造、技术服务等全价值产业链服务，全力提升品牌价值。此外，中铁装备还围绕产业链部署创新链，整合优势创新资源，建立稳定的产学研用合作体系，形成产业链上下游企业协调发展。这种"链"的接续性、完整性与稳定性，不仅增强了品牌影响力和竞争力，也为中铁装备模式的成功奠定了坚实基础。总的来说，中铁装备模式体现了中铁装备在盾构机领域的专业实力和创新精神，也展示了其在市场竞争中的独特优势和领先地位。

第十三章 "三个转变"铸就大国重器

制造业是国民经济的脊梁,是立国之本、强国之基。2014年5月10日,习近平总书记在中铁装备视察时首次提出,推动中国制造向中国创造转变、中国速度向中国质量转变、中国产品向中国品牌转变,为中国制造高质量发展指明了方向。近年来,中铁装备积极践行"三个转变"重要指示,"上天有神舟,入地有盾构",大国重器捷报频传,成为中国高端装备制造业的靓丽名片。

第一节 "三个转变"与中国品牌日

一、难忘的日子——"三个转变"的提出❶

2014年5月10日,是中铁工程装备集团有限公司永远值得纪念的日子——这一天,习近平总书记亲临公司考察指导。

在中铁工程装备集团有限公司盾构总装车间,习近平通过模型了解盾构机整体构造和工作原理,然后登上一座85m长的盾构机装配平台,察看了装配情况。他向现场科技人员和职工问好,对他们攻克科研难题、突破盾构机系统集成技术壁垒的自主创新给予肯定。

习近平指出,装备制造业是一个国家制造业的脊梁。先进制造业

---

❶ 来源:人民网,习近平讲故事:推动中国产品向中国品牌转变。

发展目标能否实现，综合实力和竞争力能否有大的提高，关键是能否在增强自主创新能力、推进创新驱动发展方面趟出一条路子来。要加大投入、加强研发、加快发展，努力占领世界制高点、掌控技术话语权，使我国成为现代装备制造业大国。要加快构建以企业为主体、市场为导向、产学研相结合的技术创新体系，加强创新人才队伍建设，搭建创新服务平台，推动科技和经济紧密结合，努力实现优势领域、共性技术、关键技术的重大突破，推动中国制造向中国创造转变、中国速度向中国质量转变、中国产品向中国品牌转变。聆听了总书记的重要讲话，在场的每一位员工都深受鼓舞、倍感振奋。虽然总书记参观中铁装备的时间只有短短的 30 多分钟，但他留给我们的精神财富是无穷无尽的精神财富，为中国装备制造业和中铁装备的发展指明了方向。

二、中国品牌日的由来

"品牌"（Brand）一词最早来源于古挪威文字（brandr），意思是为产品"打上烙印"，最初的意义不过是为了体现产品厂商的不同。但随着商品社会的到来，市场竞争越来越激烈，传播手段越来越丰富，品牌由原来的一个视觉符号变成了代表企业经营从实到虚、方方面面的综合认知，比如企业运营管理、设计能力、科技水平、产品服务质量、企业文化等，是一个企业竞争力的综合体现。数据显示，现在全球知名品牌产品产量不到同类产品的 3%，但销售额却占到 50% 左右。

知名品牌是企业走向世界的通行证，也是国家展示形象的名片。一个国家拥有多少世界知名品牌，就代表这个国家在世界经济版图中的地位。过去一个多世纪，国家竞争力的演变很大程度上是企业品牌阵营的此消彼长。当前，品牌代表着供需结构的升级方向，打造知名品牌已经成为世界各国经济竞争的制高点，成为主导全球产业链的重要力量。

党中央、国务院高度重视品牌的发展工作。2014年5月10日，习近平总书记在中铁装备视察时提出的"三个转变"，为推动我国产业结构转型升级、打造中国品牌指明了方向、目标和任务，具有重大而深远的意义。2016年6月，国务院印发了《关于发挥品牌引领作用推动供需结构升级的意见》（国办发〔2016〕44号），提出设立"中国品牌日"，凝聚品牌发展社会共识，营造品牌发展良好氛围，搭建品牌发展交流平台，提高自主品牌影响力和认知度。2017年4月24日，国务院批准将5月10日设立为"中国品牌日"。

"中国品牌日"的设立，彰显了国家对品牌意识的高度重视和建设品牌强国的坚定决心，对促进中国自主品牌的建设和提升具有重大意义。春发其华，秋收其实。如今，以华为、海尔、格力、大疆等为代表的中国品牌在国际市场异军突起；神舟飞船、北斗卫星导航系统、华龙一号核电机组、复兴号高速列车、C919国产大飞机、港珠澳大桥等一张张响亮的"中国名片"更是"三个转变"的见证。这充分说明，只要依靠创新、下足功夫，中国品牌一定可以比肩世界知名品牌。

作为"三个转变"重要指示的发源地，中铁装备始终牢记总书记嘱托，以只争朝夕的奋斗姿态，努力建功新时代、奉献共同体，切实把"三个转变"重要指示转化为建设世界一流企业、打造世界一流品牌的生动实践，取得了一系列丰硕成果。中铁装备的盾构产品累计订单超过千台，出厂盾构安全顺利掘进里程累计达几千千米，市场占有率连续多年中国第一和世界第一。

民族振兴之际，品牌崛起之时。品牌建设是一个持续过程，品牌塑造永远在路上。中铁装备将继续以过硬的技术、产品和服务，不断打造具有中国特色和国际竞争力的世界一流品牌，让中国盾构"国家名片"更加熠熠生辉。

第二节 "三个转变"引领下的中铁装备

一、中国制造迈向中国创造——创新突破市场重围

2010 年，中国超越美国，重返世界制造业第一大国。如果说，"Made in China"（中国制造）为中国赢下一个过去，那么，"Created in China"（中国创造）将为中国赢得一个未来，让中国由制造大国迈向制造强国。这个转变，说透了，是坚持自主创新；说全了，是坚持中国特色自主创新。一个创新引领的前进道路，是企业发展的动力、民族进步的灵魂和国家兴旺的源泉。

在中国制造迈向中国创造的激越洪流中，中铁装备是融入大江大河的浪花一朵。自 2001 年开始，中铁装备凭借对盾构施工的深刻理解，通过"引进—消化吸收—再创新"，于 2008 年成功研制出我国首台复合式土压平衡盾构机，并在天津试用的过程中获得巨大成功，彻底打破国外垄断的格局。截至 2020 年，"中铁 1000 号"盾构机成功下线，标志着中国盾构在全球市场大放异彩。

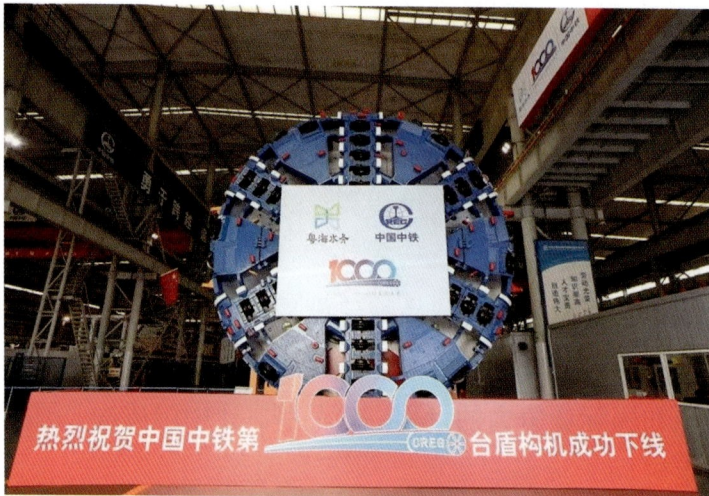

2020 年 9 月 29 日，"中铁 1000 号"盾构机在郑州成功下线，该设备将用于珠江三角洲水资源配置工程

从"中铁1号"到"中铁1000号"盾构机成功下线，历经十余年的发展，中铁装备精准定位、突破创新，每年至少推出一个新产品，先后研制了一大批具有开创意义的"世界之最"盾构机，掌握了盾构技术的话语权。世界最大断面硬岩掘进机面世、国内首批双护盾TBM出生、世界最小直径TBM呱呱坠地、世界首台马蹄形盾构下线……近年来，中铁装备还攻克了刀盘、液压控制系统、（直径）6m级盾构主轴承、减速机等关键核心技术，实现了从盾构行业"追赶者"到"领军者"的快速升级。

如今，国产钢铁"穿山甲"的"朋友圈"越来越大，"中铁号"盾构机已遍布中华大地，"中国造"盾构机已出口全球25个国家和地区，为世界轨道交通建设提供了中国方案、中国智慧。

二、中国速度迈向中国质量——品质推动高速增长

中国速度，曾誉为世界经济奇迹，既造就了世界第二大经济体的国际地位，也显现了中国经济大而不强的不足之处。从10%以上的高速迅猛增长到7%左右的中高速稳定增长，提高质量与效益，冲抵着中国速度变化差。

速度终有上限，质量永无止境。摆脱粗放型增长依赖，提高自主性创新能力，变制造为创造，变贴牌为创牌，是企业和产业的"凤凰涅槃"，是制造强国的"质量时代"，是一条"以质取胜"的发展道路。

为积极抢占世界掘进机技术制高点，中铁装备构建了"产学研用"高效高质协同创新机制，建设了基础研究五大平台，不断突破掘进机前沿技术，实现核心技术自主可控，先后获得了国家科技进步奖一等奖、二等奖，中国专利金奖等国家级重大奖项。

在与国际巨头短兵相接的竞争中，中铁装备发现，用户不仅需要设备，更需要贴心服务。与设备相比，服务更能创造不断延伸的市场，并成为企业竞争的利器。凭借对盾构技术的把握和对地质情况的研

判，中铁装备专家团队突出产品个性化定制，推出"管家式服务"，为客户提供包括安装、始发掘进、接收和拆机过站等全方位技术支持，让客户在买进设备的同时就能得到全方位服务。

产品由"制造"到"智造"，服务从"单一"到"综合"。现在，中铁装备在全国成立了 7 个服务中心，组建了 6 个区域合作联盟，主要提供设计咨询、技术培训、配件供应、设备维修、掘进分包和再制造等项目，中铁装备已将提升质量的目光聚焦到整个盾构行业的链条之中。与 2014 年相比，2021 年中铁装备企业新签合同额增长 304.66%，营业额增长 345.74%，营业收入增长 259.97%，专利增加近 700 项。

三、中国产品迈向中国品牌——品牌铸就高质量发展

近年来，越来越多的中国品牌异军突起，以高性价比、高技术含量的产品参与竞争，拥有越来越多的"粉丝"。中国产品紧紧围绕优质、精品、创新等关键词向中国品牌转变。

（一）市场认可源于持续高质量

自中铁装备诞生之初，就确立了"造中国人自己的盾构机，造中国最好的盾构机，造国际一流的盾构机"三步走的梦想，把"三年创市场，五年创品牌"作为企业发展的战略要求。"好盾构自己会说话"，2008 年第一台产品正式下线；2010 年，已占据国内市场的 1/3；如今，国内市场份额稳定在 60% 以上。2011—2013 年，公司与国际顶尖品牌全面对标。结合工程实际和客户需求持续优化创新，不断超越，实现企业品牌的持续增值。

为进一步抢占海外市场，中铁装备加快培育自主品牌克瑞格（CREG），在海外实现"克瑞格"和"维尔特"双品牌运营。良好的品牌形象，成为中铁装备海外发展的强大动力。近年来，中铁装备共出口盾构机 25 台，远销马来西亚、新加坡、黎巴嫩、以色列、印度、伊朗等多个国家，新的订单还在纷至沓来。

（二）质量文化助力高质量发展

2021 年 9 月 16 日，在第四届中国质量（杭州）大会上，中铁装备的"同心圆"质量管理模式荣获中国质量奖，"中铁装备获奖来之不易！中铁装备'同心圆'质量管理模式，从全国 100 余家参评企业中脱颖而出，受到第四届中国质量奖评审专家的高度认可。"中铁装备相关负责人感慨地说。本次获奖，是对中铁装备作为掘进机行业开拓者和领军者的行业地位认可，也是对中铁装备质量管理水平和企业品牌的认可。中国质量奖是由我国政府部门组织评选的最高质量类奖项，设中国质量奖和中国质量奖提名奖，每两年评选一次，旨在表彰在质量管理模式、管理方法和管理制度领域取得重大创新成就的组织和个人，对我国各行业的质量管理具有标杆作用。受盾构刀盘掘进的启发，中铁装备塑造了以"中国梦想为圆心、以员工幸福为半径、以掘进机事业为周长"的"同心圆"企业文化。在习近平总书记"三个转变"重要指示指引下，结合"同心圆"企业文化，中铁装备形成了"同力创造、心系质量、圆梦品牌"的"同心圆"质量管理模式。该模式基于信息化平台，从研发、制造、服务三大环节、九个方面，驱动"高端定制、精准创新、卓越品质、智慧服务"，以打造"世界品牌"为目标，形成了一整套适用于非标定制＋大型装备的质量管理体系。中铁装备紧密结合《中共中央、国务院关于开展质量提升行动的指导意见》（中发〔2017〕24 号）相关要求，从产品质量、服务质量、管理质量等多个维度持续改进，积极贯彻产品、人品、企品"三品合一"的管理理念，助力企业高质量发展，从标准、计量、认证认可、全过程检验检测等方面大力推进公司质量基础设施建设；主动开展质量绩效工资试点研究，将"质量奖惩"转为"质量工资"，以工作质量好坏决定收入高低；以风险识别和预防为基础构建全过程、全企业、多层级的立体质量防护网，建立质量预警机制；打造国内首个远程信息服务中心，在做好"5S 服务"的基础上为客户提供实时远程监测、智能故障诊断与预警服务，持续提升服务质量，增强客户黏性；持续优化管理流程，将所有质量要求和流程充分融合，构建大质量管理体系，稳步推进公司管理提升。同时，中铁装备积极将"质量第一"的价值理念向产业链上下游企业持续传导，积极承办政府、协会相关质量对标、交流活动，与国内优秀企业对标学习，共同促进企业质量管理水平提升，助力企业高质量发展。

践行"三个转变"，实施"同心圆"管理，让中铁装备收获满满：先后荣获"河南省省长质量奖""中国好设计金奖""服务型制造示范企业""国家技术创新示范企业""国家制造业单项冠军示范企业""中国工业大奖""中国优秀工业设计奖金奖""中国专利奖金奖""国家科技进步奖"等荣誉。

2019年，由中铁装备制造的超大断面矩形盾构机入选新中国成立70周年的150个"新中国第一"

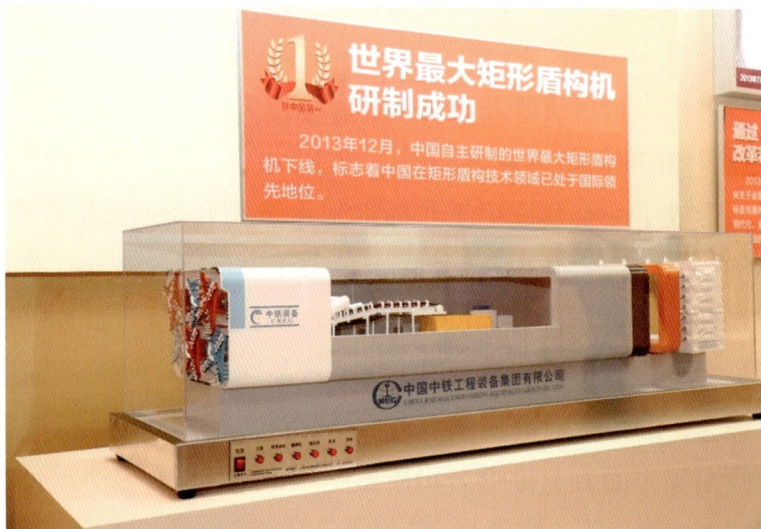

世界超大断面矩形盾构机模型

2024年，以李建斌作为负责人的中铁装备"盾构创新研发团队"获得首次评选的"国家卓越工程师团队"，党和国家给予了中铁盾构人崇高的荣誉。

2024 年，获得首次评选的"国家卓越工程师团队"

第三节　破解中铁装备的成功密码

纵观中铁装备的成功之路，既是中国盾构"从无到有、从有到优"的产品创新之路，也是中铁装备突出重围，从本土到海外、从跟随到引领的市场拓展之路，更是"中铁号"从默默无闻到驰名全球，成为中国"金名片"的品牌发展之路。可以说中铁装备创造了中国工程机械的奇迹，诚然奇迹的背后存在着中国经济和科技大发展所带来的市场机遇，但更多的则是凝聚着中铁装备人的智慧和勇气。

在之前的章节中，我们回顾了中国盾构从技术引进到国产化、产业化的过程，也从产品研发、营销定位、市场扩张、国际拓展、技术创新、品质管理、人才管理等多个维度分析和总结了中铁装备的成功经验，然而，也许你依然会感到疑惑，到底是什么铸就了中铁装备的成功？破解中铁装备成功密码的钥匙究竟是什么？

对于这个问题，中铁装备的首任董事长李建斌在访谈过程中一言以蔽之——"成功源于创造！"确实，中铁装备的每一步成长不都是源于"创造"吗？从创业伊始没有产品、没有市场、没有品牌的困境，到如今产品技术引领全球、市场规模雄踞榜首、品牌驰名中外，这一切都源于中铁装备非凡且持续的创造力。在中铁装备人的心中，"主动求变，倾力创造"早已成为大家共同的信仰与追求。

既然"创造力"是中铁装备成功的关键，那么，这种"创造力"的内涵又是什么呢？事实上，中铁装备的成功发展历程，已经为我们揭示了其非凡"创造力"背后的逻辑——求变、敢变、能变。

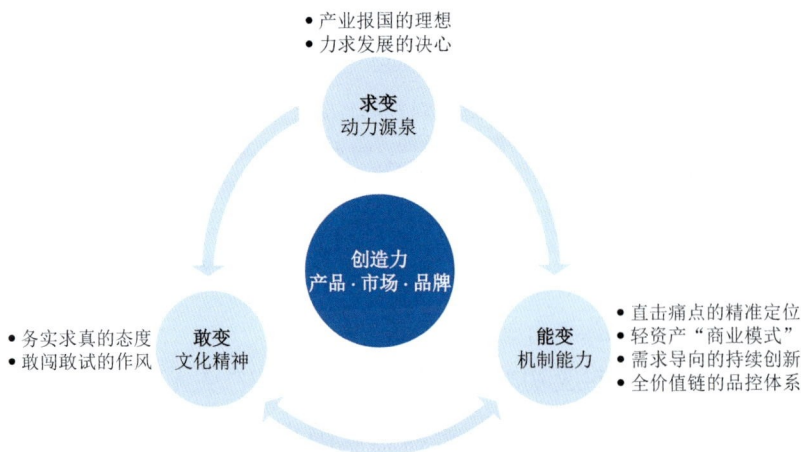

中铁装备的成功密码——主动求变，倾力创造

一、"求变"是创造的动力源泉

在市场环境瞬息万变的今天，不断自我改变以适应市场环境的需求，早已成为众多企业的共识。然而，纵观当代企业，被迫适应者居多，主动求变者甚少，可以说这几乎成为划分企业优劣、成败的分水岭。虽然，被迫适应与主动求变的结果都是"变"，但其动力来源却存在着本质的差异。被迫适应的动力源于外部环境压力，而主动求变的

动力则源于内驱力。动力的差异决定了企业"变"的时间和最终目的，也最终决定了"变"的效果。主动求变是企业以发展为目的，基于对未来思考而作出的提前布局与创新，促使企业在发展和竞争过程中获得先动优势和主导地位。

尽管主动求变的优势是显而易见的，但企业要真正做到主动求变却是困难重重。首先，企业必须突破安于现状的短视，也就是我们常说的"居安思危"。迫于生存压力的改变往往容易做到，正所谓"困兽犹斗，而况于人"。但在成功之时依然求变，就需要企业具备远大的目标和长远的视角。其次，企业还必须突破现实困境的束缚，不屈从于现实条件。有条件要发展，没有条件，创造条件也要发展，这就需要企业具备勇于冒险、力求发展的企业家精神。

回望中铁装备的发展历程，这两点可谓体现得淋漓尽致。在其发展的道路上，中铁装备前进的步伐从未因暂时的成功而停滞。在其成功研发首台复合式盾构之时，中铁装备想到的却是如何打开市场，实现盾构产业化；在其成功突破国内市场，产销量一路高歌猛进之时，中铁装备想到的却是如何进入国际市场，将中国盾构推向国际舞台；在其产品和服务获得客户高度认可，一度赶超国外优势品牌之时，中铁装备想到的却是如何持续创新改进，引领市场需求。可以说，中铁装备就是在不断给自己"出难题"，不断向着更高目标发起冲击的过程中成长和发展。同时，中铁装备每一次的成功突破，从来都不是在"万事俱备""水到渠成"的条件下实施的，而恰恰都是在艰难险阻中逆流而上。创业初期，在面临巨大的技术劣势时，中铁装备没有选择引进和依赖国外技术，而是坚决地走自主创新道路。没有一手资料，跋山涉水、深入一线自己收集；缺乏创新人才，高层领导礼贤下士、亲赴高校选拔招募；科研能力不足，依托科研计划，产学研合作攻关。在面临品牌劣势、客户质疑、市场发展举步维艰之时，中铁装备没有选择走关系营销之路，而是总经理、副总经理亲自带队，紧扣客户痛点，寻找突破口，反复推介，主动服务，以真诚打动客户，最终通过与国外品牌同场竞技，以优质的服务和产品获得客户认可。可以说，中铁装备就是在他人看似无法突破的逆境中，不向现实屈服、不走寻常路，一路披荆斩棘、力求发展，最终踏出一条属于自己的成功之路。

在中铁装备打破现状、不断挑战的"求变"背后，我们不难发现，存在着一种源源不竭的内驱力。而这种内驱力正是源于中铁装备人坚定的产业报国理想和力求发展的决心。中铁装备人怀揣着铸造中国盾构品牌、实现中国隧道现代化的远大理想，肩负着发展中国盾构产业的历史使命，正是这种理想信念和事业追求，为中铁装备的持续发展、基业长青打造了坚实的基础，提供了无限的动力。

二、建设"敢变"的文化和"能变"的核心竞争力

主动"求变"的意识为中铁装备的创造力提供了内驱力。然而，要最终打造企业非凡的创造力，则必须依靠人与机制的结合，即企业必须打造与创造力相适应的文化与能力，二者之间存在着相互依存的强相关关系。文化决定着企业员工的创造行为，而能力则影响着人们创造的结果。没有企业员工不断尝试创造的行为，企业创造能力既难以建立，也无法产生创造结果；反之，如果员工尝试创造的行为，因得不到创造能力的支撑，而无法产生良好的创造结果，则员工的创造积极性就会受挫，进而逐步丧失创造意愿。因此，企业在打造创造力时，必须同时建设"敢变"的文化和"能变"的核心竞争力，二者缺一不可。

那么，企业应当如何建设"敢变"的文化和"能变"的核心竞争力呢？

首先，我们必须认识到"求变"是基础，"求变"在意识层面上，体现为勇于冒险、力求发展的企业家精神，而在行为层面上，则体现为主动创造的战略经营决策。企业家精神是企业文化的重要组成部

分，也是其产生的重要源头之一，而战略经营决策决定着企业核心竞争力的选择，也决定着企业资源的投入与配置。因此，可以说"敢变"的文化和"能变"的核心竞争力都是从"求变"中演变发展而来。

其次，"敢变"的文化和"能变"的核心竞争力不会自然形成，需要企业基于创造力形成的需要和企业自身特点，进行主动培育和建设。同时，不同的企业，其"敢变"和"能变"的内容及变现形式也存在一定的差异，企业需要精准把握其程度和方向。

中铁装备"敢变"的文化精神主要体现在其务实求真的科学态度和敢闯敢试的工作作风。作为一家以技术创新为核心的高科技企业，中铁装备拥有较为强势的工程师文化基因。作为中铁装备老一辈工程师的代表，前总工程师张宁川在"访谈"中表示："中铁装备的科研技术人员有着刨根问底的钻研精神和不盲从、不满足的批判精神，这是我们最大的特点，也是我们创新的根本保障。"事实上，从中铁装备的创新过程来看，这两大"精神"表现得尤为明显。早在引进和学习盾构技术、研发首台盾构机之时，中铁装备就是一边学习吸收、一边探索试验，不满足于对国外技术的照搬照抄，不盲从于国外的技术权威，坚持需求导向，坚持实践出真知，并最终形成了原理研究、试验检测、实践验证的技术创新模式以及"只有经过实验室和现场实践验证的才是科学"的技术创新理念。而在工作作风方面，中铁装备年轻化的人才队伍，充分体现出勇于挑战、敢闯敢拼的特点。尤其是在市场突破的过程中，"三大战役"从成都到深圳再到马来西亚，每一次都是迎难而上、挑战高难度项目，而且每次都是在客户的质疑声中虎口夺"单"，似乎对于中铁装备人而言就没有"不可能"，更没有"输"的概念。

在中铁装备"敢变"文化形成的过程中，信任和包容起到了至关重要的作用。中铁装备大胆起用年轻人，并将其放在一些关键的岗位，在中铁装备的管理层看来，只要一个人敢拼搏、肯付出，就是值得信任的，即便在探索、尝试和创新的过程中出现了错误，只要不是故意为之，都是可以理解和包容的。正是这种高度的信任和包容，给了中铁装备人以无限的勇气和动力，也成为中铁装备"敢变"文化形成的重要"催化剂"。

最后，在"能变"的核心竞争力打造上，中铁装备围绕产品、市场、研发和品质四个方面，打造了独特的创造力支撑体系。

第一，中铁装备借助其对客户需求的深度理解和对中国地质情况的深度掌握这两大基因优势，在技术、品牌双劣势的条件下，针对国外盾构机地质适应性差、服务无法满足需求的核心问题，剑走偏锋，明确了高地质适应性和技术服务先行两大产品优势，对产品进行了精准定位，为其产品研发指明了方向，也为其市场开拓找到了突破点。

第二，中铁装备在市场开拓紧迫性和资源能力局限性双重压力条件下，创造性地选择聚焦发展技术创新优势，在营销、生产等多个环节与社会优势资源合作发展的轻资产"商业模式"，为其快速形成营销和生产能力，实现快速扩张和高质量发展提供了有力支撑。

第三，在技术创新和产品研发方面，中铁装备坚持以需求为导向，在售前、售中、售后实施全方位客户需求信息收集，并建立以客户需求为触发点的技术创新和产品研发体系，对技术和产品实施持续优化和创新，为技术创新提供了精准的方向。同时，借助"863计划""973计划"等国家科研计划，与高校及科研机构实施深度产学研合作，借力实施理论研究和技术攻关，为技术创新提供了强有力的技术资源和效率保障。可以说，中铁装备切实打造了需求导向的持续创新体系，为其实现高效率的精准研发，打造产品和技术优势提供了重要支撑。

第四，中铁装备深知产品品质是企业的生命。在残酷激烈的市场竞争中，为确保每一件产品高品质交付，中铁装备基于大品质管理思想，建立了全员、全流程、全价值链的"三全"品质管控体系，为持续保障高品质，打造品牌形象，创建品牌价值提供了重要保障。

后　记

　　在浩瀚的中国工业版图上，中铁装备如同一颗璀璨的明珠，镶嵌在基础设施建设的宏伟蓝图之中，它的故事，是力量与智慧的交响，是梦想与现实的桥梁。

　　追溯那些鲜为人知的岁月，应运而生的中铁装备，它带着对未知的探索和对未来的憧憬，踏上了装备制造的征途。起初，它或许只是一粒微不足道的种子，但在无数工程师和技术工人的精心培育下，这粒种子逐渐生根发芽，茁壮成长。

　　在中铁装备的发展历程中，创新是永恒的主题。从最初的模仿学习到如今的自主研发，每一步都凝聚着无数人的心血与汗水。中铁装备人面对技术封锁，不畏艰难，勇于创新，终于在盾构机这一高端装备制造领域，打破了国际垄断，让"中国造"盾构机成为世界舞台上的闪亮名片。而中铁装备的故事，不仅仅关乎技术和产品，更关乎人与梦想。在这里，每一位工程师、每一位工人，都是这个故事中不可或缺的角色。他们用自己的双手和智慧，书写着属于中铁装备的传奇。有的工程师为了攻克技术难题，连续数日不眠不休；有的工人为了保证生产进度，放弃与家人团聚的时光。正是这些平凡而又伟大的人们，共同铸就了中铁装备的辉煌。中铁装备的故事，也是一部关于责任和担当的史诗。在国家的重大基础设施建设项目中，中铁装备始终冲锋在前，无论是穿越江河湖海的隧道，还是深埋地下的地铁线路，中铁装备都能提供安全、高效、可靠的解决方案。它用实际行动践行着"让世界更畅通，让城市更美好"的企业使命。如今，中铁装备已经走出国门、走向世界。它的产品和服务遍布全球多个国家和地区，成为中国高端装备制造的一张"金名片"。未来，中铁装备将继续秉承勇往直前的盾构精神，不断攀登新的高峰，为人类的交通事业贡献更多的中国智慧和中国力量，为实现中华民族伟大复兴的中国梦而不懈努力。